Opus Gelber

Leila Guerriero

Opus Gelber

Retrato de un pianista

EDITORIAL ANAGRAMA
BARCELONA

Ilustración: © Justin Hsieh / EyeEm / Getty Images. Montaje: Estudio Diane Parr

Primera edición: marzo 2019
Segunda edición: abril 2019
Tercera edición: agosto 2024
Cuarta edición: julio 2025

Diseño de la colección: Julio Vivas y Estudio A

© Leila Guerriero, 2019

© EDITORIAL ANAGRAMA, S. A. U., 2019
Pau Claris, 172
08037 Barcelona

ISBN: 978-84-339-9872-9
Depósito Legal: B. 4364-2019

Printed in Spain

QP Print, Miquel Torelló i Pagès, 4
08750 Molins de Rei

Para Diego, el arquitecto.
Para Manuel, hermano y sensei.

To understand the killer
I must become the killer
And I don't need this violence anymore
But now I've tasted hatred I want more...

GRAVENHURST, «The Velvet Cell»

Pensé que escribir esta historia solo podía ser un crimen o una plegaria.

EMMANUEL CARRÈRE, *El adversario*

Avenida Corrientes derecho, hasta Pueyrredón. Siempre al atardecer. Durante casi un año, ese fue el camino para ir a ver a Bruno.

Es 14 de septiembre de 2017, cinco de la tarde. Buenos Aires. El sol entra en el departamento del piso doce por una ventana lateral y le da al aire una cualidad ambarina, escenográfica. Sobre la mesa hay budín, tarta casera, sándwiches, masas, dos jarras diminutas con edulcorante líquido, otra con leche, vajilla de porcelana, todo sobre un mantel de damasco francés color bordó (que en las cenas importantes se cambia por otro, también de damasco, color crudo). En el centro, un racimo de uvas de piedras semipreciosas –cuarzo, ágata, jade– y dos candelabros de plata con sus velas apagadas. Sobre un hornillo, una tetera donde un *earl grey* con esencia de bergamota permanece caliente. Él está, como siempre, sentado de espaldas a la pared roja, frente a la mesa, en su silla con apoyabrazos tapizada en verde opaco con chispas blancas. Hoy no lleva maquillaje, aunque sí delineados los ojos y las cejas. La camisa a cuadros, extrañamente informal, cerrada hasta los puños, desprendida en el cuello, se abre levemente sobre el vientre abultado dejando ver algo de piel y el cinto de cuero sobre el pantalón negro.

–¡Tesssoro! –dice exagerando la ese mientras tracciona con las manos sobre los apoyabrazos y luego con los puños sobre la mesa para levantarse.
–No te levantes, no hace falta.
–Mirá si me vas a mandar vos a mí –dice en un tono de reconvención jocosa, y se yergue sobre sus brazos de Atlante.
–Sentate, pichona.
Cuatro horas más tarde, Juana me acompaña hasta la planta baja. El consorcio ha decidido prescindir del personal de vigilancia en las noches por cuestiones de economía, de modo que cada propietario debe encargarse de bajar a abrir. Mientras el ascensor desciende, Juana cuenta que se siente mal porque hace un mes murió su cuñada de cáncer y su hermano, viudo de la mujer fallecida, está en cama, deprimido. Le digo que seguramente va a mejorar, pero ella quiere un diagnóstico preciso: «¿En cuánto tiempo, usted calcula?» Aventuro: «Dos, tres meses.» Abre la puerta del ascensor, sale y se detiene en el rellano de mármol, antes de los escalones que bajan hasta el hall. Dice que su cuñada, en los últimos días antes de morir, usaba pañales; que ella anda con la presión por el piso. Le pregunto si le contó a él, si él sabe. Dice: «No, yo lo conozco al señor, no le gusta que le hablen de esas cosas, de las enfermedades. Pero él sabe que mi cuñada murió y me pregunta.» Lo imagino arriba, en el departamento, sentado en la misma posición en que estaba cuando llegué, la mano izquierda cerca del control remoto del televisor, del teléfono fijo, del teléfono móvil, esa central de mandos desde la que maneja la casa, preguntándose qué hará Juana, que no vuelve. Mientras ella habla, de un lado a otro del hall vuela un murciélago frenético, espantoso. Arriba, hace un rato, él me preguntó a qué le tengo miedo. «A los murciélagos», respondí. Y él: «No te hagas... No te estoy preguntando eso. Lo sabés.» Entonces me miró como si me atravesara, como si después de todo lo que él me había contado a lo largo de meses yo le debiera, al menos, eso. Y le di una respuesta irresponsable. Le dije la verdad.

Cuatro meses antes, a las doce y media de la noche del viernes 5 de mayo de 2017, llega un mensaje de texto a mi teléfono móvil: «¿Dormís?» No contesto. Llamo al día siguiente a una hora en que sé que ya puedo encontrarlo despierto: las tres de la tarde.

Siempre me deja mensajes en el contestador en los que dice, simplemente, «Brunitoooo». Entonces sé que tengo que llamarlo. Y lo llamo.

El edificio, sobre la calle Teniente General Juan Domingo Perón, antes llamada Cangallo, tiene puertas de herrería y vidrio flanqueadas por dos gigantescas ventanas que permanecen con las persianas bajas. A un lado, una construcción moderna de varios pisos de cuyo frente cuelga ropa puesta a secar; una fachada de color ocre desvaído que se anuncia como el Hotel Cangallo; y la tienda Mami, de bijouterie y piercing. Al otro lado, una casa que parece abandonada con un cartel que dice Gaty Estilos. Enfrente, la Obra Social de Docentes Particulares; la tienda Florian, que vende artículos de cosmética y perfumería; la panadería Los Molinos. En una de las esquinas está Bangla, artesanías de Medio Oriente y ropa hindú, bajo un estacionamiento de tres pisos que termina en un techo de chapas teñidas de óxido. Por todas partes, los aparatos de aire acondicionado gotean sobre las veredas llenas de contenedores y bolsas de basura. Durante el fin de semana, o después de las siete de la tarde, las persianas de los comercios están bajas, las calles vacías, y en medio de un silencio neutrónico lo único que se mueve son los cartoneros y sus carros repletos de papeles, botellas y el largo rosario del desperdicio ajeno.

Frente al edificio discurre una bicisenda muy angosta por la que suelen pasar, más que bicicletas, motos, sorteando la maraña de camiones y autos que atiborran el tránsito durante el día en el barrio de Once, el más popular y comercial de la ciudad de Buenos Aires, a veinte cuadras del Obelisco, donde se vende calzado, ropa, juguetes, artículos electrónicos, peluches, telas, cosméticos, cotillón, bijouterie, lencería, sábanas, toallas, todo al por menor y al por mayor, todo barato. El barrio se denomina formalmente Balvanera, pero hereda su apodo de la plaza 11 de Septiembre –donde funcionó un mercado entre 1853 y 1882– que hoy lleva el nombre de plaza Miserere.

Es uno de los puntos de confluencia de transporte público más nutridos y tumultuosos de la ciudad: dos líneas de metro, una estación de trenes, decenas de autobuses. Desde fines del siglo XIX se asentaron allí comerciantes y sastres judíos pero hoy, a esa tradición que sigue sumiendo a la zona en una quietud masiva cada viernes por la tarde con el comienzo del shabat, se sumaron comercios coreanos, chinos, peruanos. De ocho de la mañana a cinco de la tarde hay camiones descargando mercadería bajo el cielo atravesado por cables flojos, changarines arrastrando carros atragantados de cajas, compradores revolviendo ofertas en ese transatlántico de baratijas a cielo abierto, todo en medio de una arquitectura salvaje en la que se mezclan horrores de los setenta, edificios señoriales de los treinta y anodinas construcciones opacas de hollín cubiertas por un tapiz de carteles que anuncian los nombres de los locales: Rasgo's, Telalandia, Dynasty, Javi, Cachito's, Craizi, Creaciones Raquel, El paraíso de Paso, Loka como tu madre.

El edificio de la calle Perón fue proyectado por el arquitecto Robert Charles Tiphaine en 1925 por encargo del empresario Emilio Saint, uno de los propietarios de la fábrica de chocolates Águila. Se lo encuadra dentro del estilo art déco y el arquitecto argentino Fabio Grementieri, especialista en patrimonio urbano, dijo que es una «mezcla de esbelto paquebote con estilizado templo egipcio» debido a la confluencia de «pilastras egipcias, columnas Luis XVI, contrafuertes góticos, urnas griegas y templetes sajones». Es conocido como la Torre Saint y, de estar en cualquier otro barrio, los departamentos que alberga –pisos de roble de Eslavonia, paredes de cincuenta y cinco centímetros de ancho, cámara de aire de treinta entre piso y piso– costarían el triple. Tiene una planta simétrica de dos cuerpos, coronados por torres gemelas con tejas que alguna vez fueron de bronce, y solo puede apreciarse en su fritzlanguiana dimensión si se lo mira desde la esquina más alejada, en la calle Castelli. Desde allí se ven las aristas amenazantes, los volúmenes ásperos, los pisos aterrazados que se retiran hacia el interior de la manzana como si estuvieran en constante movimiento de expansión o repliegue.

La entrada es un largo pasillo recorrido por columnas. La pared derecha se vacía en vitrales a través de los que entra, por las tardes, una luz puritana, adormecida. A la izquierda, un escritorio que utilizan los porteros durante el día y, unos pasos más adelante, ocho escalones de mármol que terminan como una ola congelada al pie de dos ascensores antiguos en cuyas cabinas de madera, con botones borroneados por el uso, un cartel escrito a máquina sostenido por una chincheta dice, con un manejo silvestre de las comas y los signos de admiración: «Señores copropietarios: Por favor, cuidar la limpieza del edificio y de los ascensores, en ellos no dejar bolsas con basura, si la sacan fuera de horario, bajarlas a los containers que se encuentran en la calle, dentro del horario de retiro de residuos, dejarlas en la puerta de servicio, que el encargado pasará a retirarlas en los horarios estipulados. !!!!!El edificio es de todos, sepan cuidarlo!!!!!!!»

Los dos ascensores tienen una chicharra que empieza a sonar de forma enloquecida apenas se abren sus puertas y funcionan a velocidad inusitada, contradiciendo la lentitud de anticuario que se presume al verlos. Al subir, se ven las escaleras de mármol arqueándose como caracoles varados, dibujando una espiral tensa y calcárea que se hace más luminosa a medida que se llega a los pisos altos.

Es un día gélido y ventoso de mediados de otoño, 5 de abril de 2017. Seis de la tarde. En el piso número doce espera Juana. Sostiene abierta una de las dos hojas de las puertas altísimas, dos metros de madera noble. Para abrirlas –desde adentro o desde afuera– hay que desconectar la alarma del departamento que permanece activada siempre. Juana es baja, menuda, de formas discretas pero contundentes: pechos definidos, caderas estrechas, muslos finos. Usa el cabello oscuro y lacio recogido. La ropa —usualmente una camisa, un jean, zapatillas— parece quedarle perfectamente cómoda, como si formara parte de su cuerpo. Habla en voz muy queda, pronunciando las eses y las tes con un chasquido hipnótico. Cuando no está aquí, donde vive y trabaja de lunes a viernes, vuelve a su casa en el conurbano bonaerense, en Florencio Varela, con sus cinco hijos.

—Hola, encantada. Leila.

—Encantada, cómo está. Juana.

Y por primera vez dice una frase que repetirá a lo largo de meses:

—Pase, pase; el señor la está esperando.

Siempre dirá «pase, pase» dos veces. La segunda parte de la oración tampoco tendrá alteraciones salvo una, la única posible: «El señor está dando una clase. Ya viene.» Eso sucederá en una sola ocasión.

Las paredes del recibidor están pintadas de un rojo opaco que se transforma en súbito amarillo al desembocar en la sala —piso de roble cubierto de alfombras francesas hechas a mano, sillas revestidas con telas traídas de Venecia— pero vuelve a transformarse en rojo opaco después de dos cortinas teatrales que enmarcan el espacio donde está la mesa, rodeada de seis sillas estilo Luis XV tapizadas en terciopelo verde. Sentado ante la mesa, de espaldas a la pared, en un sitio desde el que puede contemplar toda la sala, está él, que empieza a levantarse.

Cuatro meses después, el viernes 11 de agosto de 2017, a las tres y media de la tarde, suena mi teléfono celular. En la pantalla aparece su nombre. Atiendo.

—Hola, ¿cómo estás?

—Extrañándote —dice.

—Mentira.

—No. Sí. Bueno, no extrañándote, pero sí preguntándome cuándo volvías de viaje.

–Volví hace una hora de Brasil. Me voy de viaje de nuevo el domingo.
–Bueno. Pero nos vemos antes de que te vayas.
–Es que me voy pasado mañana y acabo de llegar.
–¿Y hoy a la noche no podés?

No hay registros grabados de cómo fueron la presentación, el intercambio de saludos, las frases casuales hasta llegar a las preguntas de la primera entrevista, pero esto es seguro: todo fue mucho más formal de lo que sería después. El humor feroz, las réplicas indóciles, el laberíntico retorno a temas inquietantes: todo eso apareció más tarde, con las semanas, con los meses.
Las primeras palabras registradas:
–Si no terminamos hoy, podemos vernos otro día.
–No, no. Yo charlo fácil.

Afuera el viento arrasa pero aquí, en el piso doce, nada se escucha.
Juana ha desaparecido por una puerta que conecta el recibidor con la cocina y la mesa de la sala parece un altar o un proscenio, cubierta por budines envueltos en fruta abrillantada, porciones de torta, sándwiches, masas, alfajores de chocolate, vajilla de porcelana, servilletas de damasco, los candelabros, las uvas de piedras semipreciosas. Él preside ese festín desenfrenado con la luz cayendo en láminas desde la araña de caireles sobre el pelo esponjoso, la camisa negra con rayas blancas finas. Se levanta, inclinando el cuerpo robusto hacia delante, hasta lograr erguirse por completo en una maniobra de esfuerzo y de potencia.
La semana anterior, durante la primera llamada telefónica para fijar día y hora de la entrevista a la que accedió de inmediato («De lo único de lo que no te voy a hablar es de política»), le dijo a Juana: «Juana, tráigame la Laura Hidalgo Chica, por favor.» Ahora, sobre la mesa hay una agenda de tamaño mediano cuya

tapa está cubierta por una foto de la actriz Laura Hidalgo, una de las divas del cine argentino de los años cincuenta fallecida en 2005: el rostro de rasgos puros, los ojos claros, las cejas arqueadas, los pómulos firmes. Hay también una Laura Hidalgo Larga, un cuaderno de mayor tamaño destinado a usos que nunca quedarán demasiado claros, pero que no está a la vista. Por toda la sala hay portarretratos con fotos de su madre, de amigos o de conocidos –el diseñador argentino de alta costura Gino Bogani, la duquesa de Orleans, la princesa Carolina de Mónaco–, pero los que muestran fotos de Laura Hidalgo se cuentan por decenas.

Termina de levantarse y ofrece la mejilla para un beso. Tiene una sonrisa fotográfica, un poco irónica, prevenida o distante, que no volveré a verle.

–Encantado.
–Encantada. ¿Cómo está?
Me pide, de inmediato, que lo tutee.

El rostro es una réplica perfecta del que reproducen cientos de fotos en las que tiene un aire antiguo muy elaborado: una frente amplia desde la que brota el pelo en tonos artificiales, rojizos; una nariz pequeña y respingada; mejillas llenas. Pero el centro, la esencia, la usina son los ojos: bajo las cejas circunflejas que terminan en una línea, los ojos pequeños, marrones, de párpados sombreados en degradé, son lo crudo, lo desnudo, lo invencible, y traccionan hacia el rostro una expresividad inaudita. Una máquina que irradia deleite, estupor, embeleso, curiosidad, burla, asombro, goce, perfidia. Pero nunca turbación, pero nunca duda, pero nunca –jamás– nostalgia.

Vivió veinticinco años en París, en la rue Cambon, frente a Chanel. Después, veintitrés en Mónaco, en un tercer piso frente al Mediterráneo. Cuando su hermana Munina y su cuñado Finco fueron a visitarlo allí en los noventa, los mandó a buscar a Niza con un helicóptero.

Ahora, para llegar a su casa en Buenos Aires tomo la línea B de subte que va por debajo de la avenida Corrientes. Subo en la estación Dorrego y me bajo en Pueyrredón, en pleno Once. Desde allí, camino cuatro cuadras entre comercios que se llaman Gran Cachito, Javi Sport o Marili hasta el edificio de la calle Perón, y toco timbre en el piso doce. A veces tienen que bajar a abrirme porque no hay encargado, o porque hay pero no me abre. A veces, me abre un vecino. En un par de ocasiones el timbre no funciona y tengo que llamar por teléfono para avisar que estoy.

Repite que de este departamento lo conquistaron las paredes anchísimas, la cámara de aire entre piso y piso, el silencio y la luz, y que el barrio no le importa. Lo mismo dicen, como un discurso aprendido, su hermana, sus alumnos, sus amistades. En verdad, todos ellos dicen lo que él dice acerca de muchas cosas: acerca del por qué de su regreso a la Argentina en 2013, acerca de por qué vive en este vecindario. A veces, incluso, cuentan las mismas anécdotas que él cuenta (o, como los niños que quieren escuchar un relato que ya conocen, le piden que las narre ante nuevos interlocutores: «¿Le contaste a Leila la anécdota de la princesa manchú?», «¿Le contaste la anécdota del concierto de Sicilia?»).

El departamento tiene, en efecto, mucha luz y es silencioso. Solo se escucha en ocasiones el piano de un vecino. A él no le molesta pero, si el vecino toca por las noches, le golpea la pared porque no quiere que piensen que es él importunando el descanso ajeno («No hay nada que yo respete más»). Estudia después de cenar, y hasta la madrugada, en el piano que tiene junto a la mesa, un instrumento pequeño y portátil al que le quita el sonido casi por completo. Mientras estudia, mira televisión y habla por teléfono. Puede hacer las tres cosas al mismo tiempo. Se ufana de eso: «Soy una persona completamente disociada.»

—Si no terminamos hoy, podemos vernos otro día.
—No, no. Yo charlo fácil.

Sirve el té con una habilidad ejercitada; ofrece torta, budín. Contempla con aire de emperador ese vendaval de gula luminosa, los ojos lúbricos sobrevolando los brillos, las frutas, los dulces, la tersura del chocolate y la vainilla, evaluando qué primero y qué después, hasta que estira el brazo, el deleite goteando de las puntas de los dedos, para tomar posesión de un trozo de torta que come con lentitud contagiosa, la voz ahogada por la masa cuando dice:

—Yo más que un culto de la charla he hecho un culto de la amistad.

Y entonces, mucho antes de decir que ha dado cinco mil conciertos en cincuenta y cuatro países, que es más fácil enumerar los directores con los que ha tocado que con los que no, se escucha la chicharra del ascensor en el pasillo, alguien desconecta la alarma del departamento desde afuera e introduce la llave en la cerradura.

—Hola, maestro —dice un hombre joven, fornido, de cuello y hombros bien plantados, cabeza rotunda rapada casi a cero.

—Hola, Esteban, ¿cómo estás? —responde él, con una coquetería impostada, excesiva—. Leila Guerriero. Esteban.

El hombre saluda, rodea la mesa, le da un beso en la mejilla y se sienta a su lado.

—¿Querés un tecito?

—No, gracias, maestro. Tengo que volver a salir.

—Esteban vive acá. Pero nunca hubo, ni hay, nada entre nosotros. Na-da —dice él levantando el dedo índice, admonitorio.

Un mecanismo formado por veintisiete huesos —ocho del carpo, cinco del metacarpo, cinco falanges proximales, cinco falanges distales, cuatro falanges intermedias—, sin un solo músculo, unidos entre sí por ligamentos y articulaciones, unidos a su vez por tendones a los músculos del antebrazo. Un mecanismo que sirve para destapar frascos, aferrarse a un trapecio, manipular un destornillador o bordar un tapiz.

Él tiene las falanges sobreacolchadas. Los dedos, cortos. El dorso abultado. El conjunto es pequeño, incómodo. De joven, cuando aún estaba tierno, hacía ejercicios para que esa herramienta se expandiera, se dilatara. Se reventaba los dedos elongando.

Esteban apenas sobrepasa los cincuenta pero aparenta una década menos. Sabré mucho después que se acuesta temprano pero duerme mal, que habla cuatro idiomas, que estudió escenografía, que tiene tres hermanos, problemas en la columna, dolores de cabeza, que trabaja en la agencia de viajes Carlson Wagonlit en el centro de la ciudad, que vivió en el barrio de Belgrano hasta que se mudó aquí, que una vez se intoxicó con fósforo al tomar una dosis equivocada de glóbulos homeopáticos, que su padre tiene una mueblería. Pero ahora, como si cumpliera con un rito, como si eso fuera lo primero que hay que dejar en claro, cuenta cómo se conocieron.

—Yo trabajaba en una agencia de viajes y le llevaba los tickets aéreos a su casa, porque vivía a dos cuadras. En esa época se emitían en papel y eran metros de tickets, porque eran los de sus *tournées*. Siempre me invitaba a entrar y a tomar un té, pero yo decía que no. Y un día dije que sí.

Él —que lo ha escuchado con la cabeza ladeada en señal de atención— respira hondo, yergue el torso, da golpecitos sobre el mantel con un dedo y dice:

—Este departamento es mío pero está a nombre de Esteban.

Esteban asiente y sonríe.

—Así es —dice.

Después se disculpa.

—Me voy a cambiar porque tengo que salir, maestro.

—Vaya, vaya —dice él, y estira el brazo para alcanzar un alfajor de dulce de leche que se acerca a la boca como si estuviera a punto de comer una joya cubierta de escarcha—. ¿Te doy un pedacito de budín?

Afuera sigue el viento y comienza el trajín del final de la tarde pero aquí, en esta sala donde hay dos sofás de tres cuerpos, cuatro mesas de apoyo, una mesa baja de vidrio, portarretratos de plata, seis lámparas encendidas, cortinas de voile, almohadones inflamados de relleno, que huele a té Twinings y flota por encima de calles atragantadas de gritos hollín monóxido de carbono bocinas cables carteles gente charcos, no hay más sonido que el que hace una cuchara contra una taza de porcelana antigua y que queda suspendido en el aire como una perla ahogada en terciopelo.

En 1994 y 1998 la prestigiosa revista francesa *Diapason*, especializada en música clásica, lo premió con el Diapasón de Oro y lo incluyó en una lista de los cien grandes pianistas del siglo XX. Tocó con los más notables directores —Kurt Masur, Charles Dutoit, Bernard Haitink, Lorin Maazel, Christoph Eschenbach, Esa-Pekka Salonen, Ernest Ansermet, Erich Leinsdorf, Sergiu Celibidache, Mstislav Rostropóvich, Sir Colin Davis, entre otros— y las más notables orquestas: la Filarmónica de Berlín, el Musikverein de Viena, la Tonhalle de Zúrich, la Filarmónica de Filadelfia, entre otras. Tenía diecinueve años cuando interpretó en Múnich una pieza que sería su patria, el concierto para piano número 1 opus 15 de Brahms, y el crítico más respetado de Alemania, Joachim Kaiser, dijo que se trataba de «un milagro», de la aparición de un fenómeno sin límites: «allí donde la mayoría de los pianistas (...) comienza a temblar, este joven se lanza con un entusiasmo arrollador: los trinos de sus octavas vibran grandiosos, el cuidado con el que frasea, la serenidad con que interpreta las melodías, la firmeza con que se dirige al clímax de la obra, todo lo eleva muy por encima del nivel de un artista sólido».

Su grabación de ese mismo concierto en 1965, bajo la dirección de Franz-Paul Decker, fue reconocida en 2013 por *La Tribune des critiques* de Radio France Internationale como la mejor interpretación jamás realizada de esa obra. El pianista polaco Arthur Rubinstein dijo que era uno de los grandes intérpretes de su generación. Bernard Gavoty, musicólogo y crítico francés que firmaba sus artículos en *Le Figaro* como Clarendon, dijo que era de esa clase de artistas que enseñan siempre algo nuevo «sobre las obras que creemos conocer bien».

Él nunca se presenta con esas credenciales. No dice que Rubinstein cenaba en su casa de París y hablaban entre ellos como pares. Ni que su amiga, la fenomenal pianista argentina Martha Argerich, fue a verlo hace un tiempo cuando él tocó en Amberes el concierto número 3 de Rachmáninov –un grizzly demoledor de pianistas, el Moby Dick de los conciertos para piano–, y le dijo que había sido la mejor interpretación que había escuchado. Solo habla de esas cosas si se le pregunta y, aun así, casi nunca tiene mucho para decir. En cambio, en las entrevistas –que ha otorgado de a cientos– se presenta como alguien que dio cinco mil conciertos en cincuenta y cuatro países haciendo énfasis en lo performático de la cifra, e inmediatamente después agrega que conoció las cosas «más excelsas que un ser humano pueda conocer: he estado en palacios, en castillos, con condes, con príncipes, con duquesas». Quizás porque no todos saben qué es el Festival de Salzburgo, ni quiénes son Ernest Ansermet o George Szell, ni quién es la tal Jacqueline Du Pré que debutó el mismo día y en el mismo escenario que él en la Berlín de los años sesenta, pero todo el mundo tiene una idea muy precisa de lo que son un palacio y un castillo y una princesa y cinco mil conciertos y cincuenta y cuatro países.

O quizás porque todo lo anterior realmente no le importa. Su nombre es Bruno Gelber. Bruno Leonardo Gelber.

Un repaso por la primera entrevista con Bruno Gelber realizada el 7 de abril de 2017 produce dos efectos: el primero, la confirmación de que durante más de tres horas reiteró, con variaciones, lo que ya había contado antes cientos de veces en la radio, en los diarios, en la televisión: la anécdota del inesperado concierto de Rachmáninov que tuvo que dar en Palermo, Sicilia; la anécdota ejemplificadora de la Coca-Cola a la salida del metro en París; y algunas frases («viví y vivo en lo excepcional con la mayor naturalidad del mundo»; «mi casa era un infierno musical»; «mi vida se deslizó como un trineo sobre la nieve en medio de un bosque»), aun cuando ni frases ni anécdotas tuvieran relación alguna con lo que se le estaba preguntando, como si fueran compases imprescindibles de una partitura establecida que debía reiterarse idéntica como un mantra en *loop*.

El segundo efecto que produce un repaso por la primera entrevista con Bruno Gelber es la asombrosa constatación de que fue apenas un minuto y medio después de comenzada que desplegó, en torno a un tema de compleja intimidad familiar, una maniobra de tres tiempos (destrucción-reconstrucción-destrucción definitiva) que utilizaría luego muchas veces:

–Empezaste a viajar muy joven.

–A los dieciséis.

–¿Adónde?

–A Chile. Me pagaron mil dólares para dar un concierto, una fortuna en ese momento. Me llevé a mamá, a papá y a mi hermana.

–¿Tu hermana es psicóloga?

–Sí. Pero tenemos una visión de la vida muy distinta.

–¿Por qué?

–Porque ella es la *geisha* de su marido y la madre de sus hijos y la abuela de sus nietos. Y recién después viene ella. Y mucho *después* no le queda.

–¿Tienen buena comunicación?

–Nos llamamos todos los días pero nos vemos poco, porque la llamás y está haciendo el budín de choclo, o ayudando al gato que no sé qué tiene, o preparando no sé qué para la hija.

Su voz, que adquiere un tono de indignación sobreactuada para señalar lo irremediable del asunto, se hace más aguda al decir algo que contradice lo que acaba de sostener:

–Yo lo respeto, porque es una vocación. Y las vocaciones son la enfermedad más linda que existe. Y si podés vivir de acuerdo a tu vocación es maravilloso. Es como un amor férreo. Si podés trabajar con lo que te gusta, y con éxito, te podés considerar una persona feliz.

El registro, que poco a poco ha subido hasta alcanzar las alturas de una ensoñación abstracta, ejecuta el final:
—Yo creo que es muy linda la familia, pero a condición de tener conciencia de que uno es uno.

Ana Tosi, hija del segundo matrimonio de un italiano viudo que trabajaba en los ferrocarriles franceses de la Argentina, nació en Rosario a comienzos del siglo XX y fue criada en la ciudad de Santa Fe, en una casona de cuatro pisos de la calle Vélez Sarsfield. Su padre tenía una hija mujer de su primer matrimonio y esperaba con ansias un varón, de modo que le dio a Ana lo que por entonces se consideraba crianza de niño: le instaló un gimnasio en la casa; la alentó a nadar y a hacer deportes. Pero ella quería ser pianista. Le compraron un instrumento y la enviaron a estudiar a Buenos Aires, donde vivió con unas tías y encontró un maestro: el mejor. Empezó a ganarse la vida tocando en tercetos, en cuartetos, en restaurantes distinguidos en los que una pequeña orquesta hacía música mientras la gente cenaba. En uno de ellos, llamado Conte, conoció a Bruno Bernardo Gelber, un austríaco emigrado que tocaba el violín y la viola, y quedó prendada de sus ojos claros, de su porte de atleta. Su familia se opuso —porque era extranjero, porque quién sabe cómo eran sus padres—, pero se casaron en 1927 y se prometieron tener un hijo solo cuando tuvieran recursos suficientes para criarlo como pretendían. Eso sucedió más de trece años después, cuando ella tenía treinta y ocho.

Para entonces, vivía con su marido en una casa de la calle Crámer 3332 en el barrio de Colegiales, donde daba clases a alumnos particulares. Hacía tiempo que había renunciado a ser concertista. El que había sido su maestro durante dieciséis años le había enseñado una técnica exquisita, le había transfundido un conocimiento impecable y, al mismo tiempo, con su trato amenazante y brutal, despreciativo, contradictorio, le había suministrado una dosis tóxica de inseguridad y pánico, le había destruido el temple que un solista necesita para subir a un escenario y no sucumbir ante el silencio de una sala que contiene la respiración como un monstruo sumergido.

Allí, al nido de ese maestro, ella llevó tiempo después a su primogénito y se lo entregó en ofrenda sacramental.

No fue el mejor de los tiempos –la Segunda Guerra Mundial había comenzado un año y medio antes–, pero no fue el peor de los sitios: la Argentina era por entonces un lugar al que muchos –músicos y directores de orquesta incluidos– llegaban buscando la paz y la comida que no había en sus países de origen. Bruno Leonardo Gelber nació en Buenos Aires a las ocho de la noche del 19 de marzo de 1941, el año en que los japoneses bombardearon Pearl Harbor y en el que nacieron Bob Dylan y Joan Baez.

Era un bebé molesto, chillón: sus padres lo dejaban dormido, salían del cuarto con toda cautela, y apenas ponían un pie afuera él empezaba a llorar. Fue un niño menudo, enfermizo, con la nariz recta de su padre, los ojos grandes de su madre, las cejas arqueadas y la boca llena de un querubín. Hay una foto del verano de 1943, cuando aún no había cumplido dos años. Está tomada en la ciudad balnearia de Mar del Plata. Ana Tosi y su marido están a orillas del mar. Bruno Gelber, en brazos de su padre, viste una malla enteriza –como era usanza– que le cubre el torso. Tiene la punta de la lengua afuera, entre los dientes, y el brazo izquierdo enérgicamente levantado en actitud celebratoria de alegría irrefrenable. Le quedaban, todavía, cuatro años de salud casi plena.

Esteban cruza la sala y saluda con discreción, para no interrumpir:

–Me voy, maestro.

Bruno dice:

–Gracias, Esteban.

Corta un pequeño trozo de budín y, como si comenzara una visita guiada por un museo de sí mismo, se lanza a la reiteración del mantra.

—Tengo amigos no solo en Buenos Aires sino en el mundo entero, porque he tocado cinco mil conciertos en cincuenta y cuatro países. Me siento, realmente, ciudadano del mundo. Ahora, además, las comunicaciones son tan fáciles. Yo soy de la época del teléfono. Oís cómo está la otra persona, si está resfriada, si está contenta, si está medio dormida. No es que estoy en contra de la informática, pero creo que es mucho más linda la voz humana. Estoy acá, y para mí es mi casa, pero no estoy aferrado a mi casa. Tengo tanta costumbre de ser ciudadano del mundo que estar en un avión me es completamente normal. Conocí las cosas más excelsas que un ser humano pueda conocer: he estado en palacios, en castillos, con condes, con príncipes, con duquesas. Te voy a sintetizar: viví y vivo en lo excepcional, con la mayor naturalidad del mundo. Mi vida se deslizó como un trineo...

Vivir «en lo excepcional» es viajar, hospedarse en grandes hoteles, disponer de autos lujosos con chofer. Las cosas «más excelsas que un ser humano pueda conocer» son palacios, castillos, condes, príncipes, duquesas. Siempre las mismas. Indubitables.

En la casa de Crámer 3332 su dormitorio daba a la calle. De esa infancia cuenta historias de niño espía que miraba a través de la ventana («Me daba una sensación absoluta de participar sin ser visto»): el auto elegante que estacionaba enfrente y del que descendía una dama misteriosa; la gente que pasaba por la vereda. Vivía con ellos una empleada del mismo nombre que su madre: Ana. Con ella cotilleaba sobre la vida de los vecinos y mucho después, cuando tuvo once o doce años, empezaron a subir a la terraza juntos para fumar a escondidas. Pero excepto las vidas ajenas como chisme, como terreno de fantasías urdidas a través de la persiana, todas las demás cosas que sucedían en la calle y que recuerda de esa época son —como ninguna otra relacionada con ningún otro período– truculentas: la perrera metiendo en una camioneta con cámara de gas a Puma, un perro del vecindario que había quedado suelto; un camión desviándose adrede para reventar a otro perro que pasaba.

Cuando él tenía tres años nació su hermana, Stella Maris. Le dicen Munina porque él, de chico, no podía decir «Bruno» y decía «Muno». De allí derivó su propio apodo: Muni. Cuando nació su hermana, la madre lo hizo fácil: Muni, Munina.

–Yo no era afeminado pero era muy atildado. No es que usara camisas con puntillas, pero siempre estaban muy bien planchadas. Me iba a la puerta así vestido, y si había partido en la cancha de Platense, que quedaba cerca, pasaban los muchachotes y me decían: «Chau, nena.» Entonces yo me iba adentro. Bajaba la persiana que daba a la calle y miraba por ahí.

–¿Te atemorizaba que te dijeran eso?

–Me daba vergüenza y me atemorizaba. Porque no era normal en un barrio ver a un chico así. Entonces me dio la impresión de que con la gente vulgar yo no iba. Yo tuve la impresión de ser siempre diferente. Cosa que no me molestaba. En realidad lo era. Yo ya pintaba para ser figura. Es decir..., a ver si me lo entendés sin malos sentimientos..., yo siempre me conduje como personaje. No era un personaje normal. Pero no era un santito. Cuando había plata teníamos en casa a otra chica, además de Ana. Un día le dije...

Hace una pausa teatral y la voz se torna aguda, infantil:

–«Te doy cinco pesos si me mostrás tu... tu cosa.» Y entonces agarró, se bajó la... y yo miré bien, bien y dije: «Ya está.»

–¿Y le diste los cinco pesos?

–¡Por supuesto! Yo soy superhonesto. Pero me asusté, porque tenía vello fuerte, tenía pelos hasta acá, hasta el ombligo. No es como la onda de ahora, que todo el mundo está depilado. Me dio una impressssión...

–Ella nunca le contó a tu madre.

—Nooo. Pero oíme, no es que la corrí. Yo siempre fui un gran señor.

Su madre daba clases de piano en la casa —«lo llamábamos "el conservatorio de mamá"»—, y su padre de violín, además de tocar la viola en la orquesta del Teatro Colón y de asumir todos los trabajos que un músico podía tener por entonces, tocando en la radio y haciendo música para las películas que se filmaban con orquesta en vivo, entre otras cosas.

—Yo vivía adentro, pero vivía mucha cosa. Vivía las relaciones con los alumnos, con las alumnas, con las familias de los alumnos. Me pasaban a ver mientras esperaban que les tocara el turno con mamá. Mi casa era un infierno musical.

Esa frase, que repite como un rezo, se encarnó en un hecho inevitable: niño de interiores, rodeado de músicos y música, a los tres años empezó a tocar de oído, con un solo dedo, lo que tocaban los alumnos de su madre.

Con un dedito solo: tilín.
Con dos deditos: talán.
Con tres.
Clavando en cada tecla una lanza sobre su destino.

Los padres contemplaban eso con espanto. No vivían mal, pero agregar un músico a la familia era sellar un porvenir de medianía económica.

—Mis padres no querían que yo fuera músico. Sobre todo mi padre. La vida de los músicos era difícil. Pero creo que desde que fui concebido lo primero que me nació fue una oreja. Y en casa, si había dificultades, nunca me enteré. Si no teníamos una sirvienta, teníamos dos.

La música se abría paso en él como un vibrión colérico. Insistía en sus melodías con un dedo solo y, cuando tuvo tres años y medio, su madre empezó a darle clases a escondidas.

—Se apiadó de mí.

La madre, que poco después empezaría a hacer gotear sobre el niño su idea favorita: que el destino no estaba escrito. Que él, el niño íntimo, el niño interior, el niño enfermizo, debía ganarse su vocación. Despertar cada mañana, salir de su cuarto, entrar en la sala de música, sentarse frente al piano y ganársela. Durante horas. Durante decenas de cientos de miles de horas. Ganársela.

«¿Usted quiere repetir en cada alumno un Bruno Gelber?», le preguntó el 16 de agosto de 1981, en una entrevista para el programa televisivo *Mónica presenta,* el periodista Enrique Alejandro Mancini a Ana Tosi, la madre de Bruno Gelber. «Si puedo, sí», contestó ella. «Y si me ayuda el alumno. Porque por lo general, para enseñar a una criatura, tiene que tener una madre como fui yo.»

Iba a ser como eran todos: colegio, paseos, juegos con los amigos. Pero empezó a ser distinto muy temprano. Como sabía leer y escribir desde los cuatro, en el colegio lo pusieron un año adelantado. Él fue con su cuaderno de figuritas, su aspecto pulcro. Sus compañeros más grandes se le fueron encima en el recreo y empezó a llorar.

—Estaban papá y mamá mirándome desde la calle, y me sacaron. Yo no era para estar ahí. La mocosada toda junta me daba miedo. Así que enseguida me pusieron una maestra privada, una especie de institutriz, María Luisa Lazatti, que se ocupó de mí desde los cinco años y me hizo hacer el colegio hasta el bachillerato. Una persona que yo realmente adoré. Y que se hizo indispensable después, por supuesto.

Por supuesto.

Puntea las frases con una variedad de gestos de eficacia portentosa: los ojos súbitamente abiertos y las cejas alzadas producen una máscara de comicidad inapelable; el mentón contra el pecho, los ojos entrecerrados, indican sospecha insidiosa de que su interlocutor no dice la verdad; la ceja izquierda levantada en una ve invertida marca una reprobación juguetona. Pero los pilares más asombrosos de su sistema comunicativo son un sentido del *tempo* extraordinario para soltar frases de un ingenio colosal, y una abrumadora variedad de inflexiones ejecutadas con una voz calma, resquebrajada, siempre hipnótica: agudos agudísimos y agudos suaves, graves impostados, falsetes paródicos, aceleraciones súbitas, frenazos inspirados, un ajustadísimo simulacro del desdén. El enorme mapa de los sonidos del hombre. El tono de evocación nostálgica está absolutamente excluido de él.

Al atender el teléfono no dice «Hola» ni «Aló». Emite un «Alóoooo» sobreactuado, cantado, hiperbólico, un aló de diva de teléfono blanco. La parodia de la parodia de un «Aló».

Para cuando cumplió cinco años, hacía casi dos que su madre le daba clases a escondidas. Ella recibía alumnos en la tarde, de modo que por las mañanas, cuando su marido no estaba en la casa, llevaba a su hijo a la sala del piano donde se quedaban largo rato. Ana Tosi sabía lo que tenía que hacer para forjar al vástago, pero primero lo sometió al rito de pasaje: lo hizo tocar en público en un colegio de Quilmes donde una amiga suya hacía una exhibición de estudiantes.

«¿A qué edad cree usted que él interpretó, por ejemplo, un "Para Elisa", que era lo clásico de interpretar en los comienzos?», le preguntó en 1981 el periodista Enrique Alejandro Mancini a Ana Tosi de Gelber para el programa *Mónica presenta*.

—Mire, a los cinco años tocó en Quilmes, en un colegio (...). Y ya se presentó con toda seriedad. Era cómico.

—¿Por qué era cómico?

—Porque él se creía un personaje, ya desde chiquito.

—¿Y usted lo creía o lo veía un personaje a futuro?

—No, yo en ese sentido era un poquito desconfiada. No estaba segura de lo que iba a ser él.

—Fue el único concierto en el que no tuve nada de nervios. Salí a tocar chocho de la vida de estar en un escenario. Me acuerdo de ese concierto como si fuera ayer. Mamá estaba vestida con un traje sastre color crema y tenía un turbante, se usaban esos turbantes con pompones. Muy lindo. En el colectivo no me senté, para que no se me arrugara el pantalón. Toqué con mamá un movimiento de una sinfonía de Beethoven. Y toqué la sonata en Do mayor de Mozart. Lo que pasa es que mamá, con justa razón, se preguntaba si yo tenía todos los talentos que se necesitan. Podés tener talento para la música, pero no para un instrumento. Podés no soportar estar en público. Son siete, ocho talentos importantísimos que tienen que estar juntos. Tenés que tener memoria, tenés que tener presencia, tenés que saber plantarte. ¿Vos sabés lo que es estar solo enfrente de todo eso? Pero en ese concierto me senté y toqué. Subí solito. En ese momento tenía mis piernas bien.

Después, siempre sin decirle nada a su marido, Ana Tosi lo llevó a encontrarse con el hombre que había sido su propio látigo, su bendición y su castigo, su maestro durante dieciséis años: Vicente Scaramuzza.

Vicente Scaramuzza —nacido Vincenzo Scaramuzza en 1885 en Crotone, Italia— había sido un gran pianista, pero las tazas de té de tilo que le preparaba su hermana Antonietta no resultaban eficaces para combatir el tenebroso pánico que lo acometía cada vez que se presentaba en público, de modo que decidió abandonar ese empeño e intentó ser compositor, algo para lo que no demostró mayor talento. Migró a la Argentina en 1907, donde se dedicó a dar clases de piano desde 1912 en la Academia Scaramuzza, primero ubicada en una casa de la calle Cangallo —hoy Teniente General Juan Domingo Perón, la misma en la que vive Bruno Gelber, aunque dice no tener idea de si aquella primera academia quedaba cerca o lejos de su departamento actual—, y luego en Lavalle 1982, pleno centro, en una casa de dos plantas que hizo construir desde la base y de la que ya no quedan rastros: hoy, en su lugar, hay un edificio.

Su método fue célebre y varios de sus alumnos también aunque, entre nombres como los de Antonio De Raco, Elizabeth Westerkamp, Beba Pugliese o Edda María Sangrígoli, fulgura el de la prodigiosa Martha Argerich, que se fue del país en 1954 e hizo una carrera internacional que la colocó en el podio de los genios donde se mantiene hasta hoy, cuando vive en Bruselas y viaja por el mundo dando conciertos, indiscutida, misteriosa, fóbica, volcánica e impredecible.

En su trabajo *La escuela pianística del maestro Vicente Scaramuzza: conceptos técnico-musicales y estrategias didácticas a través del testimonio de sus alumnos,* realizado para la Trigésima Semana de la Música y la Musicología en el marco de las Jornadas interdisciplinarias de Investigación de la Facultad de Artes y Ciencias musicales del Instituto de Investigación Musicológica Carlos Vega, de la Universidad Católica Argentina, Marisa Santisteban escribe que el objetivo de Scaramuzza «no era otro que conseguir la fusión que todo artista ha de tener con la música a través de una íntima conexión física con el instrumento. "Estar conectado" significaba para este maestro mantener una completa relajación corporal (...). "Conectarse con el instrumento" significaba primero encontrar la comodidad física, que es la que proporciona la tranquilidad necesaria y la facilidad para resolver las dificultades técnicas (...). Una de las imágenes que utilizaba el maestro Scaramuzza para ilustrar este principio es la de la cuerda de un tendedero cuyos extremos —el hombro y los dedos— son los únicos puntos de apoyo, manteniéndose la cuerda —el brazo— completamente libre. El pianista aprehende así la sensación general de relajación que le da el poder descansar; la máxima del maestro era: "siempre que podamos descansar dominamos la situación". Para ello, había que llegar siempre al fondo del teclado sintiendo que el sonido venía desde dentro del piano: "había que sentir ese fondo del teclado en las yemas de los dedos". Paralelamente, y en el mismo orden de importancia, se produce el "agarre" al teclado mediante la acción prensil de los dedos. La primera función del dedo es sostener el brazo y su impulso, propiciando que el peso del brazo esté siempre equilibrado y no haya bloqueos en las articulaciones. Pero la conexión con el instrumento no incumbe únicamente al brazo, mano y dedos, sino que va más allá, implica a todo el cuerpo: "Y siempre tiene que estar relajado, siempre libre, uno toca desde los pies, desde los pies ¡pasando por todas las entrañas hasta la tecla!, no es una cosa de deditos solo. Uno tiene que expresar con todo el cuerpo, y todo el cuerpo tiene que estar al servicio de la música, y libre, todo libre." Toda la escuela técnica del maestro crotonés se basa en la disociación consciente de estos dos elementos que se producen de forma simultánea. Por una parte, la absoluta relajación del brazo nada más producirse el sonido y, por otra, unos dedos fuertes y completamente activos, o como él gráficamente decía: "una mano garra para un brazo suelto". (...) Pero esa conexión con el instrumento implicaba además que todos los tramos del sistema pianístico –brazo, antebrazo, mano ("palma") y dedos– estuvieran libres y a la vez ensamblados, encajados, conectados entre sí. Dicho gráficamente, la 3.ª falange se apoya en el teclado, la 2.ª en la 3.ª, y esta en la 2.ª y así sucesivamente en una cadena que involucra a todo el cuerpo del pianista, manteniendo de esta forma el peso del brazo equilibrado, o lo que es lo mismo, siempre preparado para producir el siguiente sonido, lo que aporta una gran libertad al aparato locomotor y, en especial, a los dedos (...). Por otra parte, para hacer realidad su ideal sonoro, el maestro crotonés utilizaba un recurso técnico al que denominaba "impulso emotivo". Ese impulso es un gesto rápido y decidido realizado por el brazo y soportado por el dedo que se produce justo al bajar la tecla, transmitiendo así una determinada velocidad al macillo y, al mismo tiempo, la intención musical del intérprete. El "impulso emotivo" tiene su inicio en el mismo momento en que el pianista anticipa el sonido preparándolo mentalmente, justo en los momentos previos al hecho sonoro en sí: "es la chispita del sonido, es lo que le da la luz. Es la música, es la sensibilidad que pasa. (...) Es tac y se acabó"».

Ni el peso del brazo ni sus distintas graduaciones producen por sí mismas ese «impulso emotivo» que describe Barroso y que Scaramuzza buscaba para lograr una buena interpretación. Según el mismo trabajo, cuando le preguntaban cuánto tiempo había que dedicar al estudio del piano, Scaramuzza decía: «ocho horas durmiendo, ocho estudiando y ocho pensando en lo que se ha estudiado». Pedía «estar en cada nota» y, siendo un conocedor profundo de la anatomía, estudiaba cada hueso, falange, corriente articuladora del movimiento. De todo eso les hablaba a sus alumnos sin hacer diferencias de edad: a los de cinco y a los de diecisiete, a los de ocho y a los de veintiuno. Sus métodos de enseñanza para transmitir esas cosas —la conexión, la relajación, la emotividad, la búsqueda de un sonido propio y la ausencia de sobreactuación— eran fuertes. Cuando los estudiantes hacían algo incorrecto, les golpeaba las manos con un puntero negro, les retorcía las orejas, les arrojaba los libros al piso. Se prodigaba en malos humores, en estallidos de cólera, en arbitrariedades: en una clase podía establecer veinte razones por las cuales había que acercar la mano al piano de determinada manera y, en la clase siguiente, retar a quien aplicara esa técnica diciéndole: «¡Pero quién le ha dicho que hay que poner la mano así!» Nadie se atrevía a decirle que había sido él. Enseñaba una sola obra por año, lo que hacía que todos tuvieran un repertorio acotado, y se negaba a entrenar en la interpretación del Quinto concierto de Beethoven a nadie que no fuera su hija mayor, Chocha, para quien lo tenía reservado. No alentaba a sus discípulos a dar conciertos y, si los daban, él no iba a verlos casi nunca. Las clases tenían la dinámica de una sesión de psicoanálisis lacaniano: podían durar diez minutos u ocho horas. Todo dependía de la calidad del aprendiz. Si era muy larga, hacía un intervalo para permitir que el alumno tomara un té, que nunca convidaba él y que enviaba a tomar a una confitería que quedaba a una cuadra.

La periodista y crítica argentina con formación musical Cecilia Scalisi, en su libro *En la edad de las promesas: la infancia de tres prodigios en los años de oro de la Buenos Aires musical* (Sudamericana, 2014), en el que narra los comienzos de los tres pianistas clásicos más reconocidos de la argentina –Martha Argerich, Daniel Barenboim y Bruno Gelber–, describe el sitio donde Scaramuzza daba clases: «Arriba del piano vertical (...), colgando de la pared, desperdigados, estaban sus diplomas de Nápoles, imágenes y retratos autografiados de grandes artistas, como el de Arthur Rubinstein (...). El piano se apoyaba contra una pared que hacía vértice con la ventana a la calle. Una vez que el alumno se había dispuesto en el lugar correcto, el maestro permanecía sentado a la derecha, siempre inmóvil, agigantando con cada aliento la opresiva noción del más mínimo movimiento en falso, quieto allí, en el extremo agudo del piano, con una mesita de arrime sobre la cual dejaba a su alcance el adminículo para el asma, una antigua bombeta de goma con la que se suministraba una medicina de la que dependía en todo momento para dilatar sus bronquios.» Más adelante, habla de su sistema de enseñanza: «La puesta a prueba impiadosa era lo contradictorio de su método (lo que ayer debía ser correcto de una determinada manera, a la lección siguiente sería de la manera textualmente contraria, opuesta, en la antípoda total) (...). Los días lunes, martes, jueves y viernes, se dictaban las clases particulares con un horario fijo para cada estudiante, normalmente dos días por semana durante diez años, hasta completar su programa de estudios para el diploma final. Los días miércoles y sábados se daban las "clases de conservatorio", es decir, los alumnos iban libremente y entraban a dar su lección por orden de llegada, a un valor económico inferior a las otras clases (...). Nunca faltaba quien saliera llorando, abatido al cabo de una clase. Cuando el maestro se enfurecía, tenía la costumbre de asomarse al vestíbulo y lanzar los libros por la escalera o aun por la ventana, vociferando: "¡Cretinos inútiles, no sirven para nada." (...) Sus clases, sin embargo, parecían una formidable *mise-en-scène* en la cual él era el santo consagrado a los alumnos. Hermético y desconfiado hasta de su propia sombra, guardaba todo con un recelo misterioso, estremecedor: cada cosa bajo su propia llave, cada habitación de la casa con un pasador distinto, cada mueble, cada cajoncito de su escritorio, cada objeto..., hasta su caja de galletitas Minué quedaba bajo un cerrojo especial; y luego, un llavero con mil llavecitas de las que jamás se deshacía, colgando de su pantalón, como San Pedro, con el poder divino de las llaves del cielo.»

Bruno Gelber nunca acudió a ese sitio solo. Durante los trece años en los que Scaramuzza fue su maestro, lo hizo en compañía de su madre. Cuando aún era muy chico, y hacía mal tiempo y le decían que era probable que no pudiera ir, lloraba y protestaba como un loco.

—Ella me llevó y le dijo a Scaramuzza: «Tengo dudas sobre su futuro musical.» Él me escuchó tocar y le dijo: «Si usted tiene dudas ante su futuro musical, es una tonta.»

Se detiene y agrega, con una picardía elegante que indica que ha evitado decir una palabra grosera:

—Le dijo otra cosa, no le dijo tonta. Pero no importa. «Porque este niño nació para ser pianista.» Muy simpático. Fue el único elogio que me hizo.

—¿Te acordás de la primera vez que fuiste a su casa?

—No. Pero no fui como a la horca. Tocar el piano para mí fue siempre algo natural. Lo que yo tenía que tocar, lo tocaba seguro. Servite, pichona.

Esparce una mirada admirativa sobre la mesa y se sirve un trozo de budín, que come desgranándolo con los dedos.

—Mmm. Qué rico.

Scaramuzza lo aceptó como alumno, y, desde ese momento, su madre se volvió inflexible: fue el brazo ejecutor de lo que el maestro indicaba y abroqueló, en ese talento en ciernes, la conciencia de que debía hacerle honor. Lo formó en la idea de que la música no era asunto de inspiración o de ganas, sino de concentración, disciplina y entrega.

—Pero él aniquiló la carrera de mamá. Scaramuzza tenía un carácter tan de..., de lo que te imaginás..., que al alumno que tenía carácter no le hacía mella esa manera de ser de él, y triunfaba. Los otros se dejaban dominar.

–Tu padre, que no quería que fueras músico, ¿cómo reaccionó cuando supo que estabas estudiando?

–Para papá, todo lo que decía mamá estaba bien. Fue un poco ambiguo, porque por un lado él no quería que yo fuera músico, pero por otro siempre me había llevado a los ensayos en el Colón. Cuando empecé a tocar, él empezó a lucirse con su hijo. Cuando yo era chico, cada vez que el teléfono sonaba en casa y alguien pedía hablar con Bruno Gelber le pasaban con papá. Un día atendió él y le dijeron: «Con Bruno Gelber, por favor.» Y papá dijo: «Sí, soy yo.» Y le dijeron: «No, usted no es Bruno Gelber.» Ese fue el momento en que Bruno Gelber empecé a ser yo. Yo voy a ser exacto y sin ofenderlo: él me empezó a idolatrar cuando vio que me hacía famoso. Empezó a estar muy orgulloso de mí y cada vez que venía alguien a casa me hacía tocar. Fuera el plomero, el contador o un director de orquesta. Si mamá me hizo pianista, papá me hizo concertista. Él me acostumbró a tocar para alguien. La timidez no la conozco mucho. No soy una persona arrogante, creo ser bastante educado. Pero lo que sé hacer bien, lo hago delante de quien sea. Así que sonaba el timbre, yo me ponía una de las tres cosas que pensaba que me quedaban mejor, y me iba al salón. Y si no me hacían tocar, por lo que fuere, yo decía: «Perdón, ¿usted me escuchó a mí?» Y empezaba: clin clin clin. Un chico tan chiquito que tocaba merecía toda la curiosidad. Yo era el centro de la casa.

–¿Tu hermana no protestaba?

–Mi hermana iba al colegio. Pero yo... no iba. Eso no te lo cuento porque ya se sabe.

La poliomielitis es una enfermedad causada por un virus que invade el sistema nervioso y puede producir parálisis, sobre todo en las piernas. Desde que terminó la Segunda Guerra Mundial hubo grandes epidemias de polio en Estados Unidos –unos veinte mil casos anuales– puesto que el virus llegó con las tropas que regresaban a casa. Bruno Gelber se contagió en 1948, el mismo año en que el laboratorio de Jonas Salk empezaba a utilizar en sus investigaciones un nuevo método de cultivo del virus; el mismo año en que Albert Sabin hacía pruebas con monos infectados. La vacuna de Salk apareció en 1955. Recién en 1961 se autorizó a Sabin el suministro a seres humanos de la vacuna oral con el virus atenuado, que se emplea hasta hoy.

Aunque dentro de algunas semanas estará indignado con un periodista que lo entrevistó para una radio e insistió con preguntas acerca de la polio —«que si la polio me dolió, que si esto, que si lo otro»–, él nunca evita hablar de la enfermedad –de hecho, se apura a sacar el tema–, pero siempre en tus términos: sin autocomplacencia y, por momentos, refiriéndose a ella como si hubiera sido una gripe fuerte. Empezó un día en que su madre intentaba sostenerlo de pie sobre la cama para que orinara en una bacinilla y él se caía una y otra vez. «¡Pero, nene, parate!», lo retó ella. «Mamá, es que no puedo», dijo él.
—Te contagiaste a los siete.
—A los siete. Depende de las defensas de cada uno. A mí me tomó y a mi hermana no. Pero fue una gran, gran epidemia. La última. Después vino la vacuna. Tarde. Mamá me lo dijo con los ojos llorosos. Yo estaba acostumbrado a estar enfermo, me enfermaba fácilmente, porque me cuidaba tanto mi madre que mis defensas no estaban muy fuertes.
De pronto suena el timbre y, como despertando de un hechizo, pregunta:
—¿Vos esperabas a alguien?
—¿En tu casa? No.
—Quise decir a un fotógrafo.
—No.
Toma el teléfono fijo que tiene a su izquierda, junto al móvil, el control remoto del aire acondicionado y del televisor, y pulsa un botón. Una música pegadiza suena en algún sitio de la casa y, al otro lado de una pared lateral repleta de cuadros, cer-

cana a uno de los extremos de la mesa, se escucha, asordinada, la voz de Juana. Bruno pregunta quién es y Juana responde que es el chico de la farmacia, que está subiendo. Poco después se escuchan la chicharra del ascensor, el timbre. Un hombre joven entra en la sala y saluda. Lleva una bolsa de medicamentos y está acompañado por una nena.
—Hola, Bruno, cómo está.
—Pasá, pichón. Esperá un poquito. ¡Juana!
Se escucha que Juana dice: «Voy, señor», y aparece mágicamente a través de una puerta camuflada en la pared lateral, un panel móvil que comunica la sala con la cocina (esa puerta se le ocurrió a Bruno porque las hay así en muchos castillos y «buenas casas»).
—Juana, la receta está en el primer cajón de mi cómoda. Tráigala.
Mientras busca algo en un bolsillo del pantalón, sin que la presencia del hombre o de la nena lo incomoden, dice:
—Esteeee..., es decir, yo era el centro de la casa. Lógicamente, estaba mi hermana, pobrecita, pero cuando yo di mi primer concierto a los cinco años ella tenía un año y medio, así que te imaginás que me tuvo siempre delante de sus ojos. ¿Cuánto te debo, pichón?
—Son novecientos cincuenta, Bruno.
—¿Nada más? —pregunta fingiendo asombro, como si se tratara de una cifra desmesurada, mientras saca del bolsillo un fajo de billetes.
Juana regresa del cuarto con la receta, se la alcanza, él la revisa y la extiende al hombre que espera en medio de la sala.
—Vení. Traelo al nene.
—Dale un beso a Bruno. Es una nena.
—Qué linda nena. ¿Querés comer algo, pichón?
—No, gracias, Bruno.
—¿Cómo se llama la nena?
—Luana Nailén.
—Bueno —dice, en un tono que se traduce como «Si a vos te gusta...».

Cuenta la plata, suma una propina importante y el hombre agradece y se va. Él sigue, como si nada lo hubiera interrumpido, mientras cruza los brazos sobre el pecho, las manos encajadas bajo las axilas, buscando palabras para decir exactamente lo que quiere decir.

—Pero yo no lloraba sobre mi triste suerte. Para nada. Lo único que le dije a mi madre fue: «Esto es más largo de lo que he tenido siempre, ¿no?» Me dijo: «Sí.» «¿Pero voy a poder seguir tocando el piano?» «Eso seguro», me dijo. Nada menos seguro, porque si te subía hasta el pecho quedabas cuadripléjico. Y bueno, cuando todo bajó, porque a veces se iba totalmente, me quedó el lado izquierdo, la cadera izquierda, la pierna, todo tomado. La pierna izquierda la tengo... virtual. Es una pierna. Yo la quiero porque me llevó por todo el mundo. Pero apoyo hueso sobre hueso. No tengo fuerza muscular. Los músculos están vivos, no activos. Pero yo vivía en una especie de mundo de música y era muy feliz en ese mundo.

Pasó un año postrado. Primero, completamente rígido. Después, cuando pudo moverse un poco, pidió el piano. Sus padres hicieron quitar los pedales del instrumento y lo llevaron hasta su cama, encajándolo allí para que él pudiera alcanzar el teclado.

—Ponían la cama debajo y yo estudiaba.
—Como una mesa de hospital.
—Uhum.
—Un año entero estuviste sin poder moverte.
—Uhum. Sin poder caminar. Pero no me hice músico por la quietud que instala la polio sino que, al contrario, la música me ayudó a soportar la polio.

Su triunfo de cada día era erguirse un centímetro más con la ayuda de un cuaderno, un libro, una revista detrás de la espalda.

—Ni siquiera un almohadón. Porque estaba completamente corvaturado.
—¿Incluso ese año en la cama lo recordás como algo bueno?
—Sí. Porque me venían a ver, charlábamos, jugábamos a los dados con los alumnos de mamá. Mi madre vivía para mí. Y yo

para ella. Nos hicimos mucho daño mutuamente. Yo, cuando era chico, por mi enfermedad. Y ella a mí, al final de su vida, por verla sufrir. Tuvo una declinación muy fea. Pero yo soy una persona que se resigna fácilmente. En el sentido de que acepto las cosas. Por ejemplo, hace pocos meses me caí entero sobre la rodilla mala y me la quebré. Se fracturó la rótula. Así que me estoy recuperando poquito a poquito, poquito a poquito. Pero hasta hace poco estaba en silla de ruedas. Me la he quebrado tanto, pobre rodilla. Porque como no tengo fuerza muscular, cuando hay un desnivel me caigo. Cortame un pedacito de ese budín.

–¿De este? Está cortado.

–¿Ah, sí?

–Sí, tomá. Claro, pisás mal y resbalás.

–Sí –dice, quitándole toda importancia al asunto, concentrado en el budín–. Mi madre fue... excepcional. Y mi padre, de Aries, un motor de vida y de trabajo. Fue un marido ejemplar, fue un padre ejemplar. Estaba más afuera, trabajando, que en casa. Fue más marido que padre. Mamá, antes de morir, me dijo que habían hecho el amor todas las noches de su vida. Yo le dije: «Eso está muy bien, pero más que deseo parece un deber. Él llegaba cansado y te tenía que...» Y me dijo: «Bueno, pero nos dormíamos abrazados y se le paraba el pajarito.» Se gustaban mucho. Cuando él llegaba, yo sentía que nada malo podía pasar. Ana, la mucama, lo llamaba «la paloma de la paz». Yo lo quería mucho. De todas maneras, yo tenía mi Edipo natural hacia mi madre. Un Edipo sano.

Abre los ojos en una máscara muda, escandalizada.

–No estaba enamorado de mi madre, ¿eh? No es que estaba caliente. Yo digo lo del Edipo porque a la gente le gusta. Pero la figura extraordinaria fue ella. Educar inteligentemente a un chico que es enfermito y geniecito... Podría haber sido un monstruo de caprichoso. Y sin embargo, supo hacerlo. Tuvo el tino, cuando vio que la cosa se ponía seria, de decirme: «Si vos querés ser pianista, tenés que estudiar todos los días en serio.» Me ubicó de una manera seria ante la música. Nos peleábamos, pero yo la adoraba. Era hipercrítica. Quería que estudiara más. Y era celoooosa. Me decía: «Sos como la miel, todo el mundo se te adhiere y te hace perder el tiempo.» Y yo le decía: «Bueno, mamá, pero a veces perdés el tiempo con ganas.» No era una cómplice permisiva. Era una cómplice en las cosas que se hacían después de las nueve o diez de la noche, en salir, en ir a cenar. Pero durante el día, que no me molestaran mientras estudiaba. Y me acuerdo que cuando yo tenía algún dolor en la pierna me abrazaba así...

Cierra los ojos y se toma los brazos.

—Me acuerdo de un anillo de ella que yo veía de cerca. Un anillo con una piedra verde. Me acuerdo de sus tapados de piel. Yo siempre tuve una gran sensación de lo que es la elegancia, el refinamiento. Y ella se los ponía y a mí me parecía tan lindo, tan suavecito.

—¿Eras dócil, le obedecías?

—¡No! Para nada. No era dócil. No era nada sumiso. Cuando empecé a caminar otra vez, empecé a viajar en colectivo o en subte. Me encantaba viajar. A mí me parecía, qué estúpido, que vivíamos en una muy buena calle porque pasaba una gran cantidad de transporte público. Mamá me decía: «¿Qué te gusta más, la clase con Scaramuzza o el viajecito?» Yo decía: «La clase, mamá.» Pero me gustaba mucho el viajecito. Cada vez que rendía bien un examen del colegio, el premio que pedía era dar una vuelta en transporte público. Si yo hubiera sabido todo lo que iba a viajar me hubiera sentido tan feliz, tan feliz. De todas maneras, con la excusa de la pierna, no me dejaban salir solo. Siempre tenía que ir con la mucama. ¿Te doy más té?

—No, gracias.

—Pero yo comprendía que me quisieran cuidar. De todos modos, yo me hice de una novia a los doce años. Una chica que tenía dieciocho. Delia Albanese.

Empieza a reírse con un regocijo contenido.

—Un día yo estaba tomando clases con Scaramuzza y vino la mujer de él, Sara, y le dijo: «Hay una chica que vino varias veces para ser escuchada por vos, escuchala un segundito.» Y Delia tocó. Bastante bien. Pero no estaba todavía para ser alumna del maestro. Entonces él le dijo a mamá: «Tómela usted, Anita, y le pasa nuestra técnica y después yo sigo con ella.» Y Delia vino a casa y fue como... como Esteban. No se fue más. No sé, me tomó cariño. Pero ella no me trataba como un chico, me trataba como si yo fuera un adolescente grande. A mí lo que me importaba era que gracias a ella yo podía ir a todos lados. Al cine, al teatro, al Colón. Empezó siendo mi profesora de inglés. Y después fue profesora de otras cosas.

–¿Otras cosas?

–No. No, no, no, no. No de todo. No interpretes mal.

Hará eso tantas veces: sugerir algo, retraerse sin aclarar demasiado, dejarlo todo cubierto por un velo de ambigüedad.

–Era muy mona. Para su primer concierto yo le dije cómo quería que estuviera vestida, me dejó maquillarla. Era una mujerota con unas tetongas enormes. Tenía todas las excusas para estar cerca de mí. Fue positiva y al mismo tiempo..., hoy no lo hubieran tolerado. Pero yo me serví de ella para poder salir. Ella me venía a buscar y entonces no había excusas para que no me dejaran.

–Tus padres ejercían una especie de sobreprotección.

–Sí, siempre. Mi padrino, el doctor Zani, era nuestro médico de familia. Ejercía una gran influencia sobre mi madre, que para dejarse influenciar no era fácil. Un día le fui a decir a él: «Si mi madre no me da un poco de libertad, me voy a educar como una señorita, así que dígale que me deje de hinchar un poco.» Él habló y desde ese día mamá cambió la manera de ocuparse de mí. Fue más flexible. A partir de entonces, a la mañana me iba hasta San Isidro en bicicleta. O hasta el puerto de Olivos. Me comía un pancho y volvía y estudiaba. Tendría doce años. Pero yo aceptaba el cuidado con amor. Comprendo la responsabilidad enorme de tener un geniecito en la casa, renguito, con polio. Es difícil.

–¿Nunca lo sentiste como algo asfixiante?

–Para nada. Ellos tenían miedo de que una mujer se me viniera encima, o un hombre se me viniera encima... Yo los admiro en el recuerdo. Porque si hubiera sido la educación de hoy, quién sabe si hubiera hecho todo lo que hice. Además, hice lo que quise. No tomaba alcohol, no tomaba drogas. Pero hice otras cosas. Fui precoz y supercalculador. Superseductor. Mi primer concierto después de la polio...

Se detiene para corregirse.

—«Después de la polio...» La polio no se fue nunca. Con la polio, caminando mal pero caminando, fue a los ocho años en Radio Nacional. Entré al estudio y me dijeron: «Cuando se encienda la luz roja, tocás.» Mamá dice..., decía, que la miré y le dije: «Tengo miedo.» Pero toqué igual.

—Nunca fuiste al colegio.

—Nunca. ¿Vos te acordás de la periodista Renee Salas? Me preguntó eso. Le dije que no. Entonces me dijo: «No tenés calle.» Y yo le dije: «No. Tengo mundo.»

—Habías empezado con Scaramuzza a los seis, antes de...

—La polio.

—Y después seguiste con él.

—Claro. A los ocho. Al principio, papá me tenía que llevar en brazos, porque yo no podía caminar.

—¿Qué dijo Scaramuzza cuando te vio aparecer así?

—Nada. Con tal que tocara bien el piano... Y como yo tocaba.

La familia Gelber y la familia Argerich se volvieron cercanas. En ambas crecían al mismo tiempo, y compartían maestro, quienes terminarían por ser dos de los más grandes pianistas del siglo XX. Martha Argerich era dos meses menor que Bruno, y ya tomaba clases con Scaramuzza cuando él llegó. Se hicieron amigos de inmediato. Las madres se visitaban para tomar el té, y los chicos jugaban en la sala de piano al profesor y el alumno (ella era siempre el profesor). Mientras él permaneció en cama por la polio, Martha lo fue a visitar a menudo y lo alentó a moverse, a caminar erguido, a pisar firme. Iban juntos a los ensayos y las funciones del Teatro Colón, que escuchaban desde el foso de la orquesta que por entonces quedaba abierto. Cada vez que un músico hacía una nota falsa, errada (ambos tienen oído absoluto), se daban codazos aguantando la risa y la gente de la platea les daba con el programa en la cabeza: «¡Chicos, qué poco músicos que son!» Hasta hoy, él profesa por Martha Argerich una devoción sin fisuras que desliza en frases como: «Yo me hice pianista, Martha nació pianista»; «Martha es un genio, yo no»; «Cuando estoy con ella me quedo completamente magnetizado, aunque me diga: "Dame ese sanguchito"». No expresa o no siente esa admiración blindada por ningún otro pianista actual. Podría decirse que por nadie más.

En su infancia, uno de los tantos tratamientos de rehabilitación que hizo para paliar las consecuencias de la polio consistía en aplicarse onda corta en la pierna, en un consultorio de la calle Rodríguez Peña 1131, cuarto piso, a pocos metros de la avenida Santa Fe. Por entonces, en esa avenida se ubicaban las tiendas más elegantes de la ciudad, entre ellas Casa Iotti, que hacía publicidad en las revistas. En uno de esos avisos, Bruno vio a un modelo masculino guapísimo usando un suéter de hilo con ochos en el frente.

–Eran un sueño, los «gordos» de hilo. Yo lo vi y lo quise tener. Y mamá me dice: «Pero dejate de jorobar, con lo que cuestan y con la cantidad de suéters que tenés.» Yo me dije: «Ese pulóver lo voy a tener.»

Hacía tiempo que ganaba dinero dando clases a los alumnos de su madre que necesitaban apoyo.

–Entonces junté, junté, junté la plata que ganaba preparando a los alumnos. Yo ya podía caminar, así que iba con mamá en tranvía a hacerme onda corta, y después nos íbamos a una confitería donde tenían un milhojas de manzanas que era un ensueño. Un día vamos, y al terminar mamá me dice: «Bueno, vamos a tomar el tranvía para volver a casa.» Y le dije: «No, vamos a pasar primero por Iotti, a comprar el pulóver.» Me dijo: «Te dije que no te lo voy a comprar.» Y yo le dije: «No me lo vas a comprar vos, me lo voy a comprar yo.» Vamos, entramos. Le digo al vendedor que quiero ver el pulóver. Me toma la medida y lo saca. Ay, cuando lo vi. Me dice: «Este es perfecto para usted.» Me lo envuelve, color crudo. Divino. Y con esos ochos. Yo no era gordo, pero siempre tuve un poco de pancita, dado que después de la polio no tenía movilidad. Llego a mi casa, me encierro en mi cuarto frente al ropero. Y me lo pruebo. Claro. Yo tenía la imagen del modelo que salía en las revistas. Yo tengo hombros redondeados. Con un saco se disimulan perfectamente. No tiene nada de patológico, pero son redondos. Y la pancita. El pulóver me marcaba todo eso. Me miré y me dije: «Esto no es para mí.» Lo puse en el cajón, lo cerré y lo dejé ahí. Lo miraba todos los días. Y no lo usé nunca.

—¿No pensaste en cambiarlo por otra cosa?

—No. No, no, no. Simplemente..., porque lo amaba. Pero te quiero decir con esto que la vida me demostró que no siempre es como uno quiere. Fue una gran lección. Y lo conservé durante años hasta que algún día se lo regalé a alguien.

—¿A quién?

—No sé, no me acuerdo. Yo no tengo la pulsión de la propiedad. Me encantan las cosas bellas, pero no necesito que sean mías para disfrutarlas.

Cuando en 2013 decidió dejar su departamento de Mónaco para pasar más tiempo en la Argentina, regaló muchas cosas. Entre ellas, a una amiga que es propietaria de un club, el piano que le había regalado su madre.

Su primer concierto con orquesta lo dio a los diez años en el Círculo Militar de Buenos Aires con los músicos del Teatro Colón a quienes su padre convenció para que tocaran gratis. Interpretó el Tercer concierto de Beethoven, que preparó con Scaramuzza a lo largo de un año.

—Siete meses me tuvo solo con la cadencia. Es el día de hoy que me despertás a las seis de la mañana, y yo me siento y toco ese concierto. Pero llegué a odiarlo.

Dos días antes de la presentación, Scaramuzza, que también iba a dirigir la orquesta, le dio una clase de ocho horas: cinco seguidas, un intervalo para tomar el té en la confitería de la esquina, y tres más. Lo hacía estudiar a un tiempo deliberadamente lento, para clavar la técnica en el músculo sin fijar movimientos falsos, y no propiciaba ni la rapidez ni el sonido grande, suntuoso. Pero el día del ensayo empezó a dirigir la orquesta a un tiempo mucho más rápido que el que le había impuesto a su alumno durante las clases. Bruno, indignado, dejó de tocar y lo enfrentó: «¡Maestro! ¿Qué tiempo es ese?» Y el maestro respondió, imperturbable: «Ese es el tiempo.» Como si me dijera: «Aguantate, ese es el tiempo.»

–¿Y qué hiciste?

–Me aguanté.

En su libro *En la edad de las promesas,* Cecilia Scalisi describe aquel concierto: «Antes del inicio de esa ceremonia de consagración que simboliza el concierto en un debut, los alumnos de Scaramuzza se reunieron en el gran *foyer* con la misma puntualidad y devoción con que asistían a sus clases. (...) La majestuosidad del salón, con su espectáculo de mármoles tornasolados, de relieves y alegorías bajo una grandiosa cúpula de vitrales por la que se filtraban los últimos rayos del día, coronando el recorrido de sus muros circulares, cargados de símbolos y ornamentos, creaba la ilusión de un santuario. (...) Para Bruno, que estaba habituado a dar conciertos en la radio y en los salones sociales, y disfrutaba del vértigo del escenario con una alegría inmensa, la experiencia de estar frente a tanto público aclamándolo y de verse a sí mismo en el centro de tan magnificente marco fue un descubrimiento de incomparable intensidad.

»–Fue una revelación, un acontecimiento –describía él mismo ese momento a la distancia–. ¡La idea de ser alguien importante me dejó fascinado para siempre! La gente me aplaudía con entusiasmo, estaban impresionados, me felicitaban, me auguraban una gran carrera y éxito en el mundo. Las señoras empolvadas me besaban y apretujaban (...). Hasta que empezaron a pedirme autógrafos, cuando yo apenas sabía qué era firmar.

No sé cómo describir esa emoción de niño, querido y admirado como una estrella. Mi orgullo era interminable.»

Siguieron muchos otros (el primero por el que obtuvo una paga lo dio a los doce, en el Teatro Pueyrredón del barrio de Flores), pero su debut en el Colón, el lugar donde tanto podía alcanzar la gloria como hundirse en la catástrofe o la indiferencia, se produjo con precocidad absoluta: tenía catorce años recién cumplidos. Fue el 14 de abril de 1955 y tocó el concierto para piano de Edvard Grieg. Ningún músico quería esa fecha, porque era Pascua y se esperaba poco público, pero se llenó a rebosar. Hay, en torno a ese debut, un discurso establecido, una anécdota que, como casi siempre, nada tiene que ver con la música.

—Fue mi primer concierto en pantalones largos. Te imaginás lo feliz que fui que no tenía que mostrar la pata. En esa época no se le ponían pantalones largos a un chico ni por broma. Y a mis padres les importaba un pito que yo tuviera vergüenza de mi pierna más flaca.

—¿Te daba vergüenza?

—Sí, sí. La pierna, en lo único que realmente me hizo sufrir, fue en la estética. El día que me pusieron pantalones largos fui tan, tan feliz. Pero en el ensayo para ese concierto mamá se me acercó y me dijo: «Bravo, mi ángel, mi tesoro, todo divino, perfecto. Pero no se te oye nada.» La sala donde daba clases Scaramuzza era chica y tenía un piano vertical. No le gustaban los sonidos fuertes ni muy atacados. Le gustaba el sonido de cerca. Así que no me dejaba desarrollar un sonido grande. Y para una sala de teatro tenés que tener un sonido..., no ampuloso..., pero que pase el escenario, que vaya hasta la última fila de la platea. Y mamá me hacía hacer lo que indicaba el maestro. Entonces le dije: «¡La culpa la tenés vos, porque por seguirlo al viejo no me dejan nunca tocar libre, fuerte!»

—¿Y qué hiciste?

—Y, hice fuerza.

—Pero no será eso lo único que te acordás de tu primer concierto en el Colón.

—No seas irónica —dice, no como reproche sino como reconociendo un mérito—. El concierto de Grieg es un concierto muy difícil, porque tiene una de las entradas más difíciles que hay, y la hice bien.
—¿Y Scaramuzza qué dijo?
—Nada. No fue.

La evidencia de que el sonido que le permitía desarrollar Scaramuzza era contenido le había llegado antes.

Había visitado varias veces el país un pianista austríaco joven, talentoso y excéntrico, llamado Friedrich Gulda. Solía decir: «Normalmente, uno es joven y estúpido o viejo y listo. Pero ser joven y listo es un privilegio del que yo disfruto plenamente.» Había ganado en 1946, con dieciséis años, el prestigioso Concurso Internacional de Ginebra, y debutó en Buenos Aires a los diecinueve con un recital para la Asociación Wagneriana, en el Teatro Astral, ejecutando obras de Bach, Mozart, Schubert, Prokófiev y Debussy. La crítica alabó sus dotes y su técnica, pero fue luego de dos actuaciones en el Colón, ese mismo año, que el público porteño cayó a sus pies (la leyenda dice que después de la primera, que ni siquiera fue a sala llena, se produjo una euforia tal que la gente lo sacó en andas por la avenida Cerrito, donde está el teatro, rumbo al Obelisco). Gulda volvió en diversas ocasiones a lo largo de dos décadas, pero por entonces lo hizo tres veces en 1947, tres más en 1952, y otras tantas en 1954. En alguna de las dos últimas, Gelber padre, que era quien se ocupaba de que su hijo pudiera exhibir su arte ante los grandes músicos y directores que pasaban por la ciudad, hizo gestiones y logró que Gulda accediera a escucharlo. Fueron juntos hasta la casa donde se hospedaba. Cuando llegaron, estaba tocando.

—Se escuchaba desde afuera. Y le digo a papá: «Papá, no toques el timbre, no toques, quiero oírlo, quiero oírlo.» Y papá, a las cinco en punto, austríaco como era, trrrrriiiin. Pasamos a un vestíbulo y lo esperamos. Gulda seguía tocando. Y yo tuve la impresión de que tocaba muy fuerte. Me dije: «Este hombre está loco, está rompiendo el piano.» Y entonces entendí que se estaba preparando para la sala de conciertos. Probando la intensidad. Y esa fue una de las cosas que mejoré yo solo.

—A escondidas de Scaramuzza.

—Sí. Yo era un rebelde educado. Un rebelde fino. No peleaba, pero hacía lo que quería.

Solo nueve meses más tarde, cuando se lo pregunte directamente, dará alguna pista escueta acerca de lo que dijo Gulda al escucharlo: «Me dijo... muchas cosas lindas. Me marcaba el ritmo, lo único. Pero me dijo muchas cosas lindas. Oíme, yo era un nene.»

Volvió a tocar en el Colón a los quince (Schumann, dirigido por Lorin Maazel), hizo sus primeras presentaciones fuera del país (en Chile, cuando se llevó con él a toda la familia), y se presentó nuevamente en el Colón a los diecisiete, el 25 de noviembre de 1958, bajo la dirección de Robert Kinsky, con la obra que lo transformaría en un pianista de fama mundial: el concierto número 1 opus 15 de Brahms. Sin embargo, tuvo que estudiarlo sin la ayuda de Scaramuzza, que se negaba a enseñárselo porque decía que Brahms se había portado mal con su maestro, Schumann, quitándole el amor de su esposa Clara.

—Yo aspiraba a tocar el segundo, pero no me daba el cuero. Una amiga me dijo: «¿Por qué no empezás con el Primero?» Y el Primero me pareció más fácil. Actualmente, me parece más difícil que el Segundo, pero no importa. Ese concierto tiene un *tutti* muy largo, ¿sabés lo que es un *tutti*?

—¿Cuando tocan todos los instrumentos de la orquesta?

—Bueno, cuando escuchaba ese *tutti* a los once, doce años, me quedaba dormido. Pero no porque me aburriera. Era una reacción a la fuerza herculeana de esa obra.

Estudió ese concierto solo, con la ayuda de su madre, escuchando la grabación del pianista de origen judío Rudolf Serkin cuya historia personal enlazaba, a esa obra compuesta en medio de una relación tumultuosa, otro rizo de drama: en 1933, Serkin rechazó la oferta que le hizo el nazi Hermann Göring de ocupar puestos públicos a cambio de renunciar a dar conciertos, y tuvo que exiliarse en Viena y luego en Estados Unidos.

—Lo estudié..., lo estudiamos con mamá, con la grabación de Serkin. Fue el concierto que me abrió las puertas en el mundo. Pero si uno es un buen profesor no prepara gente para que te pertenezca siempre. Con los alumnos es una tarea difícil, porque estás invirtiendo toda tu alma en alguien que viene un día y te dice: «Ay, me voy a vivir a Salta porque conocí a una chica.»

—¿Eso te lastima?

—No. Pero me enseña que no hay que involucrarse demasiado.

Siempre le gustó dar clases, pero su idea de la enseñanza parece ir mucho más allá de lo musical: el alumno debe ser pulido en todas sus aristas, transformarse en un instrumento sensible, refinado, íntegro, alguien que tenga, en igual medida, el don de tomar correctamente la sopa, enamorarse e interpretar a Liszt. O al menos eso es lo que parece estar haciendo con Franco Pedemonte.

El deslucimiento de episodios importantes, o su completa elusión, es algo que se reitera en el relato. Muchos meses después, en enero de 2018, estará en la ciudad balnearia de Mar del Plata pasando, como desde hace más de cuatro décadas, los dos meses del verano austral. En ese sitio de la costa atlántica, que fue residencia de vacaciones de las clases altas hasta que, en los cuarenta, las clases trabajadoras comenzaron a elegirlo como destino, tiene un departamento en un piso treinta y tres con vista al mar. Un día lo llamo allí y le pregunto si estaba en lo de Scaramuzza cuando, en 1955, la hija de su maestro, Chocha, aquella para quien guardaba el quinto concierto de Beethoven, falleció por un escape de gas.

—Claro. Yo estaba yendo hacia ahí a tomar una clase cuando sucedió esta historia. Llegamos en el momento exacto en que le avisaban y él bajaba a todo trapo a la planta baja, donde vivía la familia. Nunca se supo si fue un suicidio o un escape de gas. En todo caso, fue a causa del gas. Fue un gran golpe para él.

—¿Qué edad tenía ella?

—Como cuarenta.

—¿Él cambió después de eso?
—Quizás tuvo... menos garra.

El deslucimiento de episodios importantes, o su completa elusión, es algo que se reitera en el relato, sobre todo cuando se trata de episodios amargos. Quizás porque, en medio de su fascinación por la belleza, él lleva el recordatorio de todo lo contrario: su pierna mala. ¿Para qué más? La quimera —ser bello, ser un ángel— se rompió en el principio.

Ya es de noche y quizás llueve. El servicio meteorológico anunció vientos fuertes, tormentas. Si algo de eso sucede, aquí no llega. Ha llamado varias veces a Juana para pedirle más té, o para que encienda la luz del balcón francés, una luz que produce un efecto teatral y sirve también para iluminarlo a él de manera envolvente. La importancia que otorga a la estética —propia y de lo que lo rodea— es máxima. Repetirá muchas veces que le gusta la gente rubia y de ojos claros «como nos gustan a todos», y cuando mencione una persona o un objeto bellos su rostro se sumirá en un éxtasis religioso.

Los detalles de lo que sucedió después de la polio, entre los ocho y los diecinueve años, se expandirán poco a poco a lo largo de meses hasta que en una charla telefónica me cuente, entre risas, algo muy íntimo que sucedió en un tren a Tucumán cuando él tenía dieciséis. Pero en ese primer encuentro no hay detalles sino un salto vertiginoso de la vida en aquella casa de la calle Crámer a todo lo que vino después. Ese salto es así:

—Mi infancia no fue una infancia melancólica para nada. Y cuando papá me anunció en marzo de 1960 que nos íbamos a Francia en noviembre, yo dije: «Bueno, qué bien», pero lo vi como una cosa lejana.

Los grandes directores y pianistas que lo escuchaban tocar en Buenos Aires le auguraban un gran futuro y le decían que lo esperaban en Europa, donde le prometían fechas de conciertos. Pero nadie mencionaba la financiación: cómo ir, cómo sobrevivir allá. Su padre, sin decirle nada, había empezado a tramitar una beca que otorgaba el gobierno de Francia, y a comienzos de 1960 llegó a la casa de la calle Crámer con la noticia de que se la habían otorgado. Era una beca para que su hijo estudiara con la prestigiosa maestra Marguerite Long y debían llegar a París el 12 o 13 de noviembre.

–Yo en Buenos Aires tenía mi historia de amor, mis amigos, todo. Pero llegó el día de irse.

Abre los ojos, alza las cejas y dice en un falsete, encogiéndose de hombros y con la misma desaprensión con que recoge migas del mantel:

–Y nos fuimos.

–¿Cómo le dijiste a Scaramuzza que te ibas?

–Creo que lo hablamos de una manera muy hábil. Y, además, cuando volví a la Argentina tomé alguna clase con él.

–Pero solo volviste más de cuatro años después.

–Sí.

–¿Tu madre no te fue a despedir al aeropuerto?

–No. Porque estaba llorando en casa. Fui con papá.

–¿Vos estabas contento?

–Ah, yo estaba chocho. Eran los primeros pasos del Comet. El Comet era el primer avión de pasajeros a chorro, y me acuerdo que paraba...

Se sacude, tiembla de risa con ese pasado que ahora, después de décadas de viajes en primera clase, de conocer todos los salones vips de los aeropuertos del mundo, parece cándido e impensable.

–... hacía tantas escalas. Río, Recife, Dakar, Madrid, París. Pero nos habíamos ido el mes anterior en barco. Lo habíamos intentado. Fue todo muy simpático hasta que llegamos a Montevideo. Cuando zarpamos para ir a Santos, en Brasil, me sentí un poco raro. Eso se fue acrecentando, acrecentando. Y empezó el mareo. Cuando estás mareado, si te dicen: «Tomá esta píldora que es para matarte», te la tomás. No te importa nada, solo querés morir. Llegamos a Santos, hubo que bajar para que limpiaran los camarotes y le dije a papá: «Yo no subo nunca más.» «¿Cómo?», me dijo papá. «No subo más al barco.» Dice: «¿Te querés volver? Yo no lo pago. Te quedarás por acá.» Y le dije: «No, yo tengo la plata juntada.» Tuve que pagar dos primeras clases para volver a Buenos Aires en avión, porque la económica estaba completa. En esa época había que tener visa para ir a Brasil, entonces le sacaron a papá plata de todos lados, pobre. Yo estaba feliz de volver. Y papá desesperado, porque era consciente de la oportunidad que se perdía si yo no llegaba a París. Pero papá era una persona que si vos le decías: «Mirá, esa montaña me molesta», él, por persistencia y por fuerza, lograba contactar a la persona que le moviera la montaña. Y consiguió dos pasajes gratis para ir allá. Era el destino.

En los años sesenta había dos grandes maestras de piano en París. Una era Marguerite Long, nacida en 1874, amiga de Fauré, Debussy, Ravel. Ella y el violinista Jacques Thibaud habían creado en 1943 el concurso para pianistas y violinistas Long-Thibaud, que alcanzó renombre internacional. Los contactos de Long se esparcían por la alta sociedad y la realeza de Francia, donde ella hacía circular a sus alumnos más dotados. La otra maestra era Nadia Boulanger, nacida en 1887 y con acceso a un mundo más intelectual, formadora de grandes compositores y pianistas como George Gershwin, Daniel Barenboim, John Eliot Gardiner, Astor Piazzolla, Philip Glass, Aaron Copland, Burt Bacharach, Dinu Lipatti.

Cuando tiempo después indague en el porqué de esa elección –¿por qué Long y no Boulanger?–, él, empezando con un «Pero oíme» solviantado, tan de barrio y de otra época, dirá: «Pero oíme, la beca te la daba el gobierno de Francia y vos no preguntabas con quién te tocaba estudiar. Además, Marguerite Long tenía a París en el bolsillo. Y como pianista, sabía muchísimo más que Boulanger. Boulanger estaba más con la cosa moderna. De todas maneras, yo fui un día a ver a Nadia Boulanger. No le pedí permiso a Marguerite Long, por supuesto. Pero cuando Marguerite Long se enteró, la llamó y le dijo: "Mi querida Nadia, Bruno Gelber vino para mí, no para usted." Como diciéndole es todo para mí.»

Y así fue: todo para ella.

La Casa Argentina en París, dentro del predio de la Ciudad Universitaria, se inauguró el 27 de junio de 1928 y fue financiada por el gobierno argentino con una importante donación de Otto Bemberg, fundador de la cervecería Quilmes. Es una casa dividida en dos pabellones, con ochenta habitaciones repartidas en tres pisos, cada uno con baños y cocina compartidos. Bruno Gelber vivió en el cuarto, número 19 –«Ahora pusieron una placa que lo recuerda»–, entre 1960 y 1963, los primeros tres meses acompañado por su padre, y siempre cobrando una beca de ochenta dólares mensuales.

–Lo que hoy dejás de propina en Europa en un buen restaurante. Yo no estaba habituado a que me faltaran cosas, y un día con papá salíamos del metro y le dije: «Papá, estoy muerto, quiero tomar una Coca-Cola.» A mí me costaba caminar, subir escaleras. Y papá me dijo: «No hay plata para Coca-Cola.» Y no protesté. Me la aguanté. Entendí que ahora todo era distinto. A fin de mes, pescábamos de a cinco francos, que era un dólar. Comíamos en el restaurante universitario, que era iiiiinmundo. Si encontrabas un gusanito en la ensalada, lo apartabas y te la comías. Pero Francia es mi segunda patria. Y le debo mi segunda educación.

Pronuncia «educación» con una bruma de acento francés, una nasalidad apenas marcada, sin impostaciones. Lo hace, también, cuando dice «situación» o «comprensión» pero no, por ejemplo, cuando dice «impresión», que pronuncia alargando la ese –«me dio una impressssssión»–, para subrayar el impacto que le produjo lo que narra. Eso que llama «segunda educación» fue un curso acelerado de comportamiento social: de un día para otro se vio en un mundo de esplendores y castillos en el que tan importante como saber qué hacer y qué decir era callar a tiempo.

–No es fácil cambiar de círculo, y yo aprendí a cambiar de estrato social rápidamente. Me sentás al lado del rey de cualquier lado y sé lo que se le pregunta. Mejor dicho: lo que no se le pregunta. En Buenos Aires había tenido conexión con la clase alta, pero en Europa me saltaron encima. Desde los de la Rochefoucauld hasta los Orleans, los Bourgogne.

Pero en los primeros meses nada de todo eso había sucedido, y su padre y él dormían en el mismo cuarto modesto de la Casa Argentina. Como su padre roncaba, él dejaba un zapato a mano, cerca de la cama, para arrojarlo al piso y hacer que su padre se despertara y cambiara de posición. Habían alquilado un piano que instalaron en el sótano, un sitio sin ventanas donde hacía un calor agobiante porque estaban los fuegos que alimentaban la caldera. Era el único músico entre todos los estudiantes argentinos (solo dos años más tarde se sumaría otro, Marcos Aguinis, hoy escritor, con quien compartirían el alquiler del instrumento durante poco tiempo). Si bien había llegado a París en la fecha requerida –el 13 de noviembre de 1960, el día del cumpleaños de Marguerite Long–, pasaba el tiempo y ella no lo llamaba para que se presentara en su casa. De modo que, gracias a los contactos que había hecho su padre en Buenos Aires, se fueron antes de fin de año a Colonia, Alemania, donde se presentó a una audición.

–Cuando probé el piano era divino, pero era duro. Yo estaba estudiando en el sótano con un piano muy blando, entonces dije: «No puedo tocar ahora, tengo que hacer un poco de gimnasia en este piano.» Me dejaron dos horas exactas, y volvieron. Toqué, y me dijeron que me iban a dar un concierto, por supuesto.

Ese fue su primer Año Nuevo lejos de la Argentina. No hubo comidas opíparas ni brindis con champagne: como si fuera un entrenamiento para toda la soledad que estaba por venir, lo pasó en una cama de hotel, escuchando las campanas de la catedral, que estaba enfrente.

–Papá se fue a dormir porque estaba cansado. Yo le dije: «¿No vas a esperar a la medianoche?» Me dice: «No, qué pavada, de ninguna manera.» Me quedé sentado en la cama, solito. Sentí las campanas de las doce y me encomendé a Dios. Y tuve una especie de sensación alentadora, como que la cosa me iba a ir bien.

De Colonia fueron a Stuttgart, a encontrarse con Ferdinand Leitner, director de orquesta y amigo de su padre. Leitner le dio una fecha para tocar Schumann en junio de ese año, 1961. De allí fueron a Múnich, donde los recibió el director Fritz Rieger y le dio dos fechas –el 25 y 26 de noviembre– para tocar su joya más preciada: el concierto número 1 opus 15 de Brahms. Después regresaron a París donde, de inmediato, recibieron el llamado del secretario de Marguerite Long.

–Indignado: «¡Cómo es que se han ido!» Le dije: «¿Por qué no me voy a ir, si la señora no me dice nada, no me llama?» Y me dice: «Inmediatamente, mañana a la tarde, vienen a lo de la señora.»

Fueron. Y la señora quedó embelesada.

–La persona más ¡ffffea! que he visto en mi vida, pero la más dulce y la más adorable. Divina. Tenía ochenta y seis años y era chiquitita, vieja y fea. Pero estabas cerca de ella y olía exquisito. Le dijo a papá: «Va a ser mi último alumno, pero va a ser el mejor.» Y supo hacerme florecer. Yo había recibido una educación muy estricta con Scaramuzza y con mamá. Fui como una planta a la que se le ponen tutores: derecha, estricta. Y Marguerite Long fue sacando esos tutores de a uno, y me hizo florecer como yo quería.

Al cabo de tres meses, su padre se fue y él se quedó solo, con su maestra y el piano del sótano.

–Lo vi irse con normalidad. No me dije: «Bueno, ahora es la vida solo.» No. No soy de tango triste. Me pasé cuatro años sin volver a la Argentina. Pero mamá venía a verme, papá también.

Aunque corre un telón simpático sobre aquel tiempo en París, y puesto a elegir recuerdos dice que le llamó la atención que en las veredas no hubiera «baldosas, como acá, sino una sola superficie como de cemento», con el correr de los meses dirá: «Cuando estás en *tournée*, estás bárbaro. Pero se cierra la puerta del avión y se terminó. Tenés que dar vuelta la página del libro y abrir la que viene. Hay que estar muy vacunado para todo eso. Hay que tener un gran manejo de los sentimientos. Yo he aprendido a vivir en el presente. Porque se cerraba la puerta del avión y dejaba amigos, gente que quería. La soledad es el plato más difícil de aprender. Hay que acostumbrarse a que de repente, plum, se da vuelta una página y uno no está más acompañado. Y a los diecinueve años me costó mucho.»

En 1986, el peruano radicado en la Argentina Hugo Guerrero Marthineitz lo entrevistó, para su programa televisivo *A solas,* en medio de una escenografía despojada —una mesa y dos sillas— en la que las luces los mantenían rodeados por una negrura que daba un clima de recogimiento. Bruno Gelber lucía un traje oscuro, camisa blanca, corbata angosta. Tenía una delgadez heroica, las cejas muy definidas, el pelo oscuro: «Le aseguro que guardarse lúcido es difícil (...). Vivo eludiendo cosas que me gustan en pos de lo que he elegido. No las dejo como sacrificio. Elijo lo que me importa más y lo que me importa menos», le dijo a Marthineitz. «¿Usted no le teme a la soledad por venir?», le preguntó el peruano. «Fíjese que naturalmente le tengo terror a la soledad. Pero el plato fuerte de alguien que hace lo que yo hago es haber aprendido a estar solo. Y me es lo más antinatural que existe. Fíjese que hasta no hace tanto el hecho de no ser dos para mí era un dolor enorme. Y hasta eso he aprendido a vivirlo con alegría (...). Pero eso fue un gran dolor aceptarlo primero, y aprender a ser fiel a eso que aprendí. Porque naturalmente para mí es todo lo contrario.»

Era, a los diecinueve años, lo que ahora jamás menciona cuando recuerda ese pasado: un adolescente sin dinero para tomar taxis o para una asistencia médica adecuada, comiendo mal y poco, alejado de su madre, sin amigos, viviendo en una lengua extranjera, lanzado a una vocación tan competitiva y exigente como la de un atleta de elite, y con las secuelas de la polio, que siempre fueron importantes: la pierna rígida intervenida por varias operaciones, una renguera marcada, el desplazamiento trabajoso.

—Marguerite Long tenía una especie de collar de viejas del mejor mundo y me puso en contacto con ellas. Se empezó a lucir con su último alumno. Y fue muy simpático... Ah, Jorge. Este es Jorge Galasso. Jorge, Leila Guerriero. Así que tené cuidado, que es guerrera.

—Hola, encantado —dice Jorge Galasso, un hombre delgado, de ojos azules y piel muy blanca, que acaba de entrar con extrema discreción.

—Jorge Galasso es mi brazo derecho y mi pierna izquierda. Nunca tuvimos nada. No nos hemos tocado más que la punta de un dedo.

Galasso no parece incómodo con esa presentación, muy similar a la que se hizo de Esteban y que empieza a parecer norma de la casa. Tiene cincuenta y tres años, trabaja desde hace veinte como chofer y asistente de Bruno en Buenos Aires, y también lo acompaña en las giras. Se encarga de los trámites en los aeropuertos, de armarle la maleta, de desarmarla cuando llegan a destino, de disponer las cosas en el cuarto, de quejarse si los hoteles son ruidosos, de conducir (Bruno también conduce —aprendió en una academia en París—, pero solo autos automáticos ya que no puede utilizar el embrague).

—Es la mejor persona que conozco. Conoce veinte países. ¿Querés té, Jorgito?

—No, gracias, me voy a hacer un café.

Jorge desaparece por la puerta camuflada en la pared y Bruno dice en voz baja, como si no quisiera ofenderlo:

—¿Sabés lo que es viajar con una persona que te haga las valijas y te las deshaga, que te ponga en la mesa de luz lo que necesitás, en el baño lo que necesitás? Él sabe muy bien cuándo tiene que estar o cuándo no. En una cena, no hace falta que yo le diga si está invitado.

Ha hecho giras en compañía de parejas, amigos, parientes, conocidos, amigos de amigos, hijos de amigos —«Pensé que era gentil llevar a gente que yo quería mucho y que no podía conocer esos sitios por sus propios medios»—, pero asegura que con nadie viaja tan cómodo como con este hombre.

—Tiene un sentido de la ubicación extraordinario.

En los últimos tiempos, debido a que sus problemas de movilidad han aumentado, Jorge Galasso lo ayuda a subir al escenario y lo conduce hasta el piano. Después, lo ayuda también a bajar.

Es difícil saber cuánto de su dificultad de movimiento tiene relación con la polio y cuánto con la fractura de rótula que sufrió a comienzos de 2017, cuando se enredó con la alfombra de su estudio y se cayó de bruces. Dentro de la casa usa un andador que no está en la sala en el primer encuentro pero al que recurrirá sin reparos después. Para trayectos largos utiliza una silla de ruedas. En la intimidad, casi nunca lleva zapato en el pie izquierdo, que cubre con una media.

Adolescente y solo, inaugurando una austeridad de recursos a la que no estaba habituado y, paradójicamente, frecuentando un mundo de lujos que jamás había conocido, seis meses después de llegar a Europa le sucedió algo que lo cambió todo. Marguerite Long le había advertido, desde sus primeras clases, que quería que se presentara al concurso Long-Thibaud.

–Yo pensé que esa mujer había enloquecido, que no estaba preparado para eso. Pero me lo dijo cuando estaba mi papá presente, y mi papá me hizo cara de «¡Aceptá!». Así que dije: «Por supuesto.»

En 1961, el concurso Long-Thibaud se llevó a cabo en la Salle Gaveau entre el 25 y el 30 de junio, apenas quince días después de la presentación a la que Bruno se había comprometido en Stuttgart para tocar Schumann, gracias a las gestiones del director Ferdinand Leitner. Acometió ambas cosas –su debut en Alemania, su primer concurso internacional– con temple de legionario y disciplina de monje. Viajó a Stuttgart sin decirle nada a su maestra y, después, se presentó al Long-Thibaud sin esperanzas.

–Al punto que casi no me preparo para la segunda vuelta, porque pensé que no iba a pasar.

Y, aunque pasó, no ganó: tuvo la suerte de salir tercero. El público, al conocer el resultado, armó un escándalo que recuerdan hasta hoy las reseñas de sus conciertos que se publican en revistas francesas. Desde la sala se elevó un grito unánime —«¡Premier Gel-ber! ¡Premier Gel-ber!»–, reclamando que le dieran el primer premio, y la indignación fue noticia en todos los diarios. Eso hizo que los directores de orquesta, los críticos y los pianistas repararan en ese ganador que había perdido. Él se gastó los tres mil francos del premio en ropa. Y nunca más paró. En noviembre de ese año se presentó en Múnich con el concierto número 1 opus 15 de Brahms, y entonces Joachim Kaiser, el crítico más respetado de Alemania, dijo aquello de que estaban ante «un milagro», y que se trataba de la aparición de un fenómeno sin límites.

–Pero no es que busqué... Yo siempre tuve la impresión de estar en un trineo que avanzaba en un bosque, por un camino nevado, y que no sé por qué avanzaba. Las cosas iban llegando. Ni yo ni mis padres luchamos denodadamente por conseguir algo.

El trineo, la nieve, el bosque: la metáfora de la falta de plan y de estrategia reiterada como una cábala o como parte fundamental de un puzzle que no puede entenderse sin esa pieza.

–Para mí todo se dio naturalmente. Marguerite Long estaba contactada con todas esas viejas de calidad. Ellas se encargaron de mí. Mi orgullo estúpido era que venían los autos más bonitos, con chofer, a buscarme al pabellón de la ciudad universitaria, y todos se quedaban mirándome por la ventana. De golpe estuve catapultado a lo más paquete, a lo más elegante. Cosa que me era absolutamente sublime como sensación. Una sola *gaffe* recuerdo haber hecho. Estábamos almorzando con una señora, la mujer más divina del mundo. Y estaban dele criticar a otra que yo conocía. Que qué mal gusto, que usaba joyas falsas y cococó, cococó. Yo me metí y le dije: «Señora, sin embargo el collar que usted tiene puesto, de cuentas verdes, le queda muy bien.» Y me dijo... ¿hablás francés?

–Un poco.

–Y me dijo: «*Mon petit, ce sont des émeraudes.*» Y yo dije: «Tierra tragame.» Marguerite Long me llevaba a los conciertos, yo iba a pasar el fin de semana a los castillos de esta gente, barones, condes, duques. Yo he hecho... *la vie de châteaux*. He tenido comidas en las que había uniformados levantando las espadas a un lado y otro mientras bajabas las escaleras.

Y después, tajante:

—Cosa que terminó. Es muy lindo, pero ya está. No es que no lo aprecio, pero nunca me morí por eso.

Y después retrocede:

—Pero esa segunda educación que recibí en Francia fue fundamental. Aprendí lo que había que hacer, lo que no había que hacer. Son gente que vive en un nivel distinto, pero en ese nivel están todas las mismas cosas. Es muy lindo cuando te das cuenta de que son personas. Yo hablo todas las noches con una amiga adorada, la duquesa de Orleans, una mujer deliciosa. Y sencillísima. Si hubiera rey en Francia, ella sería la cuñada del rey. Ella llamaba a Van Cleef..., ¿sabés quién es Van Cleef?

Tiene un registro agudo y sensible de las posibles ignorancias de sus interlocutores y siempre, con un tono humilde que da a entender que quien lo escucha no tiene por qué saber quiénes son Van Cleef o dónde queda Nantes o qué cosa es un *tutti*, pregunta: ¿sabés quién es, qué es, dónde queda? Y, en caso de que su interlocutor no sepa, su explicación es precisa, modesta y profundamente pedagógica, nunca humillante.

—Sí, los joyeros.

—Sí, y ella decía: «Necesito tal joya porque tengo un vestido colorado esta noche.» Pero entre nosotros hablamos de cualquier cosa cuando conversamos. A mí lo simple no me molesta, lo que me molesta es lo chabacano, lo vulgar.

—¿Aquel mundo lo ves como parte del pasado?

—Yo puedo tener mañana cien personas en este salón. Cien no, porque no entran. Pero el hecho de saber que podés hacerlo no significa que necesites, ni que quieras hacerlo.

—¿Por qué decidiste pasar más tiempo acá, en la Argentina?

—Porque no siento la pertenencia a ninguna cosa. Y soy argentino.

Y después, tajante:

—Aunque mi país no hizo nunca nada para...

Y después retrocede:

—Pero he sido concebido aquí, he nacido aquí, me formé aquí. Así que eso ya es haber hecho algo por mí.

Podría pensarse que un pianista de setenta y seis años que tocó en las mejores salas y con los mejores directores del mundo, a quien la crítica elevó al paraíso, hablaría con deleite de cada uno de los pasos de su carrera. De cómo saltó de París a Alemania; de cómo allí —con un repertorio cuyo fuerte son precisamente los compositores alemanes románticos: Beethoven, Brahms, Schumann— se transformó en un héroe del piano; de cómo puso Japón a sus pies desde 1968; de cómo fue el debut en el Carnegie Hall; de cómo tocó en Estrasburgo, en una sola jornada de 2007, los conciertos número 1 y 2 de Brahms, un esfuerzo ciclópeo para cualquier pianista.

Pero no.

No tiene ningún archivo organizado, no guarda fotos ni reseñas, no creó una página web. Si se refiere a un concierto, nunca es para hacer alusión a algo relacionado con la música sino para contar cosas tales como que, tocando al aire libre, se tragó un mosquito. Parte de su entorno celebra esas anécdotas, y otra —alumnos, melómanos— ve dispersarse la charla en una plétora de historias divertidas pero algo banales y frustra sus expectativas de recibir iluminación por parte del oráculo. Él desestima todo avance erudito sobre el tema, demuele curiosidades específicas —«¿Cómo interpretaste la balada?», «¿Cómo ejecutás las octavas?»—, entre encogimientos de hombros y respuestas cortas con lo que, en ocasiones, parece falta de interés sincera y, en otras, una creencia firme: la de que a nadie deberían importarle esos asuntos.

Una tarde le pregunto por qué no grabó demasiados discos (tres en la década del sesenta, ocho en la década del setenta, dos en los ochenta, dos en los noventa, reediciones desde entonces), sobre todo porque siempre fueron exitosos: en 1964 y 1966 obtuvo el Grand Prix du Disque de Francia; el primero de los discos de su colección de Sonatas para piano de Beethoven registradas para Denon fue elegido como el mejor de 1989 por el *New York Times* y ganó el Grand Prix du Disque de l'Académie de París ese mismo año; sus registros de los conciertos Tercero y Quinto de Beethoven y Primero y Segundo de Brahms, ambos para EMI, reeditados en 2005 por el sello en la colección Le Rarissime, recibieron dos veces el Grand Prix de L'Académie Charles-Cros; su grabación del Tercer concierto para piano de Rachmáninov, de 2004, recibió ese año los premios Choc, de *Le Monde de la musique,* y Diapason d'Or, ambos en Francia; en 2013 su grabación del concierto para piano y orquesta número 1 opus 15 de Brahms, realizada en 1965 bajo la dirección de Franz-Paul Decker con la Filarmónica de Múnich, fue elegida por *La Tribune des critiques,* de Radio France, como el mejor registro de la historia; dos meses antes la misma Radio France había escogido su grabación de la sonata para piano «Claro de luna», de Beethoven, realizada en 1987, como la mejor de todas, comparándola con la de pianistas gigantescos como Wilhelm Kempf, Stephen Kovacevich, Claudio Arrau y Alfred Brendel. Después de toda esa argumentación él responde: «Bueno, uno no puede pasarse la vida grabando.» Otro día intento volver sobre el tema y dice: «Bueno, algo grabé. ¿No probaste esta pasta frola? La panadera de acá enfrente está enamorada de mí y me la manda especialmente.» Lo escuché responder con un amable pero lacónico «Gracias, pichón» cuando un amigo, después de un pequeño concierto, le dijo que había estado brillante y agregar, inmediatamente después: «¿Nos sentamos?», señalando la mesa de su casa dispuesta para la cena. Prefiere hablar de los chismes de la farándula local que de la última ópera presentada en el Colón, y en su charla se cuelan más nombres del mundo del espectáculo —de su capa más popular y menos prestigiosa: Moria Casán, Juanita Viale, Marcelo Tinelli, Florencia de la V, Robertito Funes, Karina Jelinek, Susana Giménez, Beto Casella, Pampita— que de la música clásica, excepto el de Martha Argerich.

Un pez no se jacta de poder respirar en las profundidades. De la misma forma no se jacta él.

–Para mí, Bruno es uno de los dos, tres mejores intérpretes de Brahms de la segunda mitad del siglo XX –dice Pablo Gianera, periodista y crítico musical–. La versión que tiene grabada del primer concierto de Brahms en 1965, dirigida por Franz-Paul Decker y con la Filarmónica de Múnich, que Radio France votó como la mejor de la historia, es una versión de referencia. Lo que hace Bruno con Brahms sirve de parámetro para juzgar a otros pianistas. Combina dos cosas difíciles: por un lado, la expresividad sin atenuantes. Bruno es un intérprete tremendamente expresivo. Y esa expresividad no rivaliza con una aproximación muy objetiva. Él nunca va más allá de lo que la partitura permite, pero consigue que la partitura diga mucho más de lo que está escrito. Hay un equilibrio entre emoción y objetividad, que parecen instancias opuestas y en él no lo son. Y con toda su apariencia de divo, es un pianista verdaderamente para melómanos. No es Lang Lang, el pianista chino que busca interpelar a otros públicos o hace demagogia. Es un pianista para pianistas. Lo que distingue a un pianista de otro no es una cuestión de mecanismos sino de sensibilidad rítmica. La manera en que se van manipulando las dinámicas, los matices, el *piano*, el *forte*, el *pianissimo*, cómo genera un *crescendo*, un *diminuendo*, si no lo arrebata, si lo dosifica. Y Bruno es un mago con ese sentido. Los *crescendos* de Bruno son extraordinarios porque están en su punto justo, nunca los arrebata, y llega al punto en que uno dice: «Esto no puede crecer más.» Y crece más. Y después eso se desinfla de manera extraordinaria.

El 5 de marzo de 1963, a los veintidós años, se presentó por primera vez en Berlín. Tocó el concierto que ya era su bandera: el concierto para piano número 1 opus 15 de Brahms. Fue dirigido por Gerd Albrecht. En el programa original hay una foto suya: enmarcado por el ángulo que forma la tapa del piano abierta, se lo ve terriblemente serio, sin la expresión que tendrá en las fotos de mucho después en las que aparecerá con la sonrisa al sesgo, las cejas alzadas, la mirada felina, más de diva de Hollywood que de pianista fenomenal. La revista *Diapason* habló entonces del piano «esbelto y ardiente de Bruno Leonardo Gelber». Ese mismo día, en el mismo sitio y con el mismo director, debutó la extraordinaria violonchelista Jacqueline Du Pré, por entonces de dieciocho años.

En el mes de febrero de 2018 lo llamo por teléfono a Mar del Plata para hablar de ese dato al que no se alude nunca, que encuentro tardíamente y que él no menciona jamás: el de haber debutado en Berlín el mismo día que Du Pré.

—No tuvimos ningún contacto, nunca. Pero era un genio.

Du Pré se casó en 1967 con Daniel Barenboim, un pianista por el cual Bruno no siente simpatía, pero en 1971 le diagnosticaron esclerosis múltiple y tuvo que abandonar su carrera de escenario. En los últimos años de la vida de Du Pré, Barenboim se instaló en París con la pianista Elena Bashkírova con quien se casó en 1988, un año después de la muerte de su primera esposa.

—Hay quien dice que esa idea de que Barenboim abandonó a Du Pré cuando estaba enferma hizo que sintieras cierta reticencia por él.

—No, no, no. Hay que comprender. Ella era una persona joven y él también. Y ella se enferma terriblemente. Uno no puede atar su vida. No. No. De ninguna manera.

La vida en la Casa Argentina en París terminó definitivamente en 1963, cuando se mudó a vivir al *hôtel particulier* de los descendientes de Luis XIV.

—Los hijos iban a estar dos años afuera, estudiando, y yo me quedé en el lugar que ocupaban ellos. Tenía un palier, un pequeño salón, mi cuarto y un baño. Adoré esa casa. Pero un día la señora me dice: «Brunito, tengo que darte la noticia.» Le digo: «Me imagino lo que es. He estado rezando para que tus hijos no pasen los exámenes y no vuelvan, pero seguramente han pasado con mención de honor, y regresan.» Y me dice: «Exactamente, vuelven dentro de tanto tiempo.» Y dije: «Bueno, me buscaré algo.» Y me dice: «No, yo ya te encontré. Vas a vivir frente a Chanel, en la rue Cambon, en casa de amigos que tienen un departamento que ellos no usan, y te lo van a alquilar por un precio que vos podés pagar.»

Desde ese departamento de la rue Cambon tenía vista directa a las *mannequins* de Chanel, que se probaban las nuevas colecciones en los pisos altos, y no necesitaba caminar más de unos metros para llegar a la place Vendôme o vislumbrar el restaurante L'Espadon, del Hotel Ritz. Su segunda educación marchaba a toda vela –aprendía modales, usos, costumbres, vestimentas– al tiempo que se transformaba en un pianista cada vez más exquisito. El 24 junio de 1964 tocó el concierto en Fa mayor de Bach, la sonata en Re mayor de Beethoven y la sonata en Si menor de Liszt en el teatro Champs-Élysées, de París. René Dumesnil escribió en *Le Monde:* «Ya habíamos señalado, tres años atrás, en el concurso Marguerite Long, que el joven pianista Bruno Leonardo Gelber demostró una precocidad excepcional (...) el recital que ha dado en el Champs-Élysées ha confirmado la sentencia del jurado: sus dotes se han desarrollado aún más. En posesión hoy día de una técnica perfecta, ha dado pruebas de una sensibilidad no menos remarcable y, a los veintidós años, se impone como un maestro del teclado.» El crítico aseguraba poder «predecir sin riesgo de equivocarnos que estará entre los grandes pianistas de nuestros tiempos». El 24 de octubre de 1964, el mismo diario se refería a él como «el joven pianista argentino, saludado por los iniciados como un maestro». En 1965 grabó el concierto número 1 opus 15 de Brahms bajo la dirección de Franz-Paul Decker, la grabación que sería elegida, cuarenta y ocho años después, como el mejor registro de esa obra. Estaba en la ladera ascendente de sus capacidades técnicas, ganaba dinero, viajaba, era reconocido por la crítica y, a la vez, el niño mimado de la aristocracia y la realeza europeas en una extraña conjunción de frivolidad y talento. En febrero de 1966, cuando tenía veinticinco años, murió Marguerite Long.

—La vi el mismo día, de mañana, con mamá. Yo nunca había visto a nadie en agonía. Y mamá me dijo que, por cómo se movía, estaba en agonía. Yo la quería mucho, mucho. Pero no la quise ver después, cuando... No. Para qué.

Dos años más tarde, en marzo de 1968, murió en Buenos Aires Vicente Scaramuzza. En sus momentos finales, pidió que le pusieran un piano junto a la cama para poder tocar.

—¿Llegó a ver algo de lo que pasaba con vos en Europa?

—Llegó a saber. Las cosas eran distintas entonces. No apretabas un botón y veías cómo se rascaba una pulga en Francia.

—¿No sabés si le daba orgullo tu carrera?

—No. Scaramuzza era una persona oscura. No le gustaba... no hizo nada para mi carrera.

Y después, tajante:

—Pero hizo algo, que fue nada menos que formarme.

Y después retrocede:

—Pero yo ya hice carrera desde los diez, cuando toqué con él el tercero de Beethoven. A los quince toqué Schumann. A los diecisiete toqué el Brahms en el Colón, que lo aprendí solo. Ya estaba muy formado cuando me fui. Él era un gran maestro..., jodido. Y su muerte se veía venir, porque tenía asma. Fue un sacudón. Pero no estuve tres días llorando.

Ese año viajó por primera vez a Japón, y, desde entonces, ese país y él se rinden pleitesía mutua. En febrero de 1970 debutó en el Carnegie Hall, tocando el concierto para piano en Do menor de Brahms, con la orquesta de Cleveland dirigida por George Szell, un director de carácter temible, y Donald Henahan escribió en el *New York Times:* «Bruno Leonardo Gelber es un joven y extremadamente dotado pianista, y George Szell un experimentado y extremadamente dotado director. El concierto para piano en Do menor de Brahms, que ambos músicos dieron la última noche con la Cleveland Orchestra en el Carnegie Hall, refleja exactamente eso.»

En Buenos Aires, su padre y su madre vendieron la casa de la calle Crámer y él puso la diferencia de dinero para comprar otra, de tres pisos, en Pampa 2854, en el coqueto barrio de Belgrano. Allí se quedaba cuando llegaba desde Europa, y allí vivieron intermitentemente su hermana, su cuñado y sus dos sobrinos, Mariana y Sebastián: «Pero no eran muy detallistas. El chico se hamacaba en los sillones Luis XIII.» Antes de esa compra, cuando habían pasado seis años desde que vivía en Europa y tres desde que había abandonado el cuarto austero de la Casa Argentina en París, hubo otra demostración altisonante de cómo habían errado sus padres al empeñarse, durante su primera infancia, en que no fuera músico.

–Era 1966 y papá soñaba con tener un auto. Yo le dije: «Te voy a regalar uno.» Y papá me dijo: «Con el poder ahorrativo que vos tenés, será dentro de treinta años.» Yo dije: «Posiblemente.» Pero ya tenía la plata. Ese año, cuando volví de Europa, vine con el dinero suficiente para comprar un Renault Cuatro. Un auto chiquito. Fuimos y le dije a papá: «A ver si te gusta.» Pero mi padre era gigante. Con la cabeza tocaba el techo, con la panza el volante. Hizo un enorme esfuerzo para entrar, otro enorme esfuerzo para salir. Y me dije: «Me tengo que mandar a un auto más grande.» Pero costaba el doble. Entonces puse todo el dinero que tenía y fui pagando el resto por mes. Y le compré un Rambler blanco con techo negro divino, cero kilómetro. Un auto que yo no podía manejar, porque no había autos automáticos en Argentina, y para mí es imposible apretar el embrague.

La vida empezó a ser lo que sería durante tanto tiempo: giras de veintisiete días y veintitrés conciertos, condesas, reyes, duques, palacios, teatros, cuartos de hotel magníficos donde pasar apenas unas horas, trenes, aviones, *free shops,* autos con chofer, restaurantes exquisitos, regalos recibidos y otorgados a mansalva, ropa maravillosa llenando los armarios de su casa en París, camarines repletos de flores, ovaciones, devoción, autógrafos, y él, en medio de todo, deslizándose con la naturalidad de quien ha nacido para eso, sin planificación ni estrategia ni derecho al cansancio, lejos de su familia, a veces solo, pero cerca del corazón ardiente de la música. Tenía treinta y cinco años y estaba en gira por Alemania cuando, en 1976, un amigo lo llamó para avisarle que su padre había muerto.

—Se le apagó la luz, tac. Estaba almorzando en casa. Una maravilla. Como para firmar contrato. Yo anulé el concierto que tenía y al día siguiente viajé. Pero no lo alcancé a ver. De lo cual estoy contento. Yo soy muy católico, no sigo a la Iglesia, pero creo que cada uno tiene su destino y tengo mucha resignación, como te dije. Una especie de tranquilidad. Ante lo malo y ante lo bueno. Mi hermana dice que es agnóstica, pero yo creo que si le pasa algo dice: «Mamá.» Como decimos todos.

Después de la muerte de su padre, se quedó seis meses acompañando a su madre en Buenos Aires. Un día, en medio de la pena, le dijo: «Hay un concierto que me encanta, el número 3 de Rachmáninov, pero no voy a poder tocarlo nunca, es muy difícil.» Casi nunca escucha música grabada —«Yo tengo música en los oídos todo el tiempo; a veces es un poco enloquecedor y me dan ganas de decir: "Por favor, cambien el disco"»—, pero había estado escuchando ese concierto en París, obsesivamente, en una grabación de Byron Janis. Su madre le respondió: «¿Por qué no lo leemos?» Y empezaron. Por esos días habló con su empresaria europea, la mujer que maneja hasta hoy su agenda de conciertos internacionales, y le comentó que lo estaba estudiando. Dos semanas después ella lo llamó: «Cuando vuelva a Europa, tiene una fecha con la London Symphony dirigida por Eduardo Mata. Va a tocar el concierto número 3 de Rachmáninov.»

—¿Y qué hiciste?

—Y, lo toqué.

—¿La crítica fue buena?

—Honestamente, no me acuerdo.

—Cuando estudiás una obra, ¿es necesario que conozcas la intención que tuvo el compositor, el marco en que la compuso?

—No, no. No. Yo no soy un intelectual. A vos te debe haber pasado. Todo te anda al pelo, perfecto, pero te levantás y estás de malhumor o triste. Otro día por ahí te va todo como la mona y te levantás y sos feliz igual. Entonces no creo que el hecho de saber si los compositores se estaban rascando la oreja o tenían el hermanito enfermo haya sido determinante para su obra. Para mí, una frase musical es una frase que entiendo. Y no necesito que me la traduzcan. Hay una cosa muy embromada en nuestra profesión. Vos estudiás como loco para tocar el cuarto de Beethoven. Hasta que *sos* el cuarto de Beethoven. Lo tocás. Lo dejás de estudiar veinte días y no *sos* más el cuarto de Beethoven. Lo tenés en la cabeza, pero no lo tenés ni acá, ni acá –dice, señalándose el corazón y agitando los dedos–. Para la parte física hay que entrenarse como un gimnasta. La memoria llega al músculo, pero no se queda. Pero te voy a decir algo...

Suena su teléfono móvil pero no atiende, lanzado a decir lo que quiere decir, lo que ha dicho tanto.

–Lo que sentís tenés que pasárselo a los demás. Es lo mismo que si hacés el amor con alguien. Tenés que pensar que la otra persona siente. No solamente morirte de placer vos. Hacer vibrar a los demás es una misión. Yo no parezco santo, pero soy bastante. No soy pacato, pero si uno cuida su energía, si está limpio, la energía brota más. No soy una persona que usa demasiado lo mental. Uso mi mente al servicio de lo que me interesa. El pensamiento puede ser un arma mortal. No podés permitir que el pensamiento sea tu maestro. Lo que hay que tener es la conciencia de estar preparado. Yo me preparo para tocar acá en Bahía Blanca tal cual como si tuviera que tocar en Salzburgo. No existe para mí la ciudad importante. Existe el hecho de esa comunicación con los demás. Y estudio todos los días del mundo. Yo vivo en música. Y me encanta hacer vibrar a los demás por medio de la música que me hace vibrar a mí. Como decía Leonardo, para ser un espejo que refleja la obra de los grandes genios uno tiene que estar siempre cuidando ese espejo, puliéndolo para reflejar cada vez más perfectamente.

Jorge se asoma y pregunta si no quiere que traiga el auto hasta la puerta para la cena a la que tiene que ir en un rato.

–Antes me tenés que ayudar a calzar.

–Sí, pero falta mucho. ¿No querés que lo traiga y después...?

–Bueno, traelo –dice, cortante.

—Total, la silla queda acá.
—Sí, sí. Bueno —dice, como si quisiera evitar el tema.
Jorge desactiva la alarma y sale.
—Cómo pasó el rato, pichona.
—Sí, ya es muy tarde.
—No, tenemos un poco todavía.

El síndrome va a repetirse: cuando parece que la entrevista declina, su entusiasmo se renueva. Con el correr de los meses, asociaré ese síntoma al de los niños cuando reciben de los adultos la orden de interrumpir el juego para cenar o hacer la tarea, y usan artilugios de todo tipo para posponer el momento de despedirse del mundo imaginario y entrar en la realidad. El que usó Bruno Gelber la primera vez que nos vimos fue contar historias. Después usaría otros, más escabrosos.

En la última hora y media de aquel primer encuentro, ante la evidencia del final de la charla, contó buena parte de las historias que repite de manera casi idéntica, intercalando las mismas bromas, los mismos comentarios, las mismas inflexiones y hasta los mismos titubeos. Así se encadenaron la anécdota de la primera comida que dio en su departamento de París; la anécdota del embajador que en Sudáfrica dio vuelta el plato y se negó a comer; la anécdota del inesperado concierto de Rachmáninov que tuvo que dar en Palermo, Sicilia; la anécdota de la huelga de trabajadores de un teatro que le impidió tocar en Catania; la anécdota de Dinamarca; la anécdota de la princesa que eructa; la anécdota del concierto que dio en Ginebra y en el que no había tocado tan bien como creyó.

La anécdota de la primera comida que dio en su departamento de París:

—Me instalé en el departamento de la rue Cambon, frente a Chanel, y al poco tiempo me dije: «Yo quiero hacer una comida.» No tenía mesa, pero tenía una mucama y la mandé a comprar una mesa de bridge. Pusimos un mantel. Cabían cuatro. Recibí a una señora argentina que era marquesa, porque era casada con un marqués francés. A la dueña de Lacoste, que tenía ochenta y pico. Y me dije: «Dos mujeres, falta un hombre.» Invité a un amigo director de orquesta. Y, como veía que hacían ellos, pensé los lugares. Puse a la señora más vieja a mi derecha, a la marquesa a la izquierda y enfrente al director. Salió bárbaro. Al día siguiente me llamó la marquesa. Me dice: «*Mon petit*, muy linda tu comida, no sabés lo bien que la pasé.» Una cantidad de cumplidos. «Pero te he de decir algo, sin embargo. Si hacés sitios en la mesa, tenés que saber hacerlos. Y si no, no hacerlos.» Yo le dije: «¿Pero qué he hecho mal?» Me dice: «Yo merecía tu derecha y no tu izquierda, porque soy noble por casamiento, así que tu honorable vieja francesa tendría que haber estado a la izquierda.» Me hizo gracia pero me dio... en la cabeza, por no decir otra cosa. Y me dije: «Nunca más nadie me va a poner en mi lugar, yo los voy a poner en el de ellos primero.» Y me aprendí todo el protocolo. Yo te sé organizar una mesa de cincuenta personas perfecto, me sé todas las reglas.

La anécdota del embajador que en Sudáfrica dio vuelta el plato y se negó a comer:

—Toqué en Sudáfrica y el embajador de Argentina dio una comida después del concierto. Yo estaba sentado justo frente al embajador francés. Adorable. Cuando empiezan a servir la comida agarra el plato y lo da vuelta. Le digo: «Perdón, señor embajador, ¿qué le pasa, no se siente bien?» Me dice: «¿Por qué?» Le digo: «¿No va a comer?» Y me dice: «No.» Y le digo: «Pero ¿por qué no va a comer?» Me dice: «Porque no estoy sentado donde debo estar.» Y no comió. Si vos invitás a dos embajadores a tu casa, uno de Estados Unidos y el otro de Namibia, flaquito, esmirriado y chiquitito, ¿a quién ponés primero?

—Al esmirriado.

—No. En serio. A quién ponés.

—No sé. Supongo que al de Estados Unidos, por pura lógica.

—A mí también me da esa lógica, pero no. Tenés que poner al que primero presentó credenciales ante el gobierno.

—¿Y eso cómo lo averiguás?

—Una persona de mundo lo averigua.

La anécdota del inesperado concierto de Rachmáninov que tuvo que dar en Palermo, Sicilia:

—Yo tenía mi contrato para tocar Schumann. Estábamos en el ensayo el día anterior, con la orquesta. Yo espero para atacar, y el director empieza «Mtarara, mtarara, mtarara.» Tercero de Rachmáninov. Le digo: «¿Qué es esto, una broma? Como broma ya está bien.» Y me dice: «No, ¿cómo se le ocurre?» Le digo: «No, ¿cómo se le ocurre a usted tocar eso?» Empezamos casi a pelear. Y le digo: «Maestro, mi contrato dice que tengo que tocar Schumann.» Y se fue a hablarle a mi empresaria. Mi empresaria le confirmó lo que yo decía. Vuelve y me dice: «¿Qué hacemos?» El concierto era al día siguiente. Yo le digo: «Mire, hace cuatro años que no toco el concierto de Rachmáninov.» Que es uno de los conciertos considerado por algunos el más difícil de todos. Le digo: «Que me traigan la partitura y me dejen estudiarlo esta noche. Mañana hay otro ensayo y veo qué puedo hacer.» «Ah, la partitura no existe acá, hay que traerla desde el continente y demora semanas.» Como de costumbre, cuando hay algún problema estás solo. Entonces le dije: «Bueno, déjeme hasta la noche y veo qué puedo hacer.» Se fueron los músicos, se fue el director, y Brunito se quedó solito delante del piano. El tema del concierto es muy simple, dura dos hojas. Los problemas empiezan después. Ese concierto es un insulto a los pianistas por las dificultades técnicas que tiene. Me siento y empiezo con el tema. Y después del tema me acuerdo de una hoja más. Bueno, vuelvo a empezar. Y me acuerdo de otra hoja. Para hacer la historia corta, a las siete de la noche ensayé el concierto entero con la orquesta. De memoria. Me vino. Pero podría no haber venido.

La anécdota de la huelga de trabajadores de un teatro que le impidió tocar en Catania.

—Llego al teatro y me sigue la señora que organizaba: «Maesssstro, maesssstro, qué *piacere*.» Me llevan al camarín, empiezo a calentar las manos. Y de pronto siento algunas voces que dicen: «*Catastrrrroooofe, catastrrrroooofe!!!*» Y viene la señora. Le digo: «¿Qué pasa?» Me dice: «Maesssstro, *catastrrrroooofe,* no va a poder tocar!» Y digo: «¿Por qué, si la sala está llena?» Dice: «El que tiene que abrir el telón hace huelga.» Y le digo: «¿Qué me importa? Lo abro yo, o la persona que está conmigo, o entre los dos.» Y dice: «¡Ni se le ocurra porque nos cierran el teatro con una multa mañana mismo.» Así que no toqué, no me pagaron, no me pagaron el hotel, no me pagaron el viaje, nada. En el contrato dice: en caso de fuerza mayor, nada. Y los casos de fuerza mayor son esos. Huelga: no se le paga al artista. Sonaste.

La anécdota de Dinamarca:

—Fuimos hace poco a Dinamarca con Jorge, y nos avisan que no nos van a ir a buscar al aeropuerto por medidas de economía. Les dije: «No tiene importancia porque todos los taxis del aeropuerto son Mercedes Benz.» Llegamos, tomamos el taxi. Vamos al hotel, nos deja en la puerta, Jorge baja las valijas y nadie viene a recibirnos. Le digo: «Quedate con las valijas, que yo voy haciendo el *check in*.» Entro en la recepción y una chica divina me mira con una sonrisa comercial y me dice: «*Your name?*», y le digo mi nombre y me dice: «*And mister* Galasso?» Le digo: «Justamente está afuera con las maletas esperando que las vengan a buscar.» Y me dice: «Fíjese que no hay nadie para hacerlo.» Entonces empieza a mirar en derredor y había una mesa de esas que se usan para llevar el desayuno, con ruedas, y me dice: «¿Le parece que eso iría bien?» Le digo: «Si no hay otra cosa.» Y Jorge me ve llegar empujando la mesita. Jorge pone todo ahí, vamos al cuarto y, como siempre, yo me fui a estudiar y Jorge a pasear. Yo estudio y los que van conmigo, pasean. Subo a una sala en el primer piso. Había un piano espléndido, de concierto. Empiezo a estudiar. Uno estudia lento, no como va a tocar. Y veo entrar a tres chicas. Se veía que había habido un evento en el salón y yo me dije: «Vienen a arreglar.» Sigo estudiando, tiriri tiriri. Y en un momento se acerca una chica y me dice: «¡Qué mal que toca!» Me hizo gracia. Le digo: «¿Le parece?» Y me dice: «Sí. Pliqui, plaque, plique plaque. ¿No puede tocar un poco más suave, más lindo?» Y yo le digo: «Mire, ¿ve la sala esa que está acá al lado, que se ve por la ventana? En esa sala mañana hay dos mil personas que vienen a mi concierto.» «¿Ah, sí?», me dice, «bueno, me lo aguantaré.»

La anécdota de la princesa que eructa:

—Era la madre de un amigo íntimo mío, londinense, mitad chino y mitad belga. Ella era una princesa manchú. Estaba hablando, tocotoco, tocotoco, tocotoco, y de pronto ¡¡¡ruaaaaaaaaaaaa!!! Se larga un eructazo. Y yo empecé a pensar cualquier cosa, a morderme la lengua, todo lo que me hacía el peor daño para no reírme. Y ella simplemente dijo: «Uh, *sorry.*» Nada más. Y siguió. Para los chinos un eructo no es nada. Pero a ese nivel, igual es.

La anécdota del concierto que dio en Ginebra y en el que no había tocado tan bien como creyó.

—Yo había tocado en Ginebra, con Ansermet, ¿sabés quién es Ansermet? Bueno. Y estaba en casa de un amigo en Alemania. Me dice: «Esta noche pasan tu concierto de Ginebra en la radio.» «Ah, qué bien», dije yo, y pensé: «Te vas a caer de traste.» Porque yo sentí que había tocado... espléndido. Bueno, el que se cayó de traste fui yo, porque no estaba ni tan expresivo, ni tan apasionado, ni tan ardiente como creí. Estaba muy bien tocado, pero no era lo que yo había sentido que era. Entonces aprendí que en esos momentos de inspiración divina hay que guardarse una parte fría para recordar, todo el tiempo, que uno tiene que pasar lo que siente, que no lo puede guardar para sí, que tiene que ser, como decía Leonardo..., el espejo que recibe y refleja.

Lo que queda de vida en París lo resume rápido: después de estar allí durante veinticinco años, se mudó al principado de Mónaco en 1985, según dice por motivos inmobiliarios: el departamento de la rue Cambon iba a venderse y él tenía amigos en Mónaco que le dijeron: «Vení, te vamos a malcriar.»

—Y París es divino. No hay nada más lindo. Pero es triste. ¿Y sabés lo que es abrir la ventana de tu dormitorio y ver el azul del Mediterráneo?

Así fue como, dejando sin muchos miramientos esa ciudad donde se había transformado en Bruno Gelber, se marchó al principado con Luis, un argentino melómano, experto cocinero, infalible planchador de camisas, que era su mayordomo desde que Pilar, una oriunda de Galicia que trabajó para él durante años, dejara de hacerlo cuando su hija murió en un accidente de autos.

–Un día volví de una gira y me la encontré en la calle con un velo negro cubriéndole la cara. Me dije: «¿Qué pasó, se hizo musulmana?» Pero estaba demudada. Se había matado la hija en un accidente de auto. En esos años no era obligatorio el apoyacabezas, y había muerto desnucada. Estaba intacta. No tenía ni una marca. Y perdió la voluntad de trabajar.

–¿El departamento de Mónaco era tuyo?

–No. Alquilaba. Pero oíme, en Europa la gente no tiene esa superstición de la casa propia. Todo el mundo alquila.

¿Recuerdos de entonces? Giras. Más anécdotas. Un encuentro de cuarenta y cinco minutos con Grace Kelly enfundada en un vestido celeste, él obnubilado por la belleza de esa mujer que, más que la princesa de Mónaco, era la actriz a la que había admirado en tantas películas.

–Y después de Mónaco regresaste acá. ¿O no regresaste?

–Paso más tiempo acá que en otras partes. La situación del mundo está muy embromada. No es que acá sea la delicia. Pero en un momento se hizo muy pesado Mónaco desde el punto de vista del dinero. Todo sube, y allá también. Y había, a lo mejor, un poco menos de conciertos.

Cierra los ojos, niega con la cabeza en un gesto que quiere transmitir la idea de que siempre debe hacer un esfuerzo para que lo entiendan bien.

–Pe..., pe...pe..., te voy a decir una cosa. Cuando vos empezás a viajar mucho, el mundo se hace chiquito. Estuvimos ahora con Jorge en Montecarlo, estuvimos en Suiza, y parecía que habíamos estado ayer. En Mónaco estuve veinte minutos con el príncipe Alberto, que me vino a saludar después del concierto. Yo lo conozco desde que era chico. ¿Qué sueña una persona común? Viajar. Bueno, yo he vivido con el traste en los aviones y en los trenes. Los hoteles más lindos del mundo. Se pelean por mandarte los mejores autos con chofer. Nada es tuyo, pero vivís en un mundo excepcional que todos sueñan. Pero si no lo vivís con naturalidad, te morís. E incluso en ese mundo tenés momentos difíciles.

—¿Cuáles?

—Los trenes no siempre llegan en hora. La conexión de los aviones a veces falla. En los hoteles te hacen ruido. Y yo quiero mucho Argentina. Yo me siento argentino. Y si vos tenés amigos, si tenés cosas agradables para hacer, podés vivir en cualquier parte. En la Polinesia.

—Bueno, ahí puede vivir cualquiera.

—Sí. Por algo Gauguin se quedó. La gente es fea, pero el lugar es divino. Soñado. Conocer todo eso es el lujo actual.

—¿Te tomás vacaciones?

—Yo no me canso. Lo mío es una cosa íntima con ese señor con el cual me casé a los cinco años, de cola larga y dientes negros y blancos que me sonríe todos los días. No tengo que hacer el común desagradable de los seres normales.

—¿Con Luis, tu mayordomo en Europa, seguís en contacto?

—No. No, no, no. Él se jubiló.

El teléfono suena y atiende con una mueca que indica que preferiría no atender. Es Jorge, para avisar que sube a ayudarlo con el calzado.

—Terminemos acá y si te parece nos vemos otro día, Bruno.

—Bueno. Pero ya tenés bastante, ¿no?

—Creo que recién empiezo.

—Ah, bueno —dice, encogiéndose de hombros, sin oponer resistencia—. Vení de nuevo, entonces.

—¿Cuándo podrías?

Abre la agenda, la Laura Hidalgo Chica. Pasa las páginas con lentitud. Alcanzo a ver anotaciones esporádicas.

—Esta semana no puedo, pero yo te llamo.

Intento sugerir una cita para la semana siguiente, pero insiste en que me llama. Antes de irme le pregunto si puedo pasar al baño.

—Pero sí. Doblá a la izquierda. Ya lo vas a encontrar.

Sigo la instrucción escueta y llego a un pequeño distribuidor al que dan cuatro puertas: la del estudio, que es la única que está abierta, y tres cerradas. Abro la del centro.

El baño es antiguo y muy grande, con azulejos blancos hasta el techo. La pared del fondo está ocupada por un espejo. De la puerta cuelga una bata oscura. Junto a la bañera hay una balanza de pie, con la pesa cubierta por una toalla. El espejo del lavatorio está rodeado de luces de camarín, decenas de focos blancos impiadosos. Por debajo corre una repisa de vidrio extensa llena de cotonetes, frascos, tarros, pomos, potes que contienen geles, lociones, champús, sprays, cremas, casi todos de marcas nacionales no muy sofisticadas —Nivea, Tío Nacho— excepto uno, de Shiseido. Junto al lavatorio hay una mesa de luz de madera y, encima, un *nécessaire* de cuero negro. Sobre el *nécessaire* hay un pequeño postizo de pelo color cobre.

Aún no lo sé, pero en la casa hay otro baño para las visitas. Yo no lo conoceré nunca porque, desde el primer día, me hizo pasar a este: el suyo.

De regreso en la sala saludo, recojo mis cosas. Él dice:
—Te llamo.

Juana me acompaña hasta abajo. Me voy convencida de que no me llamará y con la sensación de no haber obtenido mucho. Más bien, nada.

Al diario *Río Negro,* el 11 de enero de 2003: «Hay tres partes que deben estar íntimamente ligadas para que todo resulte: la física, la espiritual y la intelectual. Cuando confluyen, el artista habrá hecho suyo el concierto. De todas maneras, nunca es igual. En el arte dos más dos no son cuatro.»

A *La Nación Revista,* el 15 de agosto de 2004: «¡Si de chico hubiera sabido todo lo que iba a viajar gracias a esa vida! Me hubiera hecho inmensamente feliz.»

Al diario *Río Negro,* el 26 de agosto de 2005: «Si hubiera sabido lo que iba a viajar en el futuro, hubiera muerto de impresión.»

Al diario *La Capital*, de Mar del Plata, el 22 de enero de 2009: «Yo creo que Dios es muy poco demócrata porque esparce talento de una manera muy diversa sobre la gente. Y aquellos que lo hemos recibido, la única manera de ser dignos de él es llevando a cabo esa vocación.»

Al diario *UNO*, de Mendoza, el 28 de agosto de 2010: «El que tiene talento que Dios ha repartido de forma poco democrática, solo es digno de ese talento si lo sabe dar a los demás.»

Al suplemento *ADN*, del diario *La Nación*, el 13 de marzo de 2015: «El mérito de un artista de verdad es el de reflejar lo que recibe del compositor y pasarlo al público, como si fuera un espejo muy pulido, sin producir deformaciones, sin interferir. El arte es como el amor: si cuando se hace el amor uno solo piensa en el propio placer y no piensa en el del otro, el otro no siente nada y uno se pierde lo mejor de ese momento (...). El intérprete no debe buscar su propia emoción y satisfacerse con ella, debe hacerla pasar, transmitirla.»

En el programa televisivo *Duro de domar*, el 8 de abril de 2014: «Yo tuve siempre la sensación de que mi vida era como estar en un trineo y que me empujaban en una selva, sobre la nieve, en un camino trazado.»

En el programa televisivo *Tal como son*, el 23 de mayo de 2014: «Dios esparce de manera poco democrática talento sobre la gente y yo tuve la suerte de recibirlo y el deber de llevarlo a cabo.»

En conversación pública con la periodista Cecilia Scalisi en la Academia Argüello, de Córdoba, en 2014: «He vivido toda mi vida en lo excepcional, con mucha naturalidad. He estado en las recepciones más maravillosas, he estado en contacto con reyes, con emperadores, con príncipes, con científicos, con toda la cantidad de gente más conspicua que se pueda imaginar. Ahora, en esta etapa de mi vida, he dado la vuelta a eso, a ese círculo enorme que es la existencia, y mi placer es organizar pequeñas comidas en casa con cinco o seis personas, y poder hablar (...). Lo que para mí es inusual es lo que para la gente normal es corriente.»

Al diario *El Día,* de La Plata, el 25 de julio de 2015: «He dado la vuelta al círculo y lo que me encanta actualmente es tener conversaciones entre dos o cinco personas para comer y hablar profundamente de todo lo que a uno le pasa desde adentro (...). He vivido toda mi vida excepcionalmente (...) y lo viví muy naturalmente.»

Al suplemento de Turismo del diario *La Nación,* el 18 de enero de 2015: «He visitado cincuenta y un países, pero me siento muy argentino (...). Nada me gusta más que viajar. Siempre soñé con viajar, y si de chico hubiera sabido todo lo que iba a viajar habría sido muy feliz.»

En el programa televisivo *Juventud acumulada,* en agosto de 2017: «Y yo me propuse, a pesar de la voluntad de mis padres, ser pianista, y me casé a los cinco años con un señor de cola larga negra, con los dientes blancos y negros. Hice un casamiento igualitario y le soy fiel hasta ahora.»

Su arte consiste en ser el mejor vehículo de la obra de otros. Pero él es su mayor composición. Y nadie puede interpretarla.

En su libro *Elaboraciones musicales: ensayos sobre la música clásica* (Debate, 2007), Edward Said cita el ensayo de Richard Poirier *El yo en actuación.* Dice que Poirier «Analiza escritores modernos como Yeats, Norman Mailer y Henry James cuyos "poderes de interpretación" definen "los aspectos más importantes de la actuación: ritmo, economía, yuxtaposiciones, agregaciones de tono, toda la conducta de la presencia formante"». Y si esto, dice Poirier, se caracteriza por su brutalidad e incluso salvajismo es porque «la interpretación es un ejercicio de poder muy ansioso. Es curioso porque al principio es furiosamente autoconsultivo, incluso narcisista, y luego ansía publicidad, amor y dimensiones históricas. Tras una acumulación de actos herméticos, surge al final una forma que se atreve a competir con la misma realidad por el control de la mente expuesta a ella. La interpretación a la hora de escribir, pintar o en la danza está formada por miles de minúsculos movimientos, cada uno de los cuales se hace con un cálculo que también es su inocencia. Con inocencia me refiero a que los movimientos tienen una absoluta neutralidad moral, están diseñados para servirse unos a otros y nada más; y también son inocentes porque son ideados con una noción general y vaga de lo que podrían ser responsables en última instancia: la cosa final, esa acumulación a la que llamamos 'la obra'" (...). Sin embargo, la interpretación no es un mero acontecimiento, sino "una acción que debe atravesar unas etapas que dificultan la acción y, a la vez, le dan forma". Así "la interpretación entra en función en el momento exacto en que el impulso potencialmente destructivo para alcanzar el domino extrae del material su naturaleza más esencial, irreductible, clara y, por lo tanto, bella".»

El impulso potencialmente destructivo.

Un día, durante una cena y en medio del sádico Juego de las Preguntas, querrá saber: «¿Qué creés que todavía no sabés de mí?» Le diré: «Me cuesta entender por qué estás acá y no en Europa.» Bajará la cabeza con la mirada torva y asentirá diciendo una sola palabra: «Bueno.»

Varias veces me preguntará: «¿Qué pensás de mí ahora que me conocés?» Una, de tantas, le diré: «Que solo vos sabés quién sos.» Lo cual es una declaración de fracaso.

Dos días después del primer encuentro, me llama. Cuando veo su nombre en la pantalla del teléfono móvil, me abalanzo. Él ejecuta su «Alóoo» y dice que podría verme el 30 de abril, que es domingo. Digo que sí, que por supuesto. Suspendo todo lo que pensaba hacer ese día en un acto de bandolerismo puro. Durante los meses siguientes siempre será así. Acudiré cuando me llame. Me apuraré a responder el teléfono cada vez que vea su nombre en la pantalla: Bruno Gelber, Bruno Gelber, Bruno Gelber. Me llamará cuando yo esté en medio de una fiesta, de una cena familiar, en un hospital, en Quito, en el campo. Me llamará de tarde, de noche, de madrugada, cuando yo esté dormida o a punto de dormir. Me llamará para invitarme a cenar, para pedirme que le encargue una torta, para decir que quiere verme. Me llamará, me llamará. Y yo querré que nunca deje de llamarme.

Un espejo pulido para reflejar más perfectamente. Ni siquiera he podido confirmar que esa frase sea de Leonardo da Vinci.
Sin tener idea de hacia dónde voy, avanzo.
Pronto estaré en su telaraña.

Su relación con la tecnología es nula («Si me ponés una computadora adelante, lloro»), aunque no por incapacidad sino por elección. Lo maravillan los avances pero, al mismo tiempo, le parecen tristes y peligrosos: «La gente cree que tiene compañía porque está con el teléfono. Pero están solos. Y es algo que distrae tanto. No están nunca en el presente ni en el lugar en el que están: siempre mirando a través del aparatito.» Cuando quiere encontrar una foto o chequear un nombre le dice a quien tenga a mano «Poné», lo que se traduce como «Buscalo en internet». Mantiene larguísimas conversaciones con la duquesa de Orleans, que vive en Francia; con una amiga argentina que vive en Nueva York, y, aunque paga facturas telefónicas elevadas, se niega a usar Skype: «Qué es eso de tener que estar peinándose y pintándose para hablar con alguien.» Cuando se le advierte que puede prescindir de la cámara con cualquier excusa —la conexión es lenta, la cámara está rota—, dice: «Ah, sí. Mi abuela. Eso ya se le ocurrió a todo el mundo. Si no les ponés la cámara se dan cuenta de que no querés que te vean.»
Algunas personas abrieron cuentas de Facebook falsas a su nombre. En una de ellas, junto a una foto suya, hay una clave de Fa tachada y la leyenda: «No a la clave de Fa.» Quien sea que la haya abierto, el 22 de agosto de 2017 escribió: «Hola, tanto tiempo, cómo están»; el 25 de diciembre de 2014: «Feli-

ces fiestas para todos.» El 20 de junio de 2014: «¿Cómo están viviendo el Mundial de Fútbol?» El 6 de junio de 2014: «Les deseo a todos un excelente viernes.» El 11 de diciembre de 2011: «¿Qué tal han pasado este fin de semana largo?» El 7 de agosto de 2011: «¡¡¡Espero que hallan tenido un buen domingo!!!» La gente hace caso omiso de las faltas de ortografía, no se extraña ante el hecho de que Bruno Gelber se refiera al Mundial, y aunque en algunos *posts* queda más o menos claro que quien escribe no es él, todos dejan comentarios felicitándolo por los conciertos, pidiéndole consejos, diciendo que lo vieron tocar en tal parte y que les firmó un autógrafo.

A él todo eso le parece una violencia bárbara, una invasión.

Jorge Galasso tuvo, antes de conocer a Bruno, varios trabajos. Viene de una estirpe familiar dedicada a la mecánica de automóviles —su abuelo llegó a tener un taller de grandes dimensiones en Olivos, el suburbio elegante de la zona norte de Buenos Aires donde Jorge vivió siempre y donde aún pasa tiempo en casa de su madre, cuando no está en la de su novia–, y se dedica a la restauración de motos y a la compra y venta de repuestos. Durante un tiempo trabajó en una empresa de servicios fúnebres pero cuando conoció a Bruno, veinte años atrás, ya no tenía ese empleo. Había pasado un día trabajando como conductor en una compañía de remises: empezó a las siete de la mañana, terminó a las tres de la madrugada, y le pareció tan horroroso que renunció de inmediato. Sin embargo, el dueño de la empresa no dudó en recomendarlo cuando Bruno, para quien oficiaba a veces de chofer en Buenos Aires, le dijo que necesitaba a alguien con mayor disponibilidad.

—Todavía no sé por qué ese hombre me recomendó, porque trabajé un día solo para él. Ni me conocía. Pero acá estoy, veinte años después.

Cuando en 1997 se presentó en la casa de la calle Pampa, y se topó con un hombre cubierto de maquillaje, pelo en pompa y modales afectados, no tenía idea de quién era.

—No lo vi natural. Ves a una persona con un jopo enorme, maquillado, y te preguntás: «¿Quién será?» Tampoco se podía googlear en esa época. Hoy no me llama la atención. De hecho, cuando tiene que hacer un reportaje me dice: «Ahora me visto de Bruno Gelber», y le da una vuelta de tuerca al maquillaje. Le da un toque más. Yo le digo que a cara lavada no le queda mal. Pero él dice: «Me conocen así, con este peinado.» Y lo mantiene firme a pesar del tiempo. Y tiene esas ganas de producirse y armarse que son admirables.

Siempre usó los ojos delineados, pero en las fotos de su juventud todavía persiste un aura de naturalidad, una elegancia sin exageraciones, el aspecto atildado y prudente de un pianista cachorro. Con los años se abrió paso el cuidadoso artificio, la elaborada construcción: el pelo pintado, el maquillaje, las corbatas anchas, los chalecos, la camisas de seda, la sonrisa forzada como una forma del dolor, la mirada voraz. Es esa apariencia la que dio lugar a los memes que circulan en la web y en algunos programas televisivos: Bruno Gelber junto a un retrato de Dilma Rousseff (resaltando su parecido); Bruno Gelber con un bigotito a lo Hitler. Ninguna de esas cosas lo ha hecho reconsiderar su aspecto. Dice, con orgullo, que en la Argentina ha trascendido el círculo de los músicos clásicos: «Acá soy popular. Me reconocen en la calle como si fuera un actor», le dijo, en 2017, a un periodista que lo entrevistó en la ciudad de Tucumán antes de que diera un concierto.

—Para mí no hay nada *kitsch* en su interpretación —dice el periodista y crítico Pablo Gianera—. El *kitsch* es arte bajo que trata de pasar por alto. Eso no es lo que pasa en lo que hace Bruno. Por el contrario. Cuando hablás de *kitsch* en relación con Bruno, te genera una asociación casi automática con Liberace —dice, refiriéndose al popular pianista estadounidense que subía al escenario con ornamentos demenciales—. Pero hay una

diferencia radical: Liberace era un *fake* y Bruno es uno de los más grandes pianistas de la segunda mitad del siglo XX. Puede haber extravagancia en el aspecto, pero nada más.
—¿Hay otros pianistas clásicos con aspectos extravagantes?
—No creo. Había extravagancias de otro tipo. Extravagancias en el carácter. Ahora hay una pianista china, Yuja Wang, muy espectacular, que aparece tocando casi en pelotas, con minifaldas y escotes. Claudio Arrau, el chileno, podía ser que se tiñera el pelo. Pero no llegaba a tanto.

Es domingo 30 de abril. En el barrio de Once hay pocas viviendas particulares, y el domingo a esta hora los comercios están cerrados y las calles aletargadas, vacías de tránsito, sumidas en la oscuridad temprana y presagiosa de los últimos días del otoño. Toco el timbre del piso doce. Una voz de mujer, que no es la de Juana, atiende y dice que ya baja. Frente al edificio hay un contenedor en torno al cual tres cartoneros separan maderas, papeles, botellas y los apilan en sus carros. Uno de ellos le grita a otro, con hostilidad:
—¡Eh, *gato*, qué hacé! Eso lo dejé yo.
No termino de saber cómo finaliza esa discusión en la que el hombre reclama lo que parece ser una placa de madera porque una mujer rubia abre la puerta y dice: «Hola. Pasá, señora», con la forma peculiar en que utilizan el voceo los paraguayos (y que a Bruno le hace gracia: «Esta siempre me dice: "¿Cómo te va, señor Bruno?" A mí me encanta»). Norma es paraguaya y trabaja aquí los fines de semana, o cuando Juana tiene días libres. Usa el pelo muy lacio en una melena moderna, a la altura de las orejas, con mechones más largos en torno al rostro. El viaje en ascensor es silencioso, y cuando llegamos al departamento, me hace pasar primero. Doblo el pequeño recodo que lleva a la sala y ahí está él, con una camisa azul de seda.
—¡Tesoro! ¿Cómo estás?
—Bien, Bruno. No te levantes.
—Pero ¿por qué no? —dice, levantándose para saludar.

Todo está como hace un par de semanas, incluida la mesa sobre la que hay otra merienda descomunal a la que se ha sumado un plato formidable de tortas fritas. Norma aparece por la puerta disimulada en la pared y pregunta si sirve el té:

—No, no. Yo lo sirvo. ¿Me alcanza la Laura Hidalgo?

Norma toma la Laura Hidalgo Chica que está sobre el piano y se la da. Él la deja allí, sin tocarla, como si tan solo la necesitara cerca.

—Yo le digo siempre: qué linda señora —dice Norma, señalando la foto que cubre la tapa de la agenda.

—Vos también sos linda —dice Bruno.

—¡Gracias! Ya sé. Ahí le dejé los sanguchitos de choclo.

—¿Te gusta el choclo? —pregunta él, con una sonrisa que marca la doble intención.

—Es lo que más me gusta.

—Me parecía. Se nota.

Si la relación con Juana se revelará tensa e incluso hostil, con Norma, que ahora se ríe y vuelve a la cocina, parece haber una cordialidad cómplice: intercambian frases con la agilidad de dos tenistas devolviendo pelotas fáciles, casi siempre con doble sentido procaz pero cuidadoso. Bruno se agacha sobre la mesa cuando Norma se va y susurra:

—Esta me quiso hacer tortas fritas.

—¿Y a vos te gustan?

—No sé. No las probé nunca.

El acompañamiento criollo por antonomasia del mate, esa masa echa con agua y harina, frita hasta los tuétanos, que ha acompañado a generaciones de argentinos, le era, hasta hoy, desconocida. También lo es el locro —otro epítome del criollismo gaucho que probará por primera vez en unos meses—, y lo fue el tango «Por una cabeza», uno de los más populares de la historia, que escuchó por primera vez en 2017 en el programa *Bailando por un sueño,* el concurso de baile de altísimo rating que conduce Marcelo Tinelli por la televisión abierta. Se dijo: «Qué lindo, lo voy a estudiar», solo para entender, después, que ya lo habían grabado casi todos los músicos del país. Al contrario de lo que hicieron Argerich y Barenboim, que se fueron de la Argentina muy jóvenes y no regresaron durante años, él siempre volvió a dar conciertos, pasó largas temporadas en la Argentina aun cuando giraba indeteniblemente por el mundo, y veraneó en la ciudad de Mar del Plata. Pero si la realidad política y social de su país nunca le fue ajena, sí lo son estas pequeñas tradiciones que descubre embelesado como un astrónomo que acaba de fotografiar una galaxia nueva.

—¿No sabías que existían las tortas fritas?

—No.

Entonces toma la primera de la pila, le echa una cucharada de azúcar —una indicación que quizás le haya dado Norma— y le da un mordisco. Sin dejar de masticar dice:

—Norma me hace acordar a una actriz, pero no sé a quién. Me dan ganas de pellizcarle la cola. La debe tener dddddura. Te cuento lo de Laura Hidalgo. Yo andaba mal de la pierna todavía, y papá me llevó a Radio Splendid, porque los sábados había una emisión que se llamaba *Pantalla gigante,* que recibía artistas y público. Y llegó Laura Hidalgo. Me acuerdo de ella bajando de un remise celeste y subiendo las escaleras. Le pedí un autógrafo y me lo dio. Muy seria, nada simpática. Tenía unos ojazos verdes así —dice, formando un círculo con el pulgar y el índice delante de un ojo—. Un poco como los tuyos.

—Yo tengo ojos marrones.

—Bueno. Pero grandes. Y unas cejas muy arqueadas, muy altas. Un poco como las mías. A lo mejor me llamó la atención por eso. Catorce años después fui a México. Ella estaba viviendo allá, casada con un mexicano. Yo estaba en el hotel María Isabel...

Toma otra torta frita, la cubre de azúcar, la muerde. De ese viaje a México no menciona nada relacionado con la música (cuando le pregunto qué tocó, responde: «Qué sé yo. No me acuerdo»), sino solo lo que tiene que ver con Laura Hidalgo.

—... y una tarde digo: «¿Cómo hago para conseguir el número de teléfono?» Y me acuerdo del nombre de casada. Rosen. El tercer marido. Busco, y caigo en una Laura Rosen. Llamo, me atienden y siento: «Alóooo.» La voz de ella. Y le digo: «¿Podría hablar con la señora de Rosen?» «Soy yo», me dice. «Ah, disculpe que la moleste, le habla Bruno Gelber, soy un artista argentino, pianista, que viene a dar conciertos acá, y me encantaría que usted viniera a escucharme con su marido, y que vengan a comer tal día porque la embajada me hace una comida.» Y me dice: «Mire, al concierto no vamos a poder ir porque estamos en el campo, pero a la comida sí.» Le digo: «Mire, a mí me importa un rábano que venga al concierto, porque yo en el concierto no la voy a poder ver y yo lo que quiero es verla.» Y me dice: «¿Por qué?» Y le digo: «Porque tiene en mí el admirador más ferviente que ha tenido en su vida, me he visto todas sus películas dos, tres veces, sé hasta los diálogos de memoria. Yo la vi personalmente en Radio Splendid, usted bajó de un remise y yo le pedí un autógrafo. Le voy a decir algo para que vea que es cierto: usted tenía un pulóver negro con cuello alto y una falda en pañolenci a gajos que iban del marrón al marrón oscuro.» Y se hace un silencio. Me dice: «Gelber, estoy con lágrimas en los ojos porque es la falda que más me gustó de todas las que he tenido en mi vida.» Y vino a la comida. Ya estaba gordita. No muuuy, pero gordita. Y poco pintada. Vos sabés que a una persona le ponés luces, la maquillás bien, y ya parece una *star*. Pero lo cierto es que era divina igual. Y nos hicimos muy amigos. Nos vimos muchas veces. Vino a Mónaco, la fui a buscar a la estación, la llevé a comer a todos lados. Le di el gusto. La primera vez la mandé a buscar con la *limousine* más larga, más grande, más blanca que pude encontrar. La llevé a comer a un restaurante, estuvimos charlando como dos chicos por horas.

Suspira y, como quien ha contemplado el rostro de Dios, dice:

–Y le vi la cara al sol. Tenía unos ojos verde esmeralda con puntitos dorados. No te podías sustraer a la cara de ella.

Durante los ochenta, su círculo de amistades en la Argentina estaba formado por actrices emblemáticas del cine nacional como Olga Zubarry, Amelia Bence y Mirtha Legrand –Chiquita–, máxima diva de la televisión que está al frente de su programa de almuerzos desde hace cincuenta años. Fueron íntimos amigos hasta que hace poco se pelearon amargamente (él se niega a hablar de eso, como si fuera un secreto de cofre, o como si la lealtad por el pasado compartido fuera superior a cualquier tentación de airear el chisme).

–Laura Hidalgo era del 27. Como Chiquita.
–Vos tenías relación con la Legrand.
–Tuve. Ya no. Me peleé.
–¿Por qué?
–Porque se portó mal. Yo soy un chico que doy todo, pero las cosas ridículas no me van. Los divismos. Ella es diva acá, pero yo soy conocido en cincuenta y cuatro países.
–¿Sos vengativo?
–Puedo ser refinadamente vengativo. Y tomarme el tiempo para devolver la cosa. Yo creo que lo más interesante de la venganza es la indiferencia. Pero como soy culposo, me porto excesivamente bien, y soy capaz de pensar pero no hago, porque la culpa que me da es mayor que la satisfacción que me provoca. Pero hablábamos de las películas argentinas de esa época. A mí me gustaba mucho eso de las casas que eran mansiones, que tenían mayordomo, escaleras lindas. Todo pasaba en un cierto nivel. No por esnobismo, sino por estética. Yo vi mucho cine. Seguía todo lo que pasaba con las revistas. *Radiolandia, Antena, Radio Film, Mundo Radial.*

Nunca menciona sus conversaciones con Rubinstein pero sí dice «Conocí a Mel Ferrer», o «Saludé a Schwarzenegger en un aeropuerto. No era muy alto.» Si se le pide que mencione a otros intérpretes de piano que le gustan, menciona a Earl Wild, Horowitz, Rubinstein, Dinu Lipatti, András Schiff, Martha Argerich. Excepto los dos últimos, los demás están muertos.

–Hablar con otro pianista es difícil porque te tienen respeto y a veces envidia. Pero más o menos tenemos todos las mismas angustias y las mismas necesidades.
–Un escritor chileno, José Donoso, decía que cada escritor es una forma distinta de la inseguridad.

—Bueno, se mandan cada frase, que son a veces crueles. Lo que tiene la vida pianística es que no te recibís de pianista virtuoso y genial nunca. Tocás un día divinamente y sale una buena crítica, pero para seguir siendo genial tiene que ser continua la cosa. Lo gracioso es que te hacen una mala crítica en un lado y del mismo concierto tenés en otro diario una crítica divina.

—¿Te afecta la mala crítica?

—No. Trato de ver que pueden tener razón. No las desecho automáticamente.

«—Le voy a decir algo», le dijo a la periodista argentina Sandra de la Fuente el 9 de agosto de 2014 en la revista *Ñ*, del diario *Clarín*. «Yo he tocado cosas muy pero muy mal. Una vez con Lorin Maazel, quien me invitó a hacer Gershwin y Ravel. En la primera parte el 2 en Sol, de Ravel, y luego la "Rapsodia en Blue". Yo le dije que no había hecho la "Rapsodia", pero él me dijo que no importaba, que la aprendiera y listo. Como a Maazel lo conozco desde que tengo quince años, toqué con él Schumann, no me animé a defraudarlo. Así que me puse a estudiar la "Rapsodia". La conozco nota por nota y sé lo que quiero con ella. La estudié y la toqué. Nunca me sentí tan desgraciado (…). Porque ese *swing*, ese abandono que tiene que tener esa música, yo podía imitarlo pero no era mío. No me salía.

»—¿A Maazel le pareció lo mismo que a usted?

»—No. Y a lo mejor pensó que yo lo había hecho bien, pero yo nunca más lo toqué.

»—¿Se atrevió a escuchar esa versión?

»—Yo masoquista no soy. Cada uno tiene sus límites. Yo tengo más facilidad para brindarme, para sentir. Soy de manito gorda.

»—Bueno, más bien musculosa.

»—No, señora, esto es gordura. Tengo una manito gorda y torpe. Siempre fui así. Antes era flaco y escuálido hasta que me tomó la polio, a los siete, y ahí me costó horrores guardar mi silueta. Pero volviendo al punto: con estas manos, yo sé que las octavas de Martha Argerich no las voy a tener nunca.»

El 25 de octubre de 1987 tocó el cuarto concierto de Beethoven con la Orquesta Nacional de Francia dirigida por Rudolf Barschái en el teatro Champs-Élysées, de París, y la crítica publicada por *Le Monde* decía que lo había hecho «de manera seria e irreprochable, pero desprovisto de una idea de una expresión propia».

En septiembre de 1996 tocó las sonatas de Beethoven, el *Carnaval* de Schumann, el *Andante spianato y gran polonesa* de Chopin en el Teatro Colón, de Buenos Aires, y la crítica publicada por el diario *La Nación,* que aparece sin firma, decía: «Una vez más fue posible admirar su total dominio del teclado, su seriedad interpretativa (...). La total ausencia del efecto grueso tan fácilmente confundido con expansión romántica fue otro de los méritos de Bruno Gelber, al que además se apreció dueño de una técnica de digitación impecable. (...) Cuando llegó el *andante* de Chopin (...) hizo rememorar las grandes versiones del pasado. Aquellas que han hecho inmortales a Rubinstein, Arrau o Horowitz.»

En octubre de 2006 tocó la serenata para cuerdas en Do mayor de Chaikovski y el concierto número 3 de Beethoven en el Teatro Colón y la crítica publicada por el diario *La Nación,* firmada por Pablo Kohan, decía: «El asunto comenzó a oscurecerse, en el más literal de los sentidos, cuando el pianista empezó a imprimir sonoridades desmedidas, una aplicación abundante del pedal, que empastó la claridad necesaria de modo inevitable y que, de paso, contribuyó a ocultar algún embarullamiento circunstancial y, cada vez más como una tromba de espectacularidad sonora, se fue apartando de búsquedas más acordes a Beethoven y su estética en beneficio de algo mucho más impactante.»

Las paredes de la casa están cubiertas por cuadros de artistas argentinos prestigiosos, como Leopoldo Presas, Carlos Alonso, Luis Barragán y Guillermo Roux, que le regalaron ellos mismos. Él nunca compró un cuadro, ni se pagó un viaje internacional o una entrada a un concierto. En una de las paredes amarillas, sobre una cómoda, hay un gran retrato suyo pintado por Héctor Borla, un plástico de la escuela hiperrealista. En él, la imagen de Bruno aparece duplicada: en una viste frac y se le ve el cuerpo pero no las manos; en la otra no tiene rostro, pero sí unas manos notablemente más grandes de lo que indicaría la proporción («Me encantan las manos de ese cuadro», dirá meses después su hermana Munina, durante una cena en este departamento). De la puerta disimulada que une la sala con la cocina pende un original de Divito, un dibujante argentino que brilló en los años cuarenta desde su revista *Rico Tipo*, en la que desplegó siluetas de mujeres de cuerpos voluptuosos ataviadas con minifaldas ínfimas, botas largas, vinchas, como las tres que se ven en este.

—Impresionante, ¿no? Se adelantó a la moda. La minifalda ni existía cuando dibujó eso.

Esas mujeres de Divito resumen la imagen hiperfeminizada, de diva vampírica a lo Jessica Rabbit o a lo Rita Hayworth, de cintura fina y pechos flamantes dispuestos en escote balcón, que tiene su venerada Laura Hidalgo en algunos de los retratos que pueblan la casa. Sin embargo, las virtudes físicas que él destaca en mujeres que lo han impactado, como la duquesa de Orleans, Audrey Hepburn o Grace Kelly, son de una delicadeza acuática: ojos claros, rostros de arquitectura áurea, cuerpos discretos. El adjetivo que usa para referirse a ellas es una exclamación, con énfasis en la primera sílaba, que las unge de gracia: «¡¡¡Dddddivina!!!»

Toma una torta frita, la rocía con azúcar. Come con gozo libidinal, contemplativo. Con los ojos, con los dedos, con la boca.

—Yo, además de Delia, tenía dos noviecitas cuando era chico. Una alemana, y otra más. Una vez dije el nombre de una para un reportaje en una revista y lo pusieron. Y ella llamó. Para verme.

—¿La viste?

—Ni loco. Mirá si es una vieja carcamana y me voy a poner a verla ahora. Después tuve un alumno de violín de papá. Que era adorable conmigo. A algunos alumnos los dejaban pasar cuando yo estaba estudiando y cerrábamos. Algunos tenían permiso, derecho a roce. Y otros no.

Las primeras referencias a la sensualidad son escurridizas, anfibias: hay en ellas niños, niñas; mujeres más grandes que hacían las veces de profesoras, chaperonas y novias; amigos de su padre; alumnos de su madre; roces que parecen ser algo más que eso; relatos de situaciones castas que insinúan exactamente lo contrario. Los pocos detalles que escancia son, al principio, cabos sueltos que atará —a medias— en sucesivos encuentros, pero que alcanzan para envolver su relato en una ambigüedad lasciva.

—Cuando llegué a París, con diecinueve años, era bonito. Parecía que estaba untado con miel. La promiscuidad tiene un sabor tan exquisito. Lo prohibido tiene gusto lindo.

—Entonces lo conocés.

Hace un silencio.

—Yo soy más retorcido que eso. Me encanta seducir a alguien a quien no le voy a pertenecer nunca. Eso me encanta.

Pero la frase promisoria se astilla otra vez contra una anécdota.

—Yo tengo un diplomático... Se agarró una locura conmigo. Me escribe poemas. Me gusta todo lo que es la ambigüedad, pero que un tipo te escriba «Me siento al lado tuyo como un junco mecido por el viento» es mucho. Y es tan buena persona. Yo le he dicho: «Escuchame, ya somos grandes los dos, terminala.» Porque toco en Tucumán, viene, me saluda, me da un abrazo, un beso, y me doy vuelta y ya no está. Toco en Chile y lo mismo. Él me dio una explicación muy inteligente, me dijo: «Mirá, Brunito, es obvio que estoy fascinado como loco por vos, siento un aleteo, un temblor que no lo puedo dominar. Si creés que yo voy a cambiar eso por la domesticidad de una relación, ni que te mueras.» Es inteligente de su parte. Y yo me la aguanto.

Se encoge de hombros y corta un trozo de torta con un tenedor. Con la boca llena dice:

—Como no tengo otro.

—¿Te gustaría tener algo más estable?

Mira la ventana, después la superficie de la mesa. Por momentos parece evaluar si debe responder o si es mejor escabullirse, pero siempre, como arrastrado por un impulso moral, por una fuerza ética, responde.

—No sé si me gustaría tener a alguien estable y todo el día. Me gustaría tener... a uno de los Emiratos Árabes. Para conocer cómo es ese lujo de ahora. Que me llamara para hacer ciclos de clases maestras y dar conciertos y que fuera mi protector y que no se permitiera, por supuesto, nada. Puesto que su religión se lo prohíbe. Me gustaría el hecho de ser dos en la vida, pero sin derecho a otra cosa. No sé si me expliqué.

—No.

—¿Viste esa gente que conoce a alguien que sabe lo que pensás, lo que sentís, que son dos en uno? Bueno. Eso nunca lo tuve. Tuve una vez una historia de siete años, otra de cuatro, otra de cinco. Es decir, tenés historias, pero la base... Si te dicen: «Vas a tocar el concierto de Chaikovski con no sé quién», ¿a quién llamás primero?

—¿A tu pareja?

—A tu mamá. La base total era mi madre. Tengo todavía en mi oído los llamados, cuando ella ya estaba sin papá. Yo la llamaba desde Europa y ella me decía: «Pensar que estamos hablando por teléfono y estamos los dos solos.» Yo le decía: «¿Por qué no querés venir a vivir conmigo a Europa?» Yo le dije mil veces y ella no quería, quería seguir teniendo sus alumnos acá. Y me decía: «Yo voy a ir a vivir con vos. ¿Y? Vamos a estar solos igual.»

—Nunca sentiste lo de ser dos en uno. Ni en relaciones de siete años.

—No. Fueron calenturas más que nada.
—¿Una calentura dura siete años?
—Cuando merece, sí. Pero mirá, eso de pedir fidelidad a alguien es la cosa más estúpida que existe. Si nadie se empeñara en pedir fidelidad todo sería más divertido.

Elabora, en la intimidad de su razonamiento, silogismos que arroja al mundo ya resueltos sin que se pueda, más que por aproximación, rescatar el nexo perdido entre, por ejemplo, la calentura de siete años y la estupidez de la fidelidad.

—Convivir, nunca conviví con nadie. A mí me gusta el amor de seis de la tarde a una de la mañana. Y después, cada uno a su casa. No aguanto eso de oír si una persona se lava los dientes o escupe en el baño. Oíme, hay que ser honestos, te va quitando amor. Si ves a una mujer con el rímel corrido hasta acá, no podés decir que te guste. Tenés que estar, disculpá, muy caliente con alguien para encontrarle encanto a eso.

—Pero Esteban vive acá.
—Esteban vive acá, pero nunca fue, ni es, ni será.
—Pero en sentido estricto, convivís con alguien.
—Pero somos muy respetuosos. Y ayer y hoy ni nos hemos visto.
—¿Te gusta estar solo?
—Aprendí. Era mucho más dependiente antes. Hace veinte años. Te voy a ser horriblemente franco. A veces no es la persona, sino el servicio que me da esa persona. Si me quedo solo una noche, me queda una sensación de impotencia debido a mi estado físico. No me gusta estar solo. Porque siempre he tenido conciencia de necesitar ayuda. Estar solo no es mi *cup of tea*. Siempre estuve atendido. No me imagino levantando los platos del té y lavándolos en la cocina. Pero te voy a decir una cosa, yo digo qué maravilla no tener la tentación. Yo nunca vi el color de la droga. Nunca me he calentado con un niño. No tener la perversión de algo es una maravilla. Pero sí he sido perverso en la seducción. Lo divertido es hacer caer al otro en tus garras. Después hay que ver si lo desplumás o no. Cuando yo llegué a París tenía una cantidad de admiradores y admiradoras, uno te

llevaba a un museo, el otro al concierto en la Saint-Chapelle. Pero nunca he sido interesado. El marido de una amiga me propuso comprarme un departamento en el mejor barrio de París. Yo le dije: «De ninguna manera.» Es muy divertido cuando uno tiene la fuerza de no caer. Incluso de chico, cuando yo sentía que a una persona se le movía el interior por mi presencia, yo acentuaba la situación. Pero de ahí a buscar una situación realizable, ni loco. Jugaba con la ingenuidad. La sexualidad tiene vericuetos. Siempre que no te hagas daño a vos o a otro, y que sea entre gente mayor, está bien. ¿Vos te das cuenta de la gente que han matado por ser gay? ¿Te hiciste algo en la cara?
–No.
–Tenés muy buena cara. Mantenelo eso, ¿eh? Hacete láser, luz pulsada, ácido hialurónico. Oíme, yo tengo setenta y seis recién cumplidos. No sé quién fue el *hache de pe* que puso mi edad, pero ponés mi nombre en la computadora y te sale. Yo sé que no parezco. Pero realmente las cosas de la edad son feas.
–¿Vos te hacés láser, luz pulsada?
–Sí. A mi hermana, en cambio, le importa un pito.
–Te da miedo el...
–Sí, el deterioro. Me gustaría firmar un contrato para irse como se apaga una velita. Tengo una gran curiosidad por ver cómo puede ser el otro mundo. No creo que nos vayamos a reencarnar en mosquito ni en oruga. Yo soy católico de educación y creo que mejor portarse bien, porque si hay algo lo pasaremos bomba y si no hay nada no nos vamos a dar cuenta. Ahora, lo que me parece... no exacto..., y espero que Dios no me mande una patada por esto que voy a decir..., es que de vez en cuando Dios no nos mande un pequeñíiiiisimo indicio de eso, de que eso existe. Porque tendrías otro comportamiento en esta vida.
–¿Creés en el paraíso católico?
–No creo que vayamos a estar flotando en una nube rosa. Creo que lo de encontrarse con los seres queridos es más una expresión de deseo que otra cosa. Yo he soñado con mi madre varias veces y la he visto sonriendo, feliz, vestida de blanco. Pero no se me apareció. Éramos realmente uno solo. Si me

quedan años de vida, yo daría varios por un abrazo de un minuto con ella.

Entonces, después de haber saltado de los vericuetos del sexo a la ingenuidad perversa y al ácido hialurónico, y de ahí al paraíso católico y a su madre, dice:

–Hay algo de lo que no hemos hablado. Lo que me pasó con la polio. Es una conciencia continua que yo he tenido de no tener las dos piernas iguales. Y en determinadas circunstancias, hay un momento en que hay que bajarse el pantalón. Igual, a las zonas interesantes se llega sin bajárselo. Pero cuando tenés un defecto físico, tenés presente que es la madre de todos los males. De las pocas veces que se me ha escapado alguien, en general gente ambigua, que es la que más me gusta, te da la impresión de que es a causa del defecto físico. Sobre todo en alguien que, como yo, ama tanto la belleza y la perfección y lo estético. Pero muchas veces le cargás la responsabilidad a tu defecto físico y no la tiene. Decime una cosa..., ¿vos conocés a alguien del canal Volver?

–¿El canal de películas argentinas antiguas?

–Sí.

–No, pero no debe ser difícil...

–Si vos averiguás, yo llamo. Les hago una comida. Me gustaría saber por qué a Laura Hidalgo no le han hecho jamás un homenaje. A mí me parece que se lo merecería. Mañana es el cumpleaños.

Ni esta vez ni ninguna otra dirá que fue él quien organizó el retorno oficial de Laura Hidalgo a la Argentina en octubre de 1987, después de treinta años de ausencia. En ese viaje ella presentó un libro de poemas y el Museo del Cine le entregó la Cámara Pathé como reconocimiento a su labor cinematográfica.

–Tenía los ojos más divinos del mundo. Yo creo que ella y mamá fueron dos presencias femeninas muy fuertes en mi vida.

Mamá era mona, mamá era elegante, mamá era muy inteligente, mamá nunca repitió un conjunto para recibir a sus alumnos, a mamá le encantaba bailar con mis amigos y yo la llené de joyas y tapados de piel, le di lo mejor, lo más lindo, le di todos los gustos, le dije mil veces de ir a vivir conmigo a Europa, yo tengo un Edipo gigante con mamá, en 1966 estábamos de gira con ella y me llama mi empresario español y me dice: «Brunito, dentro de veinte días tenés que hacer los cinco conciertos de Beethoven en el Palau de la Música, de Barcelona, porque Wilhelm Kempf está enfermo y canceló», y yo le dije: «Pero escuchame, vos sabés que yo toco el tercero, cuarto y quinto, los otros dos no los tengo», y mamá en un susurro me dijo: «¡Decí que sí, decí que sí!», y yo dije: «Bueno, acepto», y estudiamos los dos conciertos que faltaban en *tournée,* fue lindo que hiciera eso porque la lógica me llevaba a decir que no y ella me ayudaba a tener más repertorio, no era una pacata que tenía miedo de todo, y era tentada, le encantaba la ropa y yo le compraba lo mejor, por eso te digo que tengo la conciencia más limpia y transparente, porque hice todo para contribuir a su felicidad.

Su madre falleció en 1988, quince días antes de cumplir ochenta y cinco años, en el CEMIC, un centro médico privado de la ciudad de Buenos Aires. Las circunstancias dependen de quién las relate.

—¿Qué enfermedad tenía tu madre?
—Tenía de todo. Y yo estaba muy solo para decidir y saber qué era exactamente. Pero tenía depresiones, qué sé yo. Y en esa época se sabía menos que ahora. La soledad la hizo ponerse mal. La amargó. Yo creo que mi hermana muy bien no se portó, porque no la acompañó mucho. Pero esas son situaciones muy difíciles para acompañar al otro. Ella murió un domingo. Yo postergué un concierto que tenía con la Wagneriana para el lunes y lo di el lunes siguiente. No soy muy de lágrima vertiente. Es decir, no es necesario siempre evacuar las penas. Las podés llevar adentro y estar con ellas. Para mí era muy feo, muy triste verla tan deteriorada. Lógicamente me afectaba, pero tenía que ir a dar conciertos, y por eso era el desastre con mi hermana, que no se ocupaba mucho. Creo que ella eligió ese mo-

mento... para una venganza gentil. Para mí era una venganza dura. Mi hermana tuvo la impresión de que todo mi éxito y mi gloria me fueron dados a cambio de lo que sufrí con la polio, como una compensación. Sintió que ella fue la menos beneficiada de los dos. Pero yo, aparte de tener el talento para la música, me rompí unos cuantos pantalones estudiando.

—¿Se ven seguido con tu hermana?

—De vez en cuando. Yo soy más el divo brillante que el pariente. Además, si el chiquito, el nietito, sacó el primer diente o se tiró el primer cuete me importa un pito. Me aburre soberanamente. Y mi hermana empieza: «Ay, empezó a caminar la nena, no sabés que alegría.» Y yo: «Qué suerte», y le cuelgo. Ella es la gallina clueca. Y más chicos tiene alrededor, más plumas le salen.

—Vos tenés alumnos.

—Ah, sí... Pero no tengo instinto de posesión. Yo tengo un alumno que tiene veinte años. Un amor de chico. Pero el día que dio su primer concierto el padre se fue a pescar. Los padres jamás me llamaron para decirme gracias o para preguntarme cómo va el hijo. Tiene una facilidad para el piano que es para cortarle los dedos. Pero es frío. Es posible que despierte cuando tenga alguna pasión. Es inteligente, es rápido, tiene buen físico, estudia como una bestia. Pero yo le muestro todo lo que contiene una frase musical y él se queda maravillado porque no lo vio. Le insisto para llegarle al centro vital, pero no siente nada. Cuando sentís bien, la obra te dice: «Necesito que acá hagas una exclamación, una respiración», te va hablando. Pero ahora el tecnicismo ha robado mucho. Oíme, preguntale hoy a un chico cuánto es siete por seis. No saben. Yo miro en la televisión la emisión de Guido Kaczka, ese programa de preguntas, y el otro día le dice a una chica: «¿Cuántas horas hay en una semana?» Y ella: «Ay, me mataste.» No supo hacer el cálculo. Yo siempre digo, no hubiera sido quien soy con doscientos canales de todos los colores como hay hoy. Es muy difícil ser joven hoy día y tener una vocación. Tienen mil distracciones, el teléfono y la placa, la plaqueta...

—La tableta.

—Eso. Y están todo el día plaque, plaque, plaque. Yo salgo al escenario y lo único que veo son pantallitas. No viven el momento. Lo viven en relación con el recuerdo. Pero tampoco podés decir mucho, porque te juzgan de viejo decrépito.

Fumó cuatro o cinco cigarrillos diarios hasta 1978. Dejó, porque cree que todo el mundo tiene una «esfera de salud» que no es infinita y conviene cuidarla, pero todavía extraña el cigarrillo del final del concierto que le resultaba «orgásmico». A menudo habla de «los esotéricos» —«los esotéricos dicen», «según los esotéricos»—, aunque nunca menciona a nadie en particular, ni lecturas asociadas al tema. No hace cosas tales como recurrir al tarot, pero obedece a «los esotéricos» que le aconsejan, por ejemplo, que debe cerrar primero la tapa del inodoro y luego pulsar la descarga porque así es como se cuidan las energías, y evitar colocarse en sitios donde lo apunte un ángulo —la arista de un mueble— porque eso, llamado «flecha envenenada», daña. Hace yoga desde los veinticinco. Aprendió en París, con una maestra francesa con la que solía caminar «la mitad de París, rengo y todo». Es muy católico y reza siempre, incluso mientras toca, sobre todo antes de atacar un pasaje difícil: «Me mando mi rezo, me encomiendo para que me ayude.» Usa mucho la expresión «mando positivo», cuando menciona a alguien entrañable que ya murió: «Pienso mucho en ella, le mando positivo.» Está seguro de que hay otros mundos, porque no puede creer que «toda esta magnificencia exista solo para la Tierra», pero las teorías de que seres extraterrestres viven entre nosotros, solo que sin darse a conocer, le parecen zonzas: «¿Vinieron para ver lo linda que es la calle Corrientes?» Suele contar que una vez, cuando él era chico, una gitana se acercó a su padre en la calle y le pidió ver su mano izquierda: «La gitana le agarró la mano y le dijo: "Ay, su nombre va a ser famoso en el mundo entero, cuánta gloria, cuánta fiesta, cuánto todo." Papá le dio una propina y le dijo: "Sí, sí, claro, mañana." Y después, con el tiempo, pasó lo que la gitana había dicho. Así que hay gente que ve. Y hay gente que pretender ver y que la chinga.» Le gusta mirar en la televisión documentales acerca del universo, de la galaxia, de los avances médicos y las cirugías estéticas que «devuelven a su lugar lo que estaba fuera de lugar». En su juventud iba con la actriz Amelia Bence a abrazar árboles en los bosques de Palermo —«es un intercambio energético»—, pero dejó de hacerlo porque la gente lo reconocía y le pedía autógrafos. Dentro de los pianos dispone, cuando toca, un elemento que llama «dispersor de buenas energías», para ahuyentar las malas. No se psicoanalizó nunca, pero si no hubiera sido pianista le hubiera gustado ser terapeuta porque dice tener una intuición refinada para detectar si una persona miente. Asegura que, a veces, le da vergüenza porque mira la frente de alguien y ve pasar por allí «un cartel que indica lo que están pensando». La primera vez que dijo eso me toqué la frente, nerviosa, e intenté olvidarlo de inmediato.

—¿Y vos le sos infiel a tu marido?

Es de noche, su territorio elegido, su coto de caza. Dice ser noctámbulo por naturaleza pero le ha sumado una justificación espiritual: sostiene que en las noches el organismo está quieto, con las funciones aplacadas, y que eso permite que la sensibilidad alcance niveles formidables.

Se ha comido todo el plato de tortas fritas y pulsa el botón del teléfono. Norma aparece por la puerta camuflada.

—Ya puede sacar, tesoro. Muy ricas sus tortas fritas.

—Pensé que no le iban a gustar.

—Me las comí todas. Al principio no me gustaron, pero después no pude parar de comerlas... Ehhh... yo pienso que un hombre puede tener relaciones de la cintura para abajo sin que eso le perturbe en lo más mínimo de la cintura para arriba. Es como una necesidad fisiológica que no perturba en nada sus sentimientos. En cambio, una mujer que tiene relaciones..., usted no se asuste de lo que estamos hablando.

Norma se ríe mientras retira los platos.

—La mujer que lo hace se entrega desde la pezuña hasta el pelo. En el hombre hay una cosa más puramente fisiológica. A vos te debe gustar la adrenalina.
—¿A mí? ¿La adrenalina de levantarte a alguien?
—Sí.
—La adrenalina es algo... enervante.
—Y, no te la va a dar un vaso de leche con miel, tesoro. Pero una mujer, por más abierta que tenga la cabeza, por más inteligente que sea, cuando se acuesta, se acuesta entera. ¿Vos de qué signo sos?
—Acuario.
Se queda en silencio.
—¿Eso es bueno?
—Es malísimo. Se lleva pésimo con Piscis. Yo soy Piscis. ¿Y qué ascendente?
—Creo que Capricornio.
—Ah, por eso.
—¿Por eso qué?
—Encajamos. Vos tenés imán.
—¿Cómo imán?
—¿Y cómo va a ser un imán, cómo se siente un imán, cómo sentís un imán? —dice, imitando el modo impaciente con que se le habla a un chico que no entiende.
Busco frenéticamente sinónimos de la primera palabra que se me ocurre: atracción.
—¿Se siente como un... tironeo?
—Lógico. Es decir, tenés ganas de acercarte a esa persona, de charlar y de pasar tiempo y de volver a verla. O sea..., de que no sea... la última vez. ¿Vos sabés de qué signo es Jorge Lanata?
—No tengo idea.
—Ponelo.
—¿En el teléfono?
—Sí.
Me levanto a buscar el teléfono en mi bolso, que dejé sobre un sillón, y veo que en una repisa, entre el piano y la ventana, hay algunos libros. Uno de ellos es de predicciones de la astró-

loga Ludovica Squirru, y otro de Horangel, su equivalente masculino.

—¿Leés las predicciones?

—No. Las miro. Pero siempre me dan mal.

Durante un tiempo, un hombre le hizo los horóscopos, pero un día un colectivo atropelló a su hijo y lo mató. Bruno, que no se explica cómo el horoscopista no fue capaz de prever su trágico destino y hacer algo al respecto, dejó de requerir sus servicios.

—Oíme, no te digo ver el colectivo, pero por lo menos ver algún peligro y poner alguna protección.

Busco la fecha de nacimiento del periodista Jorge Lanata en el teléfono, se la digo.

—Es Virgo. Es tierra —dice.

—¿Eso te conviene?

—Sí. La tierra y el agua son complementarios.

—¿Acuario qué es?

—Aire.

—O sea que vos agua y yo aire no...

—No tenemos nada que ver. Pero nos estamos llevando bien por Capricornio, que es tierra.

—¿Para qué querías saber lo de Lanata?

—Porque tengo que ir el 16 de mayo a su programa de radio. Pero más allá de los signos, soy consciente de que tengo una manera de ser que puede ser interesante para alguien y producir rechazo en otros. Cuando me veo en la televisión no me encuentro simpático.

—¿Por qué?

—Me veo emitiendo frases como dictámenes. Soy menos coloquial de lo que quisiera. Sin embargo, cuando hice emisiones que no eran importantes desde el punto de vista de la elegancia, como *Duro de domar,* salieron bárbaras. Iba a estar quince minutos y me tuvieron todo el programa.

A lo largo de los meses, aunque no se lo pida, me dará detalles de sus entrevistas con otros colegas y me contará lo que converse con ellos. Me llamará desde Mar del Plata, en febrero de 2018, para avisarme que salió en la portada de la revista *Clase Ejecutiva,* y dirá orgulloso que es «una nota de siete páginas». Ser solicitado por los medios parece algo de gran relevancia para él. Sin embargo, solo al pasar me contará que lo invitaron a una gira por Japón conmemorando que, en noviembre de 2018, se cumplen cincuenta años de su primera presentación en ese país. Al pedirle ver el mail con el cual lo convocaron me dirá: «Está ahí», con un movimiento de cabeza, indicando el piano, y tendré que buscarlo por mí misma.

(Finalmente, no podrá ir al programa de Jorge Lanata, uno de los más escuchados del país, porque el 16 de mayo, media hora antes de salir de su casa, se cortará la luz en parte del edificio y no funcionarán los ascensores. Sin ascensores, no tiene manera de bajar.)

El 8 de abril de 2014 asistió como invitado a *Duro de domar,* que entonces emitía canal 9. El programa tuvo varias versiones y muchos conductores hasta su interrupción, en 2015. Bruno fue cuando lo conducía Daniel Tognetti, un periodista fogueado en *Caiga quien caiga,* un formato televisivo irreverente que hacía abordajes inesperados y ácidos a cuestiones de coyuntura. En *Duro de domar* intervenían varios panelistas y se trataban temas del espectáculo y de la actualidad política con una línea editorial afín a la gestión de quien entonces era presidenta, Cristina Fernández de Kirchner, en las antípodas de las simpatías de Bruno. Aquel día, usando un traje oscuro, camisa de seda negra con cuello blanco y corbata, empezó con una estrategia que emplea a menudo –alabar a su entrevistador o al espacio al que ha sido convocado– y dijo: «Estoy nervioso porque no sé si quepo en este programa tan brillante.» En este caso, la frase era ambigua: podía ser un sarcasmo fino o un amable elogio.

–¿Sos televidente, ves nuestro programa? –preguntó Tognetti.

—Bueno, a esta hora yo estudio. Soy noctámbulo, así que estudio hasta las tres de la mañana —siguió él, con la inflexión calma, de yogui adormecido, que adquiere su voz en las entrevistas de televisión y que, por inesperada, resulta tremendamente atractiva.

—Vos hiciste cinco mil conciertos. Tocaste con la Filarmónica de París, en Viena... —dijo Tognetti.

Bruno apoyó amorosamente su mano derecha sobre el antebrazo del conductor y dijo:

—No hay filarmónica en París. Era en Berlín. No toqué en Albania y no toqué en Irlanda.

—¿Cuántos años viviste en París? —preguntó Tognetti.

Después de responder: «Mirá, te voy a decir fácilmente», hizo un resumen de su vida —Argentina hasta los diecinueve, después París, Mónaco—, contó la anécdota de la Coca-Cola a la salida del metro de París, y habló de la carencia de los primeros años, de las ensaladas con gusanos.

—Te cuento todo eso no para hacerme la víctima sino porque se me ha relacionado demasiado a lo paquete, a lo distinguido.

Ahí estaba: uno de los cien mejores pianistas del mundo con el extravagante aspecto de un conde de otra época —un fifí, un amanerado, un señorito—, hablando del hambre y renegando, imprevisiblemente, de la idea de «lo distinguido» en un programa cuyos entrevistadores se alineaban con ideas populistas y quizás esperaban encontrar un pensamiento explícitamente reaccionario.

—Recién usted decía que la música clásica suele estar ligada a los sectores más altos. ¿Por qué le cuesta entrar en los sectores más populares? —le preguntó una de las panelistas.

—Porque la música clásica no tuvo los medios para realizar tanta publicidad y toda la cosa que rodea a la música popular. Yo tengo una gran admiración porque la música popular llega a millones y millones de personas. Yo envidio eso. Porque creo que nuestra música es suficientemente fantástica como para llegar a tanta gente. Pero estamos siempre vestidos con frac, de una manera que aleja a la gente joven de hoy día. No hemos hecho el esfuerzo necesario para acercarnos. Es nuestra culpa.

—¿Y creen que están a tiempo? —preguntó la misma panelista.

—No sé si yo estoy a tiempo —dijo él, lapidario.

Daniel Tognetti le preguntó después por el asedio de sus fans. En particular, por una fanática alemana.

—Yo estaba durmiendo, había dejado la ventana un poquito abierta porque había nieve y una linda luz azulada que entraba, y en el medio del sueño me doy vuelta y veo una sombra y me asusté. Del susto no podía prender la luz y cuando la prendí la vi a ella sobre mí, como si yo fuera el objeto erótico más grande del mundo. Cosa que nunca he sido. Y tengo mal una pierna, pero tengo brazos potentes. La levanté y la saqué volando hacia la puerta.

Para entonces, con su capacidad para reírse de sí mismo, rozar el tema de la sexualidad antes de que lo hicieran otros, mencionar la polio sin dramatismo y ejercer una crítica sobre su propio lugar de pertenencia, tenía al conductor y a los panelistas literalmente en el bolsillo.

En su discurso reiterado —en el mantra de la anécdota— hay deslices. Historias que se parecen —en sus locaciones, en sus protagonistas—, pero que no son idénticas y tienen, entre sí, diferencias significativas. Por ejemplo: la anécdota de la alemana que contó en *Duro de domar* en abril de 2014 podría ser, o no, la que me contó durante nuestro segundo encuentro el 30 de abril de 2017.

—La que es desagradable es la gorda alemana. Me llama hasta el día de hoy, y atiendo el teléfono y hace «ahhh, ahhh, ahhh». Parece una película porno. Ya no le da el cuero porque debe tener como sesenta años. Pero tuve un irlandés, una directora de orquesta francesa. Tuve de todo. Una vez volvíamos de una *tournée* en Alemania con Luis, mi mayordomo. Vamos al hotel, me voy a mi cuarto. Me tiro en la cama a repasar cómo había tocado y siento que arañan la puerta. Yo digo: «¿Luis?» Y de nuevo. Shiqui, shiqui, shiqui. «¿Luis?» De nuevo. Me levanto y pregunto: «¿¡Qué quiere?!» Y siento: *«It's meeeee.»* La alemana. No sé cómo se arreglaba para averiguar dónde estaba yo. Siento un escalofrío en la columna. Le digo: *«What do you want?»* Qué quiere. Y por supuesto me dice: *«I want to come in.»* Quiero entrar. Le digo: «Es muy tarde, es una vergüenza que usted me venga a molestar a esta hora, vaya volando a su cuarto o llamo a la policía.» No sé cómo iba a llamar a la policía, porque era un hotel familiar y no tenía teléfono en el cuarto. Helga, se llama. Helga Hildegard. Y me dice: «Bueno, me voy, quería saludarlo, nada más.» Y se va. Y yo, corajudo como nada, agarré todos los muebles y los puse en seguidilla contra la cama, cosa que no se pudiera abrir la puerta. Y me fui a dormir tranquilo. Si no, era ella o la muerte. Saltar por la ventana.

La diferencia, en este caso, es fuerte, aunque la conclusión es la misma: el rechazo a la invasión de la intimidad. Pero hay otra anécdota cuyas versiones son parecidas y diferentes. En ese caso, la tergiversación podría tener ecos tristes. Es la historia de la maleta roja.

Para cuando contó la anécdota de la alemana, el efecto que producía en el set de *Duro de domar* era casi revolucionario: un individuo con la chispa y el sarcasmo de David Letterman, y la afectación y el aspecto de un príncipe decimonónico. Empleando el artilugio que consiste en hacerle al entrevistado una pregunta acerca de un tema que probablemente desconozca para producir un efecto cómico, Daniel Tognetti le preguntó si conocía a Pappo, un cantante argentino de blues y rock pesado.

—No —dijo él, con franqueza pero sin asombro.

Le mostraron entonces una entrevista en la que Pappo, en tono brutal y despectivo, le decía: «Buscate un trabajo honesto» a un DJ que intentaba explicar en qué consistía el arte de pasar música. Tognetti se sintió obligado a explicarle a Bruno qué cosa era un DJ:

—Habla de los disc jockey, los que hacen música...
—Sí, sí.
—... poniendo discos.
—Sí, sí. Pero si los necesitan tremendamente. Ellos crean un ambiente, saben qué hacer frente a una cantidad de gente que está cansada, los hacen bailar... Yo tengo gran respeto por toda la gente que trabaja. No hay nadie que sea alguien sin merecerlo.

Ana, la empleada que vivió con los Gelber cincuenta y cuatro años, falleció en los noventa en la casa de la calle Pampa —«Fue atendida hasta el final. Murió en casa, porque era familia»—, y después de esa muerte ya no tuvo sentido conservar una propiedad tan grande. Un amigo le habló a Bruno del departamento de Once. Fue a verlo y le gustó, pero inmediatamente después salió de gira. Entonces llamó a Esteban desde Europa y, para terminar de decidirse, le pidió que fuera a verlo. Le dijo: «Olvidate del barrio. Mirá la casa.» Y Esteban fue y miró y le dijo que, en efecto, le parecía precioso y adecuado. Era 1997. Bruno puso en venta la casa de la calle Pampa, compró este departamento en uno de los barrios menos exclusivos, menos refinados, menos elegantes de Buenos Aires, y le encargó a Esteban que se ocupara de conducir la refacción.

Desde julio de 1997 hasta fines de ese año tocó en el Carnegie Hall, con la London Symphony, con la Orquesta de Madrid, con la Orquesta Nacional de París, en el Festival de Lucerna, con la Tonhalle de Zúrich, con la Sinfónica de Viena. En 1998 hizo una *tournée* por Japón después de ser dirigido en Salzburgo por Yehudi Menuhin, que le dijo: «Es el mejor quinto de Beethoven que escuché en mi vida. Usted toca como tocaban los de antes, con fuerza, con expresión, siempre en ritmo.» Ese año se rompió, como le había sucedido varias veces, la rótula. Su pierna izquierda nunca recuperó la fuerza muscular necesaria para sostener el cuerpo, de modo que, cuando pisa mal y la rodilla se pliega, se cae. Al principio, caía siempre sobre la rodilla derecha, lo que no provocaba mayores inconvenientes puesto que esa es su pierna buena. Pero un día cayó por primera vez sobre la izquierda y la rótula se separó en dos mitades. Lo operó el traumatólogo Ricardo Scaramuzza, hijo de su antiguo maestro, que unió las partes con lo que él llama «un alambre». Desde entonces, «andá a saber por qué», siempre se cae sobre la pierna izquierda y se rompe la rótula dañada, lo que implica problemáticas rehabilitaciones que emprende sin queja. «Yo arremeto. Si no puedo ir parado voy sentado y, si no, voy en trineo. Yo parezco muy fifí pero no soy. Tengo lo que tengo que tener muy bien puesto. Yo tengo las pe... super-bién ubicadas. Me he ido a Guayaquil solo, en silla de ruedas. Otro no lo hace.»

A fines de los noventa, el departamento de Once quedó listo. Estuvo, desde el principio, a nombre de Esteban.

Ya es de noche y, como la vez anterior, cuando hay indicios de que la entrevista podría estar llegando a su final los temas se multiplican: la costumbre de los porteños de hablar a los gritos, la particularísima voz de la actriz Graciela Borges, la incomodidad de los restaurantes donde las mesas están apiñadas, la filmografía de Luchino Visconti («Si yo tuviese que elegir la totalidad de la obra de alguien sería la de Visconti, porque realmente era un artista extraordinario, un esteta extraordinario. Me encanta esa película, *Sandra,* con Claudia Cardinale, que tiene una especie de incesto con el hermano, no realizado, y se suicidan los dos, ¿te acordás? Yo lo conocí a Visconti en Venecia»), la primera clase de air France, los salones vip de los aeropuertos, la gente joven expuesta a las tentaciones y, nuevamente, su alumno de veinte años al que aún no menciona por su nombre.

—Cuando logro sacar algo de él es una satisfacción tan grande. Lo dejo muerto, pero es interesante, porque eso también le sirve para la vida. El otro día me decía: «Estoy mal, porque una chica dejó de mandarme mails.» Yo le dije: «Tendrás otras.»

—A esa edad las penas de amor son...
—Ridículas. Cuando yo tuve penas de amor a esa edad no fui a contarle a mi profesor de piano. Lo que pasa es que ellos no me ven como un viejo choto. Los progresos técnicos que se han hecho son fantásticos. Pero lo que no logro entender, como un animal que soy, es de dónde sale todo eso: dónde flota, cuál es el centro. Me dicen: «No hay, está en el éter.» Para mí es increíble.
—¿La web?
—Sí. ¿Quién la informó? ¿Quién la formó? Vos ponés un concierto mío ahí y lo podés ver, pero yo no sé cómo buscar eso. Yo veo una computadora y lloro.
—¿Te produce ansiedad no saber manejarla?
—No. Soy sereno. En general tengo un estado de ánimo muy armónico. Tengo una mucama que la mataría. Pero no la mato.
—¿Esta señora, Norma?
—No, la otra. Juana. No hace nada bien. Hace tres cosas bien. Las camas las hace espléndidas. Es honesta. Y es silenciosa. Pero eso porque no hace nada. A mí me gusta la gente con misterio, me gusta la gente con carisma, con un sentido de la sensualidad. ¿Y a vos qué te gusta?
—¿En qué sentido?
—La gente. ¿Te gusta la gente rápida?
—¿Rápida?
—Pensamiento rápido. Típico de los acuarianos eso, que están hoy acá y mañana no se sabe.
—La verdad es que ese malabarismo mental me agota un poco.
—Fijate si pudieras averiguar lo de Volver. Si pudieras, serías un amor.

Le digo que voy a intentarlo, recojo mis cosas, le pregunto si puedo verlo la semana que viene.
—Pero por supuesto. Vos preguntame todo lo que quieras. Hacé lo que te parezca. Me podés preguntar absolutamente cualquier cosa.

Toma la Laura Hidalgo Chica y me dice:
—¿Podés el 5 de mayo?
Le digo que sí, sin saber qué día es o si tengo alguna obligación, complacida por el hecho de que me haya dado una nueva cita ahora mismo.
—Bueno, pichona. Nos vemos ese día. Ya es muy tarde. ¿No querés que te llame un taxi?
—No, no te preocupes, me voy en subte.
Antes de irme, le pregunto si puedo pasar al baño.
—Pero por supuesto.
En el baño, sobre el *nécessaire,* está el postizo, ahora vuelto del revés.
Norma me acompaña hasta abajo. En el ascensor, entre risas, dice que el señor tiene un carácter terrible cuando se enoja, que ella cada dos por tres le dice: «Renuncio», y él le responde: «No, no me digas eso.»
En el vagón del subte solo pienso en él. En que quizás nunca pueda saber cómo es cuando está solo.

Quizás todo fue un largo camino para llegar a dos, a tres, a cuatro frases en las que está él. No todo lo que repite —la palabra vacía— sino él: él.

«Hacé lo que te parezca. Me podés preguntar absolutamente cualquier cosa.»
Por momentos parecerá verdad.

Después del segundo encuentro, el lunes 1 de mayo de 2017 a las doce y media de la noche, llega a mi teléfono un mensaje de texto: «¿Dormís?» A los diez minutos, otro, idéntico: «¿Dormís?» Pienso en las charlas con sus amigas en ese momento de la noche en que, para él, empieza el día. La hora de las confesiones y de la intimidad. Me digo que responder esos mensajes es como abrir una compuerta que debe permanecer cerrada. No los contesto. Pero al día siguiente llamo. Siempre llamo.

En entrevista televisiva con el periodista Claudio Rígoli el 23 de mayo de 2014 para el programa *Tal como son:*
«–Tuve la suerte de tener padres inteligentes en una época donde no se conocía mucho de psicología, cosa que estudió mi hermana querida para juzgar a su hermano.
»–¿Te diste todos los gustos en vida?
»–No todos.
»–¿Cuál queda?
»–Hay varios. Gracias a Dios, porque si no, lo único que sería bueno es la muerte. Me encantaría ser de esos..., no me acuerdo como se llama... De los que se caen en un precipicio atados de una pata.
»–*Bungee jumping.*
»–Sí, me encantaría. Me encantaría conocer los templos de Angkor, pero es imposible, porque con todas las piedras esas, y mi pierna...»

Al principio, Jorge Galasso no viajaba con él. Pero en los noventa hubo una *tournée* de medio año por Europa y Bruno le pidió que lo acompañara.
–Fue de marzo y hasta agosto –dice Galasso–. Al principio fue un poco raro, porque a Bruno hay que saberlo llevar. Parte de la gira la hicimos por tierra. Él tenía un Audi en ese momento, y yo iba manejando y él me iba repitiendo todo lo que había que hacer cuando llegáramos. Yo quedaba fundido. Después ya fui sabiendo mejor lo que necesitaba, lo que quería, y ahora ya lo llevo de taquito. Él tiene su carácter. Es demandante, pero repite las cosas que hay que hacer porque es ansioso. Son cosas sencillas. A la mañana quiere tomar yogur y a la tarde el té con ciertas galletas. Cuando estamos de viaje, me fijo si el acceso a la sala está bien, le busco una silla cómoda, con respaldo, para

que ensaye. Pero ninguna cosa excéntrica. A lo sumo algo con la comida. Hace dos años fuimos a Dinamarca y estaba antojado de comer salmón crudo. Averiguó con no sé quién y me mandó en taxi hasta la loma del quinoto, una hora de viaje. Yo le decía: «Pero Bruno, en el supermercado es más o menos igual y el taxi va a costar una fortuna.» Pero se había emperrado. Se le pone una idea fija y no hay forma. Le hace caso a gente que no tiene ni idea, que en su vida compró eso. Encima, llegué al lugar y era un tugurio que, si lo ve, se muere. El que no lo conoce puede pensar que tiene un carácter de porquería. Pero yo creo que él tiene esa forma de decir fuerte las cosas para que los demás no se olviden, porque no puede levantarse a alcanzarlas, o hacerlas. Depende de que se las hagan otros.

Quizás porque alguna vez se lo preguntaron, y le gustó la idea, a cuento de nada enumera en distintas ocasiones lo que llama «mis manías», todas muy específicas: no le gusta el himno nacional argentino tocado en guitarra o con variaciones de tonalidad; detesta que una mujer suba a su auto, diga «Ayyy, me olvidé el abrigo», y verse obligado a volver a buscarlo; no soporta que le hablen de manera vulgar, que le digan: «Don, ¿cuánto le pongo?» cuando carga combustible. Asegura que a los veinte años era «mucho más rígido que ahora». Repite a menudo que nunca se psicoanalizó porque cree que «la vida misma te cambia». Pone como ejemplo el hecho de no haber ido a la playa durante años porque le daba pudor mostrar su pierna izquierda, y que sin embargo hace rato que le importa poco y se calza una bermuda larga y va.

En Japón hay una técnica llamada *kintsugi* que se traduce como carpintería de oro. Se aplica para reparar fracturas en la cerámica valiosa: se mezcla barniz con polvo de oro y se aplica a la grieta. La técnica tiene relación con un concepto que plantea que las roturas son parte de la historia de un objeto y no deben ocultarse sino quedar en evidencia, puesto que la belleza reside también en las mutaciones, los cambios. Él, que ha pasado su vida con una parte del cuerpo que le recuerda los estragos, que utiliza artificios de toda clase para alejarse a zancadas del paso del tiempo, no acordaría con eso. ¿O sí? «Yo soy imprevisible», dirá. «Nunca sabés cómo puedo reaccionar.»

El viernes 5 de mayo a la seis de la tarde tengo que tocar el timbre varias veces en el piso doce. Hace frío, y la ciudad tiene un aspecto triste y congestionado. Juana atiende y avisa que ya baja, pero entonces un vecino abre la puerta y me deja pasar.
    Mis pasos en el hall, el ascensor, la chicharra, Juana.
    –Pase, pase; el señor la está esperando.
    En la sala, frente a un té desmedido, él ejerce la misma maniobra de empuje para levantarse.
    –Hola, Bruno.
    –¡Maravilla! ¿Cómo estás?
    Es la primera vez que me dice «maravilla».

A lo largo de meses:
–Hola, Bruno.
–¡Maravilla!

Usa una camisa que parece de jean, pero que no es de jean sino de una tela exquisita. Debajo, una cadena de oro que meses más tarde querrá cambiar por otra más ancha y plana, igual a una que le vio a alguien en la televisión. Está soliviantado por las preguntas de un periodista de radio que insistió demasiado sobre el tema de la polio.
    –Que si la polio me dolió, que si la polio esto, que si la polio lo otro. Un apesadumbramiento sobre el mismo tema. Como si fuera la polio la base de todo. Yo no soy quien soy

porque tuve la polio. Es muy posible que me concentrara más sobre la música, dada la falta de movimiento, pero es distinto.

–Curioso que te haya incomodado. En general, las preguntas no te incomodan.

–Salvo las estúpidas. ¡Juana! Que no es tu caso.

Siempre llama a Juana por teléfono, pero ahora el teléfono suena y Juana no contesta.

–¿Querés que la llame?

–No, yo tengo voz –dice, y se queda expectante hasta que ella aparece.

–Sí, señor.

–Tráigame las pastillas.

Cuando Juana sale de la sala, él susurra:

–Yo miro las telenovelas. A mí me gustan las historias de amor. Deploro que prendés la televisión y a partir de las diez de la noche todo son tiros y guerra. Y si no hay suficientes desastres en la Argentina, buscan los de afuera. Y esta se queda mirando. Le digo: «¿Qué es lo que le gusta?» Me dice: «No, nada señor.» No me dice la verdad. Lógicamente, cuando sos chico y te dicen: «No mires allá», mirás. Pero una persona grande... ¿Cuál es el atractivo de la muerte?

–¿Ver en vivo algo que solo se puede ver en las películas?

–O están contentos porque no les pasó a ellos.

Meses después, casi segura de que me dirá que no:

–Bruno, ¿puedo hablar con tu hermana?

–Si mi hermana te inspira... Vive en Florida, la loma del quinoto.

–Puedo ir sin problemas. ¿La llamo?

–Si querés... Anotá el número.

–La relación con la hermana no es súper súper –dice Jorge Galasso–. La lucha es que Bruno quiere que su hermana haga su vida y no sea una especie de servidora del marido. Pero por

117

otro lado dice que si así es feliz, está bien. Medio contradictorio. No es una relación de peleas grandes. Pero la ve a la hermana como una empleada del marido y de los nietos. Y a Bruno le gusta que la gente tenga vida propia. Cuando la hermana le empieza a hablar de los nietos, le dice: «Bueno, chau», y le corta.

Al diario *La Capital,* de Mar del Plata, el 22 de enero de 2009: «Yo no tengo familia personal, entonces mi familia es el público y mis hijos los conciertos.»

En el programa televisivo *Duro de domar,* el 8 de abril de 2014: «Yo he dado la vuelta a esa circunferencia de una manera lenta, pero actualmente lo que más me importa son las emociones humanas. Yo no tengo familia personal, así que mi familia son los amigos.»

Durante la entrevista que el periodista Enrique Alejandro Mancini hizo en 1981 para el programa *Mónica presenta,* Ana Tosi de Gelber está sentada en un sofá de la casa de la calle Pampa junto a su nieta mayor, Mariana, hija de Munina.

«—Mire, nosotros no queríamos que fuera músico. Porque era muy penosa la vida en ese tiempo de los músicos. Tenían que trabajar en el Colón, en la televisión, de noche. Había que trabajar mucho para subsistir bien.

»—Pero un día le dijeron: "Sí."

»—Y, Bruno estaba todo el tiempo conmigo, al lado del piano, y pedía que se le enseñara. Y entonces decidí enseñarle.

»—Perdón, ¿quién la acompaña?

»—Mi nieta. Mire qué linda.

»—Esto nos permite ampliar el dialogo. ¿Cuántos hijos?

»—Dos. Bruno y esta hija que está ahí –dice, señalando fuera de cámara.

»—La hija, la otra, es decir, la hija, el otro de los hijos, la mujer, ¿qué pasó, no hizo música?

»—Sí, hizo música, sí. Yo no quise hacer distinciones y estudió tres o cuatro años. Y después era muy penoso el trabajo, porque realmente había que enseñarle a Bruno, había que enseñarle... Pero ella no tenía tanta pasión como Muni. Condiciones, iguales.»

Muchos meses después de los primeros encuentros con Bruno, el 5 de septiembre de 2017 es un día espléndido pero todavía frío, aun cuando falta poco para el comienzo de la primavera. La casa donde vive Stella Maris Gelber de Vilas –Munina, psicopedagoga jubilada– con su marido Juan Francisco Vilas –Finco, geofísico, investigador superior del CONICET (Consejo Nacional de Investigaciones Científicas y Técnicas)– queda en Florida, un suburbio plácido en la zona norte del conurbano bonaerense, un barrio de casas bajas con jardines al frente. En la de Munina –que no tiene jardín sino dos grandes paneles de césped en declive– hay un cartel que dice que el timbre no funciona, así que es necesario golpear la puerta. De inmediato se descorre la cortina que cubre la ventana lateral y aparece el rostro de una mujer.

–Ah, pasá.

Munina usa un conjunto color bordó de tela polar, pantalón amplio y saco, sandalias chatas que lleva con medias. Es entrecana, de voz aplacada y gestos lentos que contrastan con algunos muy intempestivos (por ejemplo: levantarse en medio de la conversación para arreglar una planta en el jardín).

La visita a su casa estuvo precedida por tres llamadas telefónicas. Un día antes la llamé para confirmar el encuentro, como me había pedido, y apenas escuchar quién hablaba dijo a bocajarro: «A mi marido le robaron la camioneta ayer. Una cosa horrible, porque...» Siguió una explicación extensa pero no angustiada, como quien relata algo que le ha sucedido a otro. Sugerí que nos viéramos en otra ocasión, pero me dijo: «No, no, vení mañana, no hay problema.» Luego me dio indicaciones acerca de los colectivos o trenes que podía tomar para llegar a su casa, que ya me había dado una semana antes, cuando la llamé para presentarme y pedirle una entrevista. En esa primera llamada pregunté por la señora Stella Maris Gelber.

–Ah, sí, cómo estás –dijo, como si hubiera estado esperando la comunicación, aunque nada hacía suponer que eso fuera así–. Decime Munina.

Parecía a la vez afable y un poco extraña. De inmediato empezó a relatar una historia intrincada de turnos con el médico y placas radiográficas que tenía que hacerse en la rodilla. Después preguntó:

–¿Pero vos qué necesitabas?

–Conversar con usted sobre Bruno.

–Sí, sin problema, pero llamame mañana que ya voy a tener más claro lo del turno, viste, porque tengo que ir a ver a un médico amigo, que en realidad no es amigo sino conocido de un amigo que...

Al día siguiente la llamé, concertamos la entrevista para el 5 de septiembre en su casa, y me dijo que había estado tomando notas de cosas que había recordado.

–A lo mejor te sirven. Mirá, anoté por ejemplo que en algunas cosas somos muy iguales y en otras muy diferentes. Somos sensibles, somos apasionados, pero él siempre tiene contestaciones muy rápidas y divertidas y yo soy un poco más lenta. Por ejemplo, una vez le encargué un perfume de Givenchy, y estoy mal acostumbrada a que me traiga los frascos grandes. Y me trajo uno chiquito. Le dije: «Muni, ¿por qué me trajiste uno tan chico?» Y me dice: «Porque no encontré uno más chico.» O estábamos de gira y le digo: «Bruno, apurate porque vamos a llegar tarde al concierto.» Y me dice: «No te preocupes, que hasta que yo no llegue no empieza.» Yo soy mucho más lenta, como personalidad. Después, en algunas cosas nos hubiera gustado hacer a los dos lo mismo. A mí me hubiera gustado mucho su profesión, que no se dio, y a él le hubiera gustado mi profesión. Yo soy psicóloga. Él tiene mucha capacidad de bucear en el otro. Después, somos diferentes en que yo he vivido siempre en forma estable, con una familia. Un matrimonio muy feliz, que ahora vamos a cumplir cincuenta años, con los hijos y los nietos. Y él ha tenido una vida nómade. Como él me decía: «Vivo diciendo adiós a todo el mundo.» Porque se sube a un avión, se cierra la puerta, y adiós.

—¿Usted por qué no fue pianista?

—Bruno siempre dice: «Mi hermana tenía, según mi madre, las mismas condiciones que yo para tocar el piano.» Pero hubo un error del maestro Scaramuzza. Mi madre me llevó con algunas piezas para que tocara para el maestro, y él se equivocó y pensó que yo estaba más preparada de lo que estaba, me dio obras más exigentes de las que yo podía tocar, y yo terminaba las clases llorando. Pero estoy conforme con la vida que hice. No podría haber tenido una vida nómade. Me encanta haber tenido mis hijos, mis nietos, haber trabajado treinta años como psicóloga en el Instituto de Arte Labardén. Mi hijo Sebastián se recibió de psicólogo y ahora está con una empresa virtual que armó en Canadá, y Mariana estudió farmacia y vive a ocho cuadras de casa. Sebastián tiene dos chiquitos, que te voy a mostrar las fotos cuando vengas, que son un bombón. Ulises tiene cuatro años y es soñado. Pero Bruno nunca fue muy de las criaturas. Al mismo Sebastián, que cuando era chiquito era tremendo, Bruno no se lo bancaba. Hubo etapas que hemos convivido con Bruno, por ejemplo cuando teníamos una señora, Ana, que estuvo más de cincuenta años en casa, y fue como una segunda mamá. Cuando ella estaba viejita, Bruno me dijo: «¿Por qué no te venís a vivir a la casa de Belgrano? Venite con tu familia y cuando yo no estoy la cuidás.» Fuimos y estuvimos seis años. Yo la cuidé hasta que murió y entonces nos volvimos a esta casa. Pero Sebastián era chiquito y hubo algunos roces, porque él llegaba con sus compañeritos y Bruno no estaba habituado. Después, Bruno vendió esa casa, y se compró ese departamentito en Once. Él tenía más que ver con un barrio como Belgrano, más elegante. Pero igual sale y entra poco. Lo tiene decorado medio parecido a la casa de Pampa, puso espejos, esa decoración medio especial, medio tipo teatro. Yo sé que a veces se da cuenta de cómo es el barrio y no le gusta. Pero bueno, estamos todos más grandes, y él tiene bastantes dificultades para caminar, y eso le impide llevar la vida que tenía. Una de las cosas que me encanta es que enfrenta todo. No se victimiza nunca, nunca lo ves deprimido. Es muy estoico. Y te cuento que yo estuve en la misma pieza con él.

–¿Cuándo?

–Cuando él se enfermó de chico.

–Pero la polio es muy contagiosa.

–Y, sí. Mis padres no se dieron cuenta de separarnos, y se nota que yo tenía mejores defensas y no me contagié. Pero me pude contagiar. No sé cómo no me sacaron. No se dieron cuenta, no se los aconsejaron. Bueno, concretamente te digo que dormíamos en la misma pieza. Una de las cosas que te queda es una culpa. No sé si de no haberte enfermado y que él sí. Pero te queda algo picando en el sentido de haber sido «la sana». De no haber sufrido eso y él sí.

Antes de cortar, me pidió que la llamara un día antes del 5 de septiembre para reconfirmar el encuentro, y me explicó con detalle las posibles combinaciones de transporte público que me llevarían hasta su domicilio.

En su casa de Florida, apenas se atraviesa la entrada hay un piano de cola –el que su abuelo le compró a su madre–, y dos escalones que bajan hasta la sala en desnivel. Una escalera, debajo de la que queda buena parte del piano, lleva a un entrepiso. La sala termina en una puerta-ventana corrediza que da a un jardín muy grande, al fondo del cual se ve un árbol gigantesco que plantaron ella y su marido cuando se mudaron aquí y este barrio era todavía un descampado.

–Y resultó un barrio lindo, ¿viste?

El jardín es el de una casa de gente que se ocupa: césped bien cortado, plantas saludables. A un lado de la sala hay una mesa y estantes con retratos de hijos y nietos. Desde allí, tres o cuatro escalones llevan a la cocina a través de una puerta aprisionada entre dos muebles con más fotos y adornos. El lugar parece un conglomerado de recursos arquitectónicos: entrepisos, escaleras, desniveles.

–Pasá, sentate, te hice una torta.

Sobre la mesa hay dispuesto un té –medialunas, tarta de manzanas recién hecha–, y ocho álbumes de cuero verde donde guarda las fotos de las dos giras que hicieron ella y su marido con Bruno en los años noventa, una de setenta días. Pero primero muestra las fotos de los estantes.

–Esta es Mariana. Este es Sebastián. Este es Ulises, mi nieto más grande. Mirá lo que es. Una linda familia. Por suerte. Mejor dicho, esperemos que no sea por suerte. ¿Viste cuando vos vas armando algo y le dedicás tiempo? Sentate que voy a traer el té.

Sube los escalones que llevan a la cocina, donde pone una pava al fuego. Lleva el pelo con una media cola aferrada en la nuca. Desde la cocina dice:

–Yo me casé temprano. Tenía recién cumplidos los veintidós. Te hice tarta de manzanas. A ver si se porta bien. Me ha pasado en algunas oportunidades que justo cuando querés que salga bien algo... Cuando la conocí a mi consuegra hice una tarta de manzanas y cuando la serví se me desmoronó. Y esta tiene ganas de lo mismo.

Vuelve con la tetera y la coloca sobre la mesa. La sala está helada porque no ha podido encender la estufa.

–No sé qué problema tiene. Pero si tenés frío en un ratito baja mi marido y le digo que se fije. Lo que pasa es que yo cumplo años el 28 de noviembre y me casé el 14 de diciembre, acababa de cumplir veintidós años. Pero no es que esperé a esa fecha para casarme por la mayoría de edad.

Habla con voz tenue y adormecedora. Si su hermano se detiene buscando palabras exactas, y articula un discurso fusionado por conexiones internas que, por momentos, solo él es capaz de comprender, Munina habla como si caminara sobre una cinta de gimnasio, sin titubeos. No mira a los ojos sino hacia la ventana, el jardín, el césped, los árboles.

–¿Querés que te muestre las fotos de las giras?

Rodea la mesa y empieza a pasar las páginas de los álbumes. Allí se ven el balcón ondulado del departamento de Mónaco y el Mediterráneo al fondo, el Audi descapotable que Bruno tenía por entonces –después compró un Rolls Royce–, una toma desde el helicóptero con que los mandó a buscar a Niza, los tres cenando en el restaurante del casino de Mónaco.

–Hizo abrir una sala ahí para que la visitáramos. Era hermoso. Mirá, esta es la foto de un hotel en Italia. Yo me deslumbraba tipo pajuerana y sacaba fotos del hotel. Nos iba a buscar con una *limousine*, una vida muy especial.

Hay algunas fotos de Bruno esbelto, con abrigos largos, zapatos de un color vivo –rojos, digo yo; marrones, dice Munina–, frac, pero en la mayor parte solo están ella y su marido en las calles de Nueva York o de Florencia, en el lobby del hotel Sacher de Viena, frente a una fuente, en un parque.

–Bruno te llevaba y te decía lo que tenías que ver en cada ciudad. Te compraba ropa, tapados de piel, gargantillas. Nosotros hacíamos vida sencilla. Siempre en esta casa. Y él, en los castillos del mundo. Una vez fuimos a un *free shop* en Suiza y me dijo: «Empezá a pedir.» Yo no estaba acostumbrada a que me dijeran eso. Me compró un grabadorcito, un reloj de oro. Él lo que tiene es que la plata la gastaba. Tenía y gastaba todo.

–Cuando él se fue a Francia, usted era chica. La dejó soltera y la encontró casada.

–Sí, porque él no estuvo en el casamiento. No estuvo. Cinco años después vino. Cinco años estuve sin verlo.

Sigue pasando las fotos: Berlín, la bahía de San Francisco.

–A veces íbamos en auto. Él maneja muy bien. Nunca se ha sentido impedido por la dificultad. A mí me maravilla cómo tiende a enfrentar el mundo. Cómo le gustan los desafíos. Se programa conciertos redifíciles. Y nunca lo he visto flaquear frente a situaciones graves. Nunca.

–¿Y su mamá cómo...?

–Él dice que tuvo el Edipo más grande. Recuerdo que se levantaban a la mañana y pasaban a la sala de piano a dar su clase. Ella nunca le permitió estudiar mal. Pero yo no me acuerdo cómo fue cuando él se enfermó. Me acuerdo que papá lo llevaba en brazos a todas partes. En ese momento no podía caminar. Andá a saber si habría tenido una vida diferente si no hubiera tenido esta enfermedad. Ha tocado más de veinte veces con la Filarmónica de Berlín y para mí verlo al frente de una de las mejores orquestas del mundo fue un impacto. Pero Bruno tiene anécdotas divertidas.

A lo que sigue la anécdota del mosquito que lo picó durante el concierto en España (Bruno la cuenta diciendo que el mosquito lo picó en el cuello; ella, que en la nariz).

–Hola, hola –dice un hombre delgado que atraviesa la sala con paso ágil, camisa clara, pantalones pinzados, anteojos.

–Mi marido, Finco.

–Qué tal, qué tal. Encantado, encantado –dice Juan Francisco Vilas.

–Estamos hablando de los viajes con Bruno –dice Munina.

–Ah, sí, sí, qué bueno, qué bueno.

El hombre modula cada vocal, cada consonante, y no deja ningún sonido sin terminar, como si cada palabra fuera una caja sellada.

–Yo le decía: «Bruno, estar de gira con vos es como jugar a la mancha. Tocás y te vas» –dice–. Esa vez fueron treinta y cinco conciertos en setenta días. Pero él se planta, ¿eh? Lo hemos visto plantarse ante directores de orquesta.

–Es que se tuvo que hacer así, porque tuvo que aprender a defenderse. Llegás a un hotel y te hacen ruido o el teatro no está como querés... –dice Munina, enumerando exactamente las mismas dificultades que enumera su hermano cuando se le pregunta acerca de las partes menos simpáticas de las giras.

–Y tiene un sentido estético muy refinado, muy ajustado –dice su marido.

–Él te lleva a comprar ropa, pero le gusta elegirte a él. Una vez nos peleamos y me dijo: «Yo soy conocido en el mundo entero por mi buen gusto», como diciendo: «Bah, comprate lo que quieras, vos qué sabés.»

–O ella se probaba algo y le quedaba bien y decía: «Traiga cinco, en distintos tonos.»

–Compraba la ropa como si comprara fruta. Media docena de esto, media docena de lo otro.

–Él siempre fue muy generoso con vos, conmigo, con los amigos. A mí me regaló un reloj buenísimo. Y cuando nuestra hija Mariana era pequeñita se iban a hacer compras y volvían con una pila así de ropa.
–Pero él con los chicos no va mucho –dice Munina.
–Con Mariana se llevaba bien, de chiquita –dice su marido.
–Cuando alquilaba carpas en la playa, en Mar del Plata, preguntaba si había niños, no quería ni al costado ni atrás. Nosotros de chicos éramos muy unidos. Íbamos a tomar el té a la confitería La Ideal, en el centro, o al cine. A mí me da mucha seguridad saber que él está.
–¿Recuerda algún momento en que se haya sentido resguardada por él?
–Cuando murieron mis padres. Cuando mamá estuvo muy enferma, él tuvo una actitud absolutamente protectora, y un poco me resguardó. Estuvo él para todo. Le puso tres turnos de enfermería las veinticuatro horas. Eso me daba mucha tranquilidad, saber que estaba protegida y cuidada. Papá en cambio murió de repente. Ese día estuvo acá. Se llevó a mi nena, Mariana, de tres años y medio, en el auto. La llevó a su casa, comieron, y mamá alcanzó a llevarla a dormir la siesta arriba. Y él bajó la cabeza y se quedó. Tenía la edad que yo tengo ahora, setenta y dos años.
–¿Y su mamá de qué falleció?
–Estuvo con depresión en una clínica psiquiátrica. En un momento llegó a pesar treinta y siete kilos. No quería comer. Tuvo una cosa depresiva importante. La estufa está apagada. Hace frío, Finco.
–A veces yo no me doy cuenta del frío. Porque me encanta. A ver, vamos a ver si la puedo prender.
–Yo voy a sacar esa pobre planta de ahí que le está dando el aire, pobrecita –dice Munina, que se levanta intempestivamente, abre la puerta corrediza que da al jardín y sale.
Su marido enciende la estufa mientras observa los movimientos de su mujer y los comenta.
–¿A ver si puede? Sí, puede. Eeeeso. Muuuy bien. ¿A ver?

Sí. Más allá. Pobre esa planta que ya les he dicho que no la pongan ahí. Pero qué cooosa. Bueno. Qué bien.

Cuando Munina vuelve a la sala, hablan de la planta que acaba de acomodar, del generador que compraron para prevenir los cortes de electricidad que afectan a la zona porque él no aguanta el calor y necesita aire acondicionado, de...

—¿Bruno estaba acá cuando su madre falleció?

—Sí, estaba. Ella falleció en el CEMIC. Él estaba mal, pero no demostró tanto en el entierro. Una chica que trabajaba en casa me decía que de pronto estudiaba y se le caían las lágrimas. Pero cuando se enteró, no lloró.

—¿Traigo más té? —pregunta el marido, y sin esperar respuesta toma la tetera y la lleva a la cocina.

—Bruno cambia de grupo de amigos cada tanto. Como que se pelea y se cansa. Con Mirtha Legrand, que tan bien se llevaban, un día se pelearon. Ahora está haciendo una vida más tranquila, pero su vida fue eso. Cien conciertos en un año.

—Iba de ciudad en ciudad —dice su marido desde la cocina—. Una vez hicimos una gira por la Toscana y cuando terminó quería volver a Mónaco. Terminó el concierto, yo había comprado un pollo en una rotisería, nos subimos al auto y él manejó trescientos kilómetros para volver. Nos íbamos pasando las piezas de pollo adentro del auto.

—¿Cómo se conocieron ustedes?

—De casualidad —dice él—. Contale.

—Yo había ido con unos amigos a festejar mi cumpleaños de los veinte, porque en casa mamá no quería mucho festejar los cumpleaños.

—¿Por qué no?

—Y bueno... esteee...

—Porque justo coincidía con los exámenes de su conservatorio —dice su marido, apoyando la tetera en la mesa—. Eran exámenes muy exigentes.

—Y yo soy del 28 de noviembre, justo a fin de año, época de exámenes. Bruno, en cambio, es del 19 de marzo. Era una vida ordenada. El conservatorio, las clases. Mi madre estaba ocupada.

De modo que la noche del 28 de noviembre de 1964, Munina y su grupo de amigos estaban en El Viejo Almacén, un sitio tradicional con espectáculos de tango, festejando su cumpleaños número veinte, y entró Finco con un libro de Hermann Hesse bajo el brazo. Lo vieron solo, les pareció pintoresco, lo invitaron a su mesa. Lo pasaron bien, se intercambiaron teléfonos. Un día él la llamó y la invitó a un pícnic.

–Flechazo doble –dice él.

–Me casé dos años después de habernos conocido.

–Y la mami de ella se fue inmediatamente después con Bruno, de gira. Yo no tenía ni idea de quién era Bruno. Y cuando nos conocimos se ofendió. Munina y Bruno son muy celosos.

–Él no lo quería a Finco. Me decía: «Tu marido es frío, no puedo tocar el piano delante de una persona que es fría.»

–Después hicimos buenas migas –dice él–. Nos amamos.

Meses antes, Bruno me había dicho que su hermana y su cuñado lo acompañaron a Montevideo cuando dio, en junio, un concierto en el Teatro Solís, y que la cena organizada por sus anfitriones se había visto deslucida por un momento amargo: todos comentaban la falta de obediencia de los alumnos a los profesores cuando su cuñado dijo que estaba en desacuerdo, que la relación entre docentes y alumnos debía ser horizontal. Eso molestó a Bruno, para quien la regla de no contradecir a los anfitriones y no hablar de religión ni de política en una cena es inamovible, y dejó de hablarle (aunque no por mucho tiempo). Pero ahora Finco no hace alusión alguna a esa circunstancia. Solo repite:

–Nos amamos.

Recién casados, se fueron a vivir a un pequeño departamento en San Cristóbal, un barrio de clase media cerca del centro. Bruno les regaló cortinas, heladera, lavarropas. Cada vez que regresaba al país, le pedía a su hermana que, después de un concierto, le organizara una recepción para sus amigos en ese departamento de dos ambientes que se llenaba del *tout* Buenos Aires, desde el gran director de cine Luis Saslavsky hasta las actrices y músicos del momento.

—Y Bruno decía: «Este es el departamento de mi hermana. Es miserable pero simpático» —dice Munina, riéndose.

Me voy de esa casa tarde. Munina se queda mortificada porque no ha encontrado fotos de su otra nieta: «Queda mal, porque parece que uno hace diferencia, pero viste que ahora uno tiene todo metido en la computadora.»

Algún tiempo después de hablar con Munina, llamo por teléfono a Bruno y le pregunto:

—Bruno, ¿cómo festejaban tus cumpleaños cuando eras chico?

—Era un momento que a mí me encantaba. Nos tirábamos en una alfombra rústica muy linda que había y nos pasaban cine. En esa época pasaban Chaplin y El Gordo y el Flaco. Invitaban a todos los chicos de la cuadra y del barrio y las cosas que se comían eran ricas. Papá tenía una gran sensación de lo que era la gastronomía, porque era austríaco, y mamá cocinaba muchas cosas. Éramos clientes de Steinhauser, una casa alemana que estaba en Cabildo, entre Sucre y Echeverría.

—¿Y a tu hermana le festejaban...?

—Sí, sí, lo mismo. Si mi hermana se queja de que todo fue para mí, es mentira. Y esto te lo puedo decir adelante de ella. Me cuidaban y me proporcionaban todo, pero yo gasté muchos pantalones sentado estudiando. Y ella no era devota del estudio.

En abril de 2017, Bruno dijo ya no tener contacto con Luis, el mayordomo que lo acompañó durante veintiséis años en Europa, y dio a entender que el hombre había dejado de trabajar con él para jubilarse. Semanas más tarde, conversando con Jorge Galasso, descubro que, en realidad, Luis está muerto y que, al parecer, fue él quien decidió abandonar el empleo: «Yo pienso que por ahí, en uno de esos momentos en los que Bruno se pone un poco caprichoso, el tipo no aguantó. Era grande, y tener que estar aguantando el carácter de Bruno es un tema. Yo hablé con Luis, me dijo que se había cansado y que a su edad no quería estar haciéndose mala sangre. Él había tenido tres operaciones a corazón abierto, y no tenía ganas de que le agarrara un infarto y quedarse seco. Después, vivió muchos años en Francia, hasta que se murió.» Cuando llamo a Bruno y le digo: «Me dijiste que ya no tenías contacto con Luis, pero entiendo que falleció», me responde sin inmutarse: «Falleció hace un año. Éramos muy amigos. Cocinaba como un rey, decoraba todo como un rey. Muy querido por todo el mundo.» Le pregunto: «¿Y por qué dejó de trabajar para vos?», e insiste: «Me siguió a Mónaco y, cuando se jubiló, se fue.»

«Fíjese que he llegado con toda honestidad a lo que sentía siendo chico. Es decir, ser absolutamente honesto (...). Me doy el lujo de decir la verdad. (...) Y eso es gracioso, porque se dice muy seguido que cuando uno llega a cierta madurez se llega a sentimientos que se tenían en la infancia. Y realmente es cierto. Esos sentimientos de tener la honestidad y la inmunidad que le da a uno el hecho de ser completamente veraz», le dijo, con poco más de cuarenta años, al locutor peruano Hugo Guerrero Marthineitz en el programa televisivo *A solas,* en 1986.

Lo he visto comerse budines enteros. O doce sándwiches. O seis panqueques con dulce de leche. Observarlo cortar una porción de torta, llevarla al plato, comerla, es una experiencia voluptuosa y, por lo mismo, arqueológica: ya nadie come así. Con esa entrega, con esa exageración carnal y carente de culpa. Al verlo solo puede pensarse en una orgía, en un banquete romano, en una bacanal. Aun cuando sea un pensamiento obvio.

–Mmm. Qué rico esto. Están todas las delicias del universo acá –dice, el viernes 5 de mayo, en su departamento.

La conversación es un cardiograma lento que bombea contradicciones, dualidades, personas sin sexo ni nombre en relatos desordenados que detiene cuando quiere. Su madre ya estaba enferma, sumida en lo que él llama «depresión nerviosa», y vivía recluida en el primer piso de la casa de la calle Pampa, cuando llegó una mujer alemana que solo hablaba su idioma.

–La trajeron unos vecinos. La mujer me estaba buscando. Yo estaba con un amigo, que a su vez llamó a una amiga que hablaba alemán. Vino, y la mujer le explicó que me había visto en un concierto en Alemania del Este. Se había quedado como yo me quedé con Laura Hidalgo, y dijo que no veía la hora de casarse conmigo. Esta mujer que hablaba alemán le dijo que no tenía la impresión de que yo tuviera ganas de casarme, menos con alguien a quien no conocía.

La alemana se fue, pero comenzó a pasearse por la puerta con dos bolsas, una con fotos y otra con discos. Bruno llamó al consulado, donde le dijeron: «Maestro, entiendo lo que le pasa pero la embajada no está para ocuparse de sus problemas sentimentales.»

–A lo que respondí: «Yo sé muy bien que la embajada no está para ocuparse de mis problemas sentimentales, pero sí para evitar que una persona de su país me moleste en una situación como la que yo estoy pasando con mi madre.»

Convinieron que, cuando la mujer quisiera entrar, él iba a permitírselo. Luego llamaría al consulado para que se presentara en su casa el cónsul en persona. Eso hizo. El cónsul fue, se llevó a la mujer al comedor y regresó al rato: «Esta señora no lo va a molestar más, ha comprendido que su presencia no es lo necesario en este momento.»

–Este amigo que estaba conmigo me dice: «Bueno, no te va a joder más.» Y le digo: «No hables así, pobre mujer.» Pasan unos días y me llama este amigo. Me dice: «Bruno, te podés quedar feliz y tranquilo porque la alemana no te va a jorobar más la vida.» Y le digo: «¿Y qué sabés?» Y me dice: «Te lo puedo asegurar porque se mató.» Ay mirá... Le digo: «¡¿Pero cómo podés ser tan animal?!» Yo sentí una barra acá, en el pecho, que me quedó como veinte días. La mujer se colgó. Un horror. Sin llegar a tales extremos, siempre te sentís en falta por no poder corresponder a la admiración de alguien. Hay gente que se te acerca llorando después de un concierto, y te dan ganas de de-

cirle: «Ay, discúlpame.» Es lo mismo que una mujer con un tipo que está enloquecido por ella y no le da bola. Eso te debe haber pasado a vos.
—No.
—Qué no. No te creo. A mí no me vas a contar. ¿Un poquito más de té?

Las historias de sus fans, que siempre narra con gozo, van desde Tarumi Takeda, una japonesa que se le aparecía con kimono de casamiento en los hoteles de Tokio, a la alemana de los jadeos eróticos, a un exalumno que se le ofreció en calzoncillos diciéndole: «Maestro, mañana en la clase le voy a hacer caso igual», a un nene alemán que iba a sus conciertos cuando él tocaba en Maguncia y le llevaba de regalo una tacita de porcelana de Meissen. Años más tarde, en Berlín, recibió un majestuoso ramo de rosas en el camarín. Al día siguiente llamó al número que figuraba en la tarjeta para agradecer, y lo atendió un hombre que le pidió verlo.

—Lo cité en el hotel, total ahí no me podía hacer nada.

Apareció un hombre joven. Le dijo: «Mírame.» Él respondió: «No hago otra cosa.» El hombre le dijo que era aquel niño de las tazas, que quería acompañarlo en las giras porque sabía que podía ayudarlo a relajarse.

—Bueno. Empezó a acompañarme y me hacía masajes mientras yo estudiaba. Pero yo sentía lo que le producía hacerme masajes. Los dedos hirviendo se le ponían, algo impresionante. El chico sabía de música diez veces más que yo. Intelectualmente, quiero decir.

Ya de regreso en París, buscó su impermeable marrón doble faz y no pudo encontrarlo por ninguna parte. Le preguntó a Luis, el mayordomo, que le dijo: «Tiene razón. Hace rato que no lo veo.» Ese año volvió a Alemania y el hombre joven fue a saludarlo.

—¿Y qué llevaba puesto? El impermeable. Lo veo y le digo: «¡Pero lo tenías vos!» Me dijo: «Sí, quería tener algo que tuviera tu olor.» Le digo: «Pero me lo podrías haber pedido.» Me dice: «Te lo doy, te lo doy.» Y yo le dije: «No, quedátelo.» No lo quería. Con la onda que debía tener encima... Él me escribió después una carta diciéndome que había sabido que era homosexual porque siempre estuvo enamorado de mí. Yo sé lo que es un amor no correspondido. Yo tuve una relación una vez que me perturbó mucho, porque estaba acostumbrado a que me quisieran más de lo que yo quería. Por ser quien era, y qué sé yo. Y me di cuenta, con esta relación, que yo quería tanto como me estaban queriendo. Y en un momento me di cuenta... que yo quería más que la otra persona. Hasta que llegué a la conclusión de que no me querían para nada, que era todo una cuestión de interés. Mi orgullo hacía que... realmente... me doliera. Y yo me decía: «¿Me duele, o es mi orgullo lo que me duele?»

Revuelve el té y, encogiéndose de hombros, dice:

–Y dije: «Bueno, me duele algo.» Es difícil querer a alguien famoso. Porque asimilás fama con poder. No hay nada más embriagador que el poder. Había..., para hablar groseramente..., más calentura que amor. Pero eso a veces te come el alma. Hubo momentos en los que me hubiera venido desde Europa a nado para tocarle la mano así cinco minutos.

Extiende el brazo sobre la mesa y me toca el dorso. La piel de la mano es suave, tibia y seca.

–La tentación es algo tremendo. Si sos una persona que tiene fuego en la sangre, y la vida te pone la persona justa al lado... Yo he llevado una vida de santo. Salvo una vez que me porté mal. Acepté el amor de alguien, sin estar enamorado, para sacarme a otra persona de encima. Mentí. Mentí en algo muy importante. Pero esa persona fue muy feliz un tiempo. Ahora, decime, ¿cuál es esa sensación de la necesidad de ir al boliche?

–¿Cómo?

–¿Vos no has ido a boliches? ¿A *boîtes?*

–Sí, a la disco.

–¿Y qué es eso del *vip?*

–¿Nunca fuiste a una disco, a un bar?

–Jamás en la vida. El único *vip* que conozco es el de los aeropuertos, donde me hacen todos los mimos.

Entonces suena el teléfono. Atiende diciendo: «Alóoo», redondeando los labios en torno a la «o» estirada. Es un hombre a quien le recomienda que tome Clonagin, un antipánico: «Oíme, las drogas a veces están hechas para los momentos necesarios y te ayudan a pasarla mejor. Porque uno se acostumbra a estar mal, también», le dice, antes de colgar.

Conoce una robusta gama de medicamentos para evitar la ansiedad, el insomnio, la angustia. Un día menciona un hipnótico y le digo que creo que esa marca ya no existe. «¿Cómo que no? Si yo a veces lo tomo.» Le digo: «¿No estarás tomando medicación vencida?» Me dice: «No creo en las cosas vencidas. Salvo los antibióticos.» No le gusta hablar de enfermedades pero, si algún amigo tiene necesidad, él consigue especialistas, clínicas perfectas, remedios adecuados. En cambio, si el que está mal es él nadie se entera. Nunca.

La periodista Cecilia Scalisi presentó su libro *En la edad de las promesas* en la Academia Argüello, de Córdoba, en el año 2014. Lo hizo junto a Bruno, que dijo ante un auditorio nutrido: «Para hablar del maestro Scaramuzza, mucho que decir. Daniel Barenboim *no fue* alumno de Scaramuzza. El que fue levemente alumno de Scaramuzza fue su padre. Los que lo sufrimos fuimos Martha y yo. Era un ser que entregaba su vida a la enseñanza (...). Tenía una técnica espléndida (...). Scaramuzza decidió a mis padres a tomarme en serio, porque ellos odiaban la idea de que yo fuera músico (...) era un obseso de la técnica pianística (...). Nos daba cien razones para estudiar con la muñeca alta, porque tenía que dominar. Estudiábamos una semana, y al cabo de la semana llegábamos con la muñeca alta. Y decía: "¡Quién le ha dicho que tiene que tener la muñeca alta! La muñeca tiene que estar baja." Y nos daba cien razones lógicas para tener la muñeca baja. ¿Y quién le iba a decir: "Fue usted"? Pero los retos los recibía mi madre. Yo, calladito. Él tenía una ciencia de la anatomía absoluta. Yo, cuando necesito que un alumno suelte el brazo, le digo: "Soltá el brazo." Y no le explico mil razones anatómicas. Me parece que su enseñanza era una exhibición de la parte anatómica que no era necesaria (...). Lo que tenía Scaramuzza era que si uno no tenía el carácter necesario lo destruía. Y una de las personas a las que destruyó fue mi madre, que era una gran pianista (...) no sé hasta qué punto le gustaba el hecho de que sus alumnos dieran conciertos. Él no venía a los conciertos, salvo una vez que vino a uno que di en Mar del Plata y me gritaba desde la primera fila: "Sttt, sttt, sttt." Yo no le llevé el apunte. Era una persona adusta (...). Una vez, con su carácter, le demostré el mío. Me retó de todo. Porque a veces era tan absurdo que la sola manera de llevar la mano al piano ya estaba mal. Antes de tocar. Y me dijo de todo. Le dijo a mamá. Pero era realmente injusto. Entonces nos levantamos para irnos al final de la clase. La saluda a mamá y me da la mano. Me tiende la mano. Y yo no se la di. Y la mira a mamá y le dice: "¡Y no llora!" Y no lloré. Lloré abajo. Pero delante de él, no lloré.»

En todas las entrevistas habla de la polio –sin tapujos–, del Edipo con su madre –sin tapujos–, de lo cruel que era Scaramuzza –sin tapujos–, desplegando una intimidad que cobra visos de revelación ante entrevistadores o personas del público a quienes logra convencer de que no ha contado nada de todo eso antes.

Si su arte consiste en ser el mejor vehículo de la obra de otros, él es su mayor composición. Y nadie puede interpretarla.

Se operó por primera vez a los veintiocho años, en Europa, para quitarse una línea de papada. El cirujano le reprochó: «Usted es un asesino. Hacerme tocar esta cara tan fresca.» Ahora evalúa la posibilidad de tatuarse el delineado de los ojos: «Más por los demás que por mí, porque yo soy muy distinto sin esa línea.» Su modelo de hombre perfecto es Paul Newman, aunque no guarda ninguna foto de él. Tiene, en cambio, ciento ochenta y siete fotos de Laura Hidalgo, no todas exhibidas.

—Yo estoy acostumbrado a arreglarme la cara desde los ocho años. La culpa la tuvo mamá.

Corta un trozo de tarta, se sirve, come, empieza a reírse anticipándose a la historia.

—Salía una revista que se llamaba *Cuéntame*... y... y... había una página de consejos de belleza. Y mamá tenía... una especie de caja de laca japonesa en el baño con todas esas cosas de maquillaje. Y la revista decía: «Si usted quiere aparentar pestañas tupidas, espesas y largas, tome su lápiz de cejas y haga un trazo entre raíz y raíz de pestaña.» Fue leer eso y hacerlo. Agarré los lápices de mamá y me hice la líiiiinea, así. Y después hice cara de japonés: «Acá no estoy.» Y mi hermana, que es una bruja, al cabo de unos días dice: «Nene, vení para acá. ¡Vos estás pintado!» «¿Yo? No, para nada.» Y empezó: «¡Vos estás pintado, estás pintado!» Y a gritar: «¡Mamáaaaa, el nene se pinta!» Mala era. Pero lo seguí haciendo.

—¿Y tu mamá qué dijo?

—Me dijo: «Nene, no.» Pero mucho no podía decir. Porque tiempo atrás nos había cortado a papá y a mí las pestañas en cuarto creciente, que dicen que crecen más. Y a mí me crecieron un montón. Yo tengo pestañas bien grandes, fijate.

Cierra los ojos para que las vea pero, al menos desde donde estoy, no parecen largas ni tupidas.

—Y a papá no le crecieron más. Pobre. Lo despestañó y así quedó.

—¿Tu papá qué dijo de que te pintaras?

—No era un momento tan moderno como ahora, pero yo lo he hecho todo el tiempo. Me importó un pito.

Cuando le pregunte a su hermana qué decían sus padres del hecho de que Bruno se delineara los ojos, me responderá: «Qué sé yo. Eso lo hacía sobre todo en un concierto, pero no lo hacía todo el tiempo. Tenía que ver con la presentación en el escenario. Él se vería mejor así.»

—Hola, Bruno. Ya traje el auto —dice Jorge Galasso, entrando en la sala.

—Bueno, podrías saludarme, primero.

—Sí, perdón. Qué tal, Bruno —dice Jorge, acercándose para darle un beso en la mejilla.
—¿Querés un té?
—No, gracias, me voy a hacer un café.
—Dejá que ella te lo haga —dice Bruno refiriéndose a Juana.
—Es que me gusta revolverlo a mí.
—Virgo. Más cabezadura no hay —dice, y Jorge, sonriendo, desaparece por la puerta camuflada.
—Es la mejor persona que pueda haber. ¿Sabés lo que es tener una persona que te haga la valija, que te la deshaga...?

Tuvo y tiene algunas amigas confesionales, muchas casi veinte años mayores que él, y varias han fallecido, como Hebe Zani, médica e hija del doctor Zani, su padrino y su médico; y las hermanas Lili y Susana Vincenti. Con Lili Vincenti, que era profesora de niños con problemas de conducta, jugaban al Scrabble durante horas munidos de diccionarios. Bruno mantiene, con el lenguaje, una relación de extremo respeto —pregunta, a menudo, cosas como: «¿Se dice medialunas o mediaslunas?», o explica: «Digo extraaavertido y no extrooovertido, no porque me equivoque sino porque me explicaron que se dice así»—, y la palabra escrita es, para él, sinónimo de cultura: «Yo no soy culto. No leo. He leído, sí, pero una persona culta es una persona que lee todo el tiempo.» Le gusta hablar por teléfono tarde en la noche con mujeres tan noctámbulas como él, aunque algunas de edad avanzada se quedan dormidas durante la conversación.

—Pero no voy a hacer atención a su edad, porque si no, tengo que hacer atención a la mía. A mi hermana no le puedo contar nada. Porque es psicóloga y enseguida te empieza a preguntar: «¿A vos te pasó esto antes?» No tiene la misma vibración.

El grado de cercanía con sus relaciones aumenta y disminuye a un ritmo caprichoso: alguien que en mayo era una amiga cercana, dos meses después se había convertido en una persona de la cual se había «distanciado». En esa galaxia de planetas que orbitan más lejos o más cerca movidos por el ritmo impredecible de ofensas y ofuscaciones, Jorge y Esteban permanecen, aun cuando, desde hace tiempo, sostiene que Esteban ya no es tan amigo debido a que «se cerró, después de tener una relación nefasta con un novio». La amistad es un sentimiento que le interesa, que cultiva y propicia: es celoso (la clase de persona que se siente herida si alguien de su círculo íntimo lo excluye de una reunión, y puede establecer entonces castigos que van desde no atender el teléfono hasta no invitar durante un tiempo), pero sin embargo organiza cenas en las que reúne personas de procedencias disímiles, tomando el riesgo de que terminen haciendo buenas migas entre sí y juntándose sin su presencia. La contracara de esa pasión por la amistad es el fervor que siente por la más artificiosa de las formas de las relaciones humanas: el comportamiento protocolar, que admira como si se tratara de un arte y del que conoce las más hondas destrezas. Sabe si corresponde enviar un presente a quien ofrece un té o una cena y, en tal caso, qué y cómo; cuál es el idioma mudo de las tarjetas personales –la diferencia entre una con letras en relieve y otra sin ellas es indicio de muchas cosas–; cómo disponer los sitios en las mesas.

–Por ejemplo, a los novios y a los que tienen hasta seis meses de casados se los sienta juntos, pero a los matrimonios de más tiempo se los sienta separados. Yo te voy a contar lo que hace una persona de mundo. Tiene un cuaderno en el cual anota todo: quiénes fueron los invitados, como funcionó la mesa, cuál fue el menú, cómo estaban dispuestas las cosas en las bandejas, si alguien no comió algo por qué no comió, la ropa que tenía puesta, cómo estaba distribuida la gente, de qué se habló.

–¿Vos hacés eso?

–No. No me da para tanto.

En su departamento de París hacía croquis donde dibujaba los sitios asignados a quienes invitaba a cenar, y los nombres no bajaban de príncipes y condes. Conoce las reglas de ese sistema envarado al punto que puede moverse dentro de ellas con la soltura de quien no siente envaramiento alguno.

–Por ejemplo, si te invitan a tomar el té, si conocés a la señora que te recibe, mandás flores o chocolates. Pero lo mandás a la mañana siguiente. ¿Te sirvo torta de manzana? Está exquisita. Si conocés a la persona, le llevás lo que querés y le das un beso y chau. Aunque ¿sabés lo que se estila realmente? Hacer una carta, que no llegue más tarde de los tres días. Manuscrita. Papel membretado y tinta azul. Y tu tarjeta con letras en relieve. La gente de un cierto medio, cuando entregás la tarjeta de visita, discretamente la toca para ver si las letras son en relieve. Qué rico está esto. Si es una tarjeta chatita, es una persona más simple. Es decir, hay cosas que te determinan un medio.

Con la boca llena dice, despectivo:

–Lo cual no tiene ninguna importancia. Pero si la persona que llega conoce ciertos ritos sociales, la persona que recibe se siente más tranquila. Lo cual es ridículo. Lo importante es tenerlo incorporado. La sopa se toma del plato en el sentido inverso al que vas a volcarla en la boca. Pero si estamos entre nosotros y se nos da la gana de hacerlo de otra manera, y chuparnos el dedo, lo hacemos.

Tiene una colección de relojes importantes, ocho tapados de piel, gemelos –de Hermès, de Cartier, de Buccellati–, pero en las cenas pone vino de la marca Callia que se consigue en los supermercados chinos a setenta y nueve pesos –un día Juana le avisará que ese vino está en oferta y la mandará a buscar primero seis y después diez botellas más–, y como aperitivo no toma tragos de moda sino Gancia, Cinzano o Fresita, todas bebidas baratas y populares. Ese desprejuicio con relación a las marcas convive con frases como «yo tuve un Rolls» o «yo anduve en un Aston Martin en Francia a doscientos ochenta kilómetros por hora», y un conocimiento del universo de joyas, automóviles, muebles, telas, carteras, zapatos, corbatas, trajes, camisas, medias, vajilla, cubertería, piedras preciosas y semipreciosas, porcelanas, cristales y cueros que llega a un nivel erudito.

–Hace unos años estaba con mi mucama en la carpa de la playa, en Mar del Plata.

–¿Con Juana?

–¿Estás loca? No.

Jorge, que ha llegado desde la cocina con una taza de café y se ha sentado a la mesa en el lugar de siempre —en diagonal a Bruno—, se ríe, habituado a esos embates.

—Los querría ver a ustedes las veinticuatro horas acá adentro. Bué. Subía un matrimonio del mar, ella divina. Muy parecida a Lucía Bosé. Con anteojos. Y yo dije: «Esos son los anteojos que quiero.» Le dije a la mucama: «Mire dónde van.» Y me dice: «Están en la séptima carpa.» Yo le hice unas palabritas, le escribí: «Disculpame, sos divina, esos anteojos te quedan brutales. Si tenés la gentileza de decirme, si los compraste en la Argentina, dónde.» Y la mucama le lleva el papel. Al día siguiente, los anteojos estaban sobre la mesita de la carpa, en un paquete. Jorge, traéselos.

Jorge va hasta el cuarto y regresa con unos anteojos de sol. Bruno los toma y se los pone.

—Mirá lo bien que me quedan, sobre todo.

Son grandes, de líneas femeninas, y en el costado tienen un logo parecido al de Batman.

—Son marca pito. Pero divinos. Bueno, con ese matrimonio quedamos muy amigos. Me invitaron a dar un concierto en su ciudad, y después al teatro a ver un unipersonal. Y en el unipersonal sale una chica y empieza a reputear..., pero de una manera asquerosssssa..., contra los putos y qué sé yo. Yo me desconecto y no me hace nada. Pero los veía a ellos, pobres, que se estaban retorciendo. Lo peor es que estaba la tarada del unipersonal a la salida para que la felicitaran, y yo me dije: «La voy a felicitar.» Y la felicité. ¿No, Jorge?

Jorge dice que sí, que la felicitó.

La primera narración del accidente se produce ese día de mayo.

El jueves 1 de febrero de 2018 a las diez de la mañana hora argentina, dos de la tarde hora de Hungría, donde vive con su marido que es embajador, Cecilia Scalisi atiende el teléfono. Además de ser periodista y crítica, estudió piano en el Conservatorio Provincial de Córdoba.

—En la época en que yo estudié, Martha Argerich se había ido hacía mucho tiempo del país, Daniel Barenboim también, y además nadie sabía que era argentino, y Bruno era el gran pianista de la Argentina. Todos los estudiantes de piano aspirábamos a su repertorio. Las sonatas de Beethoven, Chopin, Schumann, Brahms. En todas esas grandes obras del repertorio romántico era la gran referencia.

Lo conoció personalmente en 1999, y desde entonces tienen una relación afable. Lo ha entrevistado muchas veces y reseñó sus conciertos, sobre todo los que dio en Alemania, para el diario *La Nación*.

—Él tiene una profundidad para llegar al nudo emocional de los compositores, y a la vez una candidez, que es como un chico que se encuentra con un amigo de la infancia. Uno lo tiene que escuchar en Brahms para entender cómo es su personalidad. Ahí muestra esa exuberancia que está en el *pathos* de su sonido. Es un ejemplo de todo. De superación, de conducta. Ha atravesado una enfermedad tremenda y no conozco a otra persona que tenga esa fortaleza de enfrentar los viajes, de subir al escenario sin poder caminar. Y no toca obras ligeras. Toca los desafíos más grandes que puede tener un pianista. Yo he escuchado a pianistas que no se equivocan una sola nota pero en el alma no tienen nada para contar. No tienen densidad. Y desde el momento en que él baja la tecla, hay una calidad de sonido impresionante, que es el capital de un artista. Hay una interpretación suya de Brahms que fue famosa en los sesenta y se sigue recordando hasta el día de hoy. Muy poca gente puede tener ese hándicap. Él no hace el más mínimo ademán que se ponga por encima de la música. Jamás sobreactúa. Cierra los ojos, pone las manos sobre el teclado y está en actitud de reverencia. No hace cosas absurdas. Toca con una elegancia que poca gente tiene. Su sonido es romántico, cargado de sentido, pero no hace amaneramientos.

En 2001, Scalisi fue a un concierto que Bruno dio en Berlín, apenas después del accidente, en el que salió a tocar con la mano vendada.

—Cualquier otro pianista cancela todo y se retira por muchos años. Y él no. Va contra el obstáculo de manera titánica. En ese sentido es beethoveniano.

Conversación telefónica desde Buenos Aires a Mar del Plata, enero de 2018:
—Bruno, en el año 2001, después del accidente, saliste a tocar en Berlín con la mano vendada.
—Puede ser. No me acuerdo.

La primera vez que fue a la casa natal de Beethoven, en Bonn, Alemania, se quedó largo rato ante una vitrina contemplando las «trompetillas», los implementos que el compositor utilizaba para poder escuchar cuando empezó a quedarse sordo. En 1993 se hizo necesario emprender obras de restauración en esa casa, y Bruno se ofreció a dar un concierto a beneficio. Como consecuencia, se organizó un ciclo al que se sumaron otros artistas y la restauración pudo llevarse a cabo. Es uno de los integrantes del comité de honor de la International Beethoven Competition, organizada por la Beethoven-Haus de Bonn, junto a Alfred Brendel, Mstislav Rostropóvich, Kurt Masur, entre otros. Pero nunca menciona esos datos. Solo dice que la primera vez que estuvo de pie ante aquella vitrina de precámbricos audífonos se le llenaron los ojos de lágrimas y sintió una tristeza horrible: «Pensar que hoy, con un aparatito así de chiquito, hubiera podido oír. Va a llegar un día, con el desarrollo de la ciencia, en el que ya nadie va a estar enfermo. Claro, nosotros no lo vamos a ver.»

Estaba en un gran momento.
En agosto de 1999 tocó el primer y el tercer concierto de Beethoven en el Teatro Colón. El crítico Juan Carlos Montero escribió en el diario *La Nación:* «Gelber se agigantó al dar con

total comprensión los contrastes entre la nobleza del momento de meditación, la poesía del largo (...) y el vigor arrollador de un final con esplendor sonoro.»

El 27 de agosto de 2000 tocó el cuarto concierto de Beethoven y el concierto número 2 de Brahms en el mismo teatro. El crítico Héctor Coda escribió que «solo una técnica como la que Gelber posee puede establecer el necesario balance sonoro».

El accidente ocurrió en diciembre de ese año.

En la provincia patagónica de Neuquén, a los pies del volcán del mismo nombre, está el complejo termal de Copahue. La zona tiene inviernos de temperaturas extremas, de modo que sus aguas y fangos curativos se aprovechan mejor de noviembre a mayo. Hay varios hoteles, baños de agua sulfurosa y ferruginosa, aplicaciones de barro termal. Bruno visita ese sitio desde hace años. En diciembre de 2000 llevaba allí algunos días, acompañado por Jorge Galasso, cuando decidió ir a casa de un amigo. Fueron en auto, por un camino de ripio. Bruno revuelve el té y dice, sin dramatismos:

—Y en una curva el auto derrapó y saltó a la banquina, que estaba tres metros más abajo.

—Y cayó de panza —dice Jorge.

—Y como mi panza es gorda... —dice Bruno, riéndose.

La narración se detiene. No parecen tener mucho más para decir.

—En ese accidente te fracturaste la mano derecha.

—Sí, pero pensé que no estaba fracturada, porque la podía mover. A los tres días me sacaron una placa, y supe.

—¿Recién tres días después?

—Sí.

—¿Te asustaste?

—Se me frunció..., como loco. Pero yo he tenido, de tanto en tanto, momentos álgidos. Aunque no lo parezco, soy una persona con fuerza. Y pongo el pecho a todo. Yo rogaba todos los días que esto se me pasara. Y se fue pasando. Estuve con un yeso cinco meses. Tuve que suspender los conciertos por un año. Y después retomar fue difícil, porque hubo un poco menos de conciertos. Pero es la vida. Si no hubiera cosas difíciles, no habría cosas lindas. No es que me quedé pensando: «¿Por qué a mí?» Más bien pienso: «¿Por qué no a mí?» Si te quedás pensando por qué, asumís dos faltas: no haberlo sabido prevenir y no saberlo llevar. Entre paréntesis, Jorge: le tenés que dar plata a Juana para que vaya a comprar comida para esta noche.

Jorge termina su café, se levanta llevándose la taza. Cuando desaparece, Bruno dice:

—A Jorge la música no le gusta. A mí me importa un pito. Para mí es más importante que me sienta como persona.

Todas las lámparas de la sala están encendidas y el lugar —aun cuando en el techo y las paredes hay algunas zonas descascaradas— fulgura como el interior de un estuche lujoso o una escenografía de ópera.

El hombre que estaba habituado a nacer cada mañana con una pierna mala ahora nace, también, con una mano rota. Y, rodeado de un arsenal de cosas que considera bellas —perfumes, muebles, trajes, camisas—, se sienta al piano. Por dentro quizás reza. Pero lo que se ve por fuera es un bisonte. El triunfo de una voluntad.

Kintsugi. Carpintería de oro.
Diría él: «Carpintería de oro mi abuela.»

—Me acuerdo que yo iba un poco más rápido de lo normal porque él quería llegar rápido a la casa de un amigo —dice Jorge Galasso—. Era un camino de ripio. Había una bajada con una curva al final. En la bajada el auto tomó velocidad y apenas toqué el freno para tomar la curva, se puso de costado. Cayó de panza unos tres metros más abajo, hicimos unos cuarenta metros con el envión. Él siempre se pone el cinturón y esa vez no lo llevaba puesto. Yo con una mano agarraba el volante y con la otra trataba de sostenerlo a él, porque veía que rebotaba contra el techo. Hasta que el auto paró. Él se quedó tranquilo, y al ratito pasó una camioneta. El hombre nos ayudó a sacar el auto y volvimos a Copahue. Pero a mí me daba miedo, no quería que se viera al espejo. Sabía cuánto valora la cara y tenía los ojos morados, unos moretones tremendos. Me preguntó y yo le dije: «No, estás bien, Bruno, ahora cuando lleguemos a Copahue te mirás y te pones algo de hielo.» Pero parecía que lo había agarrado un boxeador. Ante situaciones de ese tipo es muy de callarse. No sale gritando como loco. Una vez estábamos de gira y escucho un ruido en el baño. Voy y lo veo tirado en el suelo. Se había caído. Y estaba ahí, en el piso, tranquilo. No se desespera. Cuando llegamos al hotel y se vio la cara fue un silencio... Pero enseguida se puso a pensar qué mezcla de maquillaje se iba a poner para tapar los moretones. Es un tipo muy fuerte, aunque no lo parezca. Y no es muy demostrativo cuando hay dolor. La mano le molestaba un poco. Estaba una amiga, la doctora Hebe Zani, y ella le insistió en que se hiciera una radiografía. Se la hizo, pero a los dos días, en Cavihaue, una ciudad que queda cerca, porque en Copahue no hay ninguna clínica. Y ahí le dijeron que tenía roto el huesito y empezó toda la historia. Andaba callado. No quería demostrar pero tendría toda una procesión por dentro. Porque el accidente modificó todo el año. Canceló todo lo que tenía en Europa, los conciertos. Un desastre. Averiguó cuál era el mejor médico y dio con el doctor Zancolli, que le dijo que lo tenía que operar. Lo operó, salió todo bien y Bruno se fue, como siempre, a veranear a Mar del Plata, con yeso y todo. Así que todas las semanas íbamos a Buenos Aires a ver a Zancolli para que lo controlara. Salíamos a la mañana, hacíamos cuatrocientos kilómetros, Zancolli le miraba la mano en media hora, y pegábamos la vuelta a Mar del Plata, sin parar. Yo quedaba fatigado, porque en esa media hora no llegaba a descansar nada. Esas cosas de Bruno. Las *brunadas*. Estuvo meses sin tocar en público. Hasta que dio ese concierto en el Museo de Arte Decorativo que fue todo un acontecimiento porque era la vuelta después de la operación.

–¿Cómo lo notaste todo ese tiempo en el que no tocó?

–No estaba muy bien de ánimo. Pensativo, introspectivo. No hablaba, lo disimulaba. Pero había cosas que te hacían pensar que tenía miedo de no saber si podría tocar de nuevo.

Niño angelical, niño bonito: todo iba a ser de una manera para él, y fue de otra. La pierna mala, la evidencia de la pierna cada día y, después de años de joyas, Brahms, palacios, Beethoven, París, de alzarse sobre la fealdad como un ángel del teclado, la mano. Una fractura ínfima en el mecanismo perfecto.

No iba a haber tanta tragedia. No había por qué.

Pero la hubo.

El 11 de enero de 2003, el periodista Oscar Sarhan lo entrevistó para el diario *Río Negro*.

«–Cuando tuvo el accidente de auto hace dos años, que afectó su mano, ¿qué pensó?

»–Tuve las ideas más oscuras del mundo. Pensé hasta en suicidarme. Me pregunté por qué. Recuerdo que mi profesora de yoga me dijo: "Un día vas a tener la respuesta, pero ahora no intentes averiguarla." (...) He sido golpeado muchas veces en mi vida. Hay tres momentos clave en mi existencia. Primero, la poliomielitis que tuve cuando era un niño; luego, la muerte de mi madre, el dolor más grande. (...) Y bueno, por último, el accidente de auto.»

El 2 de febrero de 2018 lo llamo por teléfono a Mar del Plata.

–Siempre me hablaste del accidente sin dramatismo. Pero al diario *Río Negro* le dijiste que habías pensado en suicidarte.

—Tuve las ideas de suicidio cuando fue el accidente, sí. Si me hubieran dicho: «No puede tocar nunca más el piano.» Las sigo teniendo. El día que me digan: «No puede tocar más el piano...», ese no es un asunto que me sea lejano. Lo que pasa es que en la religión judeo-cristiana el suicidio es un asesinato contra uno. En cambio, para los japoneses es un acto de gran jerarquía.
—¿Y vos sos muy japonés?
—Los admiro mucho.

Kintsugi.
Mi abuela.

—Bruno es muy buena persona —dice el periodista Hugo Beccacece, que fue editor del suplemento cultural del diario *La Nación,* donde entrevistó a Bruno varias veces, y que, con los años, devino su amigo—. En todo sentido tiene algo de otra época. En los sesenta y setenta había un tipo de sociedad que hoy no existe. Era un mundo de gran elegancia y refinamiento, y él pescó todo ese fin de fiesta. Y por otro lado tiene la gran sensibilidad del chico que escuchaba el radioteatro y miraba las revistas de cine. Tiene una inteligencia práctica impresionante. No es que no tenga inteligencia abstracta, pero no le interesa aplicarla. No es un artista intelectual. Nada de eso es lo suyo. La sensibilidad está en primer lugar. Hay una parte de él que funciona como un chico: la capacidad de asombro. Y no porque sea simple, sino porque tiene una enorme capacidad de disfrute. Nunca sabremos si pierde el optimismo. Tuvo motivos para perderlo, pero se dio cuenta de que no puede darse el lujo. El arte le exige no quedar contaminado, porque si se entregara al resentimiento no saldría de eso y no tocaría como toca. Él tuvo su enfermedad, después ese accidente de auto que fue terrible, y tuvo que volver a estudiar todo de nuevo. A otro lo hubiera aniquilado, pero él dijo: «No, si yo fui toda la vida un rehabilitado.»

«... la realidad del deporte de alta competición actual requiere una entrega temprana y total a una sola meta. Una concentración casi ascética. Subsumir casi todos los otros rasgos de la vida humana al único talento y la única meta elegidos. Aceptar vivir en un mundo que, como un mundo infantil, es muy pequeño y solemne», escribió David Foster Wallace en «El talento profesional de Michael Joyce», de 1995.

El sábado 4 de agosto de 2001, a menos de ocho meses del accidente, Bruno Gelber regresó a los escenarios con un concierto a beneficio en el Museo Nacional de Arte Decorativo. Interpretó las sonatas en La mayor y La menor de Mozart, y las sonatas en Do mayor opus 2 número 3 y en Do mayor opus 53, *Waldstein*, de Beethoven. «Fue un recital de enorme significación», escribió el domingo 5 de agosto de 2001 Juan Carlos Montero en *La Nación*, «(...) ya que se trataba de la reaparición del artista luego del accidente que sufrió hace unos meses, en una ruta del interior del país, afectando de gravedad su mano derecha, provocando además la cancelación de sus numerosos compromisos internacionales (...) el público que colmó el gran salón del Palacio Errázuriz asistió a un nuevo triunfo del tesón, la fuerza de voluntad y la capacidad intelectual de Gelber.» Aseguraba que la concurrencia había asistido con unción a un programa «nada sencillo (...) sin concesiones y verdaderamente expuesto para el intérprete (...) Gelber reiteró las virtudes del pianista de sonido amplio y robusto, su fuerte temperamento para exponer admirablemente el ritmo interno de las obras, el fraseo siempre emotivo». Agregaba que en la *Waldstein* había alcanzado «la cumbre del recital, con una grandeza y prestancia realmente impactantes. Los aplausos de una platea de pie fueron entusiastas y muy cálidos, pero Bruno Gelber los interrumpió para agradecer a todos y en especial al especialista que había logrado su total recuperación».

En diciembre de ese mismo año se presentó en la Filarmónica de Berlín, tocando Mozart y Beethoven con la mano derecha vendada y, según una nota de Cecilia Scalisi para *La Nación,* «deleitó a un auditorio con un Mozart cristalino e impecable y con un Beethoven lleno de vigor, potencia y sonoridad». Al año siguiente, en agosto de 2002, la misma Scalisi escribía en ese diario que, inspirado por el «embriagador recital» que Gelber había ofrecido por esos días en la Herkulessaal de Múnich, «el anciano crítico (Joachim Kaiser) volvió a empuñar su sabia y autorizada pluma (...) para describir la experiencia de escuchar a Gelber interpretando las sonatas de Beethoven. "Infaliblemente lírico" tituló el profesor alemán en su columna del *Süddeutsche Zeitung* (...) y una vez más, deslumbrado como frente a aquel adolescente que interpretaba a Brahms con una solidez asombrosa (...), Kaiser se refiere (...) a la soberana energía y seguridad técnica, al ímpetu, a la maestría en el detalle interpretativo, y, sobre todo, a la inigualable capacidad lírica del artista ya maduro y consagrado (...). Luego de presentarse también con éxito en Berlín, con el mencionado concierto de Brahms (...), y en la ciudad de Leipizg, donde la prensa tituló "Gelber, un titán en el piano", el maestro continuó recogiendo lauros en este país, en los prestigiosos festivales del Rurh».

Sin embargo, un mes más tarde, el 16 de septiembre de 2002, Pablo Kohan escribía en *La Nación,* acerca de un recital en el Teatro Coliseo de Buenos Aires en el que Bruno tocó la sonata en Do mayor opus 2 número 3 y la sonata *Waldstein,* de Beethoven, además de valses opus 39 de Brahms y la sonata número 2 en Sol menor opus 22 de Schumann: «Gelber parece querer demostrar que la fuerza y la velocidad, que a ambas las tiene, y en abundancia, y cierta gestualidad son un objetivo artístico en sí mismas (...). Hasta tal punto (...) que no se pudieron percibir lecturas mayormente diferentes entre las cuatro obras que conformaron el programa. (...) La sonata op. 2 n.º 3 es una obra temprana, con elementos galantes y con texturas y ornamentaciones clásicas sobre las cuales Beethoven ya comenzaba a adicionar sus peculiaridades. Gelber prescindió de estas consideraciones y arrancó con furia y una velocidad inusual (...) y lo que vendría luego sería una masa sonora robusta a la que le faltaron sutilezas, fraseos apropiados y alguna certeza estilística. Hubo demasiado pedal, una llamativa falta de articulación y, salvo el segundo movimiento, todo fue presentado de un modo embarullado, aparatoso e innecesariamente brusco. Siguió el mismo do mayor con la *Waldstein,* y también la misma manera de tocar, farragosa, ostentosa, estruendosa, y la misma falta de claridad y de precisiones estilísticas.» Con respecto a la sonata 2 de Schumann, decía: «En una nueva demostración de virtuosismo fenomenal, todo fue como un gigantesco alud tumultuoso que arrasó con cualquier rastro de poesía, cantos, lirismo, contrapuntos, sutilezas, articulaciones y alguna mínima claridad en los momentos de tremebunda velocidad. Al final, el público le tributó una larguísima ovación. Seguramente, Gelber debe haberse sentido reconfortado por respuesta tan generosa. Sin embargo, íntimamente él también sabe que hay otros terrenos, más allá del volumen, de la rapidez y de la gestualidad, en los cuales se esconde la verdadera música, esa a la cual Gelber podría volver sin inconvenientes apenas defina cuáles son sus objetivos.»

—No creo que haya deficiencias técnicas dignas de mención en Bruno —dice Pablo Gianera—. Es un pianista enfático. Sentimentalmente enfático. Expresivamente enfático. Eso cae bien en un reportorio, y quizás en otro no tanto. Muchas veces se dijo que Bruno fue perdiendo la técnica con los años. Yo no estoy tan de acuerdo en eso. Creo que la técnica está subordinada a lo que cada uno quiere hacer con ella. Y creo que en este momento Bruno tiene la técnica para hacer lo que quiere hacer. Se supone que el dominio técnico en el piano significa que el pianista no tocó una nota falsa. Esa es una superstición que instaló el disco, la tecnología de la grabación. En épocas anteriores se consideraba que las notas falsas eran la prerrogativa del pianista. El pianista tenía derecho a cometer errores, sobre todo si era un pianista inspirado o genial, porque lo que se valoraba era el enfoque de la pieza. Escuchás a Richter, a Kempf, y está lleno de pifies, y esas versiones son infinitamente más interesantes que otras versiones en las que todas las notas están en su lugar pero en las que no pasa nada. A mí me da igual si Bruno comete ahora algún pifie más o menos que en los años sesenta. Lo que me interesa es la experiencia que hay atrás de esa interpretación. No podés tocar el concierto de Brahms sin notas falsas. Bruno es completamente honesto. Y eso se nota en la manera en la que toca. No está impostando una emoción.

En el prólogo al libro *Diálogos sobre los conciertos para piano de Ludwig van Beethoven,* de Cecilia Scalisi (una publicación auspiciada por la Fundación Teatro Colón de Buenos Aires, editada en 2005), el doctor Michael Ladenburger, director del museo y conservador de las colecciones de la Beethoven-Haus de Bonn, escribió: «Siempre he tenido la sensación de que, en Bruno Leonardo Gelber, algo del siglo XIX ha sido conservado: el coraje para el énfasis y para la emoción verdadera, justamente tan poco de moda en nuestro tiempo, dominado por la razón y la perfección. Seguramente, su temperamento latino habrá podido aportar lo suyo, así como también lo habrán hecho esos ciertos paralelos que pueden llegar a trazarse entre las biografías de Beethoven y de Gelber: el talento superdotado comprendido como un deber y las marcas del destino vividas con el profundo significado del *per aspera ad astra* y del jamás dejarse derrotar.»

Per aspera ad astra es una frase en latín que significa «A través del esfuerzo, el triunfo». O «Por el sendero áspero, a las estrellas». O «A las estrellas, por el camino más difícil».

Si la emoción como valor máximo, por encima de la racionalidad, se refleja en algunos rasgos artificiosos y declamativos —la forma en que se viste, la decoración de su casa—, no prima cuando habla de sus amores, sus pérdidas, sus enfermedades. Si evoca a su madre lo hace con veneración pero sin exaltaciones.

Si habla de la polio lo hace como si se hubiera tratado de un resfrío fuerte. Cuando mencione la muerte de alguien a quien quiso mucho terminará la historia con una pincelada cómica.

Es el corazón sangrante de un compositor alemán domado por los imperturbables modos de un diplomático de cualquier parte.

En el caso de que el accidente haya minado sus habilidades, eso no hizo que sus presentaciones en grandes escenarios y festivales europeos mermaran, al menos en los primeros años de este siglo, y la crítica, sobre todo la internacional, no señaló ninguna mengua importante. Aunque en tiempos más recientes los críticos extranjeros objetaron algunos aspectos de su técnica, siempre lo hicieron destacando su gran capacidad interpretativa y la tremenda singularidad de su sonido. Sin embargo, en la Argentina algunas de sus presentaciones recibieron comentarios que ponían en tela de juicio ambas cosas: su desempeño técnico y su emotividad, que encontraban exagerada.

En noviembre de 2003 dio un concierto en el Internationales Beethovenfest de Bonn. El crítico Mathias Nofze escribió: «El toque de Gelber desarrolló un magnetismo de tal encanto poético que fue imposible sustraerse de esa magia. Embelesador (...) y fascinante su eminente creatividad interpretativa.»

En septiembre de 2004 se presentó en el Teatro Argentino de La Plata, tocando una integral de los conciertos de Beethoven. Juan Carlos Montero escribió en *La Nación:* «un Bruno Gelber en su mejor forma», y Héctor Coda: «La originalidad, la fantasía y el gran efecto que provocó —según las crónicas de la época— el estreno del concierto número 5 op. 73 en Mi bemol mayor (llamado *El Emperador)* cuando fue estrenado en Viena en 1812, fueron en gran medida reeditados en este concierto que exige un empleo a fondo de todos los recursos del piano, para ponerlos al servicio de una majestuosa grandeza. Y esa fue la impresión que produjo a juzgar por los poderosos recursos técnicos que Gelber posee y puso en juego (...) Gelber empleó a fondo todos sus recursos virtuosísimos, con cierta vehemencia y exacerbación sonora –y algunos desajustes con la orquesta– que desdibujaron, en parte, la noble elocuencia del discurso. Su *pianissimo* tuvo genuina calidad expresiva y el amplio dominio que exhibió al teclado, con arpegios de impecable articulación, se extendió a la perfecta ejecución de los trinos (...) y octavas cuya calidad elevó su discurso a alturas olímpicas.»

En mayo de 2005 se presentó en Hamburgo para interpretar el concierto número 1 de Chopin con la Philharmonisches Staatsorchester, dirigida por el canadiense Kwamé Ryan; en el Festival de Schleswig-Holstein, Alemania; en el teatro Santa Cecilia, de Roma, con el concierto número 1 de Schumann, dirigido por Yuri Temirkánov; y en La Scala, de Milán, con el concierto número 4 de Beethoven. Dos meses después, el 28 de julio, tocó los conciertos 1, 2 y 4 de Beethoven en el Teatro Colón. El 17 de agosto tocó en el mismo teatro obras de Mozart, y René Vargas Vera escribió en *La Nación* que «en los dedos de Gelber», la vitalidad y el encanto de Mozart «cobran una fuerza pujante». Ese mes tocó un programa que reunía dos sonatas de Beethoven, el *Carnaval*, de Schumann, y el *Andante spianato y gran polonesa brillante* de Chopin en el templo de la comunidad Amijai, de Buenos Aires. Juan Carlos Montero escribió en *La Nación*: «Con un programa exigente, Bruno Gelber puso en evidencia una vez más la suma de cualidades artísticas.» Según la misma reseña, el nivel había sido incluso superado en la segunda parte del programa, con una versión del *Carnaval* de Schumann a la que describía como «honesta, vehemente, visceral».

En junio de 2006 se presentó en la Filarmónica de Berlín, interpretando una serie de sonatas de Scarlatti, Beethoven y Brahms. El diario *Berliner Morgenpost* dijo: «El último representante de aquellos grandes pianistas à la Liszt (...). Su prestigio se alimenta de las presentaciones en vivo y su virtuosismo se ha mantenido fiel al canon romántico del siglo XIX. Una embelesadora sensibilidad, ímpetu y técnica impecables.» Sin embargo, apenas un mes después, el 15 de julio, se presentó nuevamente en el templo Amijai, de Buenos Aires, con el mismo programa –cuatro sonatas de Scarlatti, la sonata *Pastoral* de Beethoven y la sonata número 3 en Fa menor de Brahms–, y en una reseña publicada en *La Nación* el crítico Pablo Kohan escribió: «El sonido emergió demasiado percusivo, el toque muy seco (...) y hasta se filtraron algunos pifies (...) esos mínimos yerros eran continuados con un abuso de pedal, casi un mecanismo de defensa, que aunque disimulaban un tanto los desaciertos, contribuían a generar un empastamiento contraproducente.» En cuanto a la interpretación de la sonata *Pastoral*, de Beethoven, decía que se había mostrado eficiente y sólido en el segundo movimiento, pero que había aparecido «cierta grandilocuencia (...) vestida de aporreos muy impactantes aunque también prescindibles». Menos de un mes más tarde, en agosto, se presentó en Nantes, Francia, tocando el concierto para piano número 3 de Rachmáninov. Thomas Herreng escribió, en un texto titulado «Gelber, inolvidable con Rachmáninov»: «Bruno Leonardo Gelber se impone como uno de los mejores intérpretes actuales de una partitura que él domina perfectamente (...) por su sonoridad plena y rica y su sentido de la construcción. Todo es admirable.» Dos meses después volvió a presentarse en la Argentina, ahora en el Teatro Colón, con la serenata para cuerdas en Do mayor de Chaikovski y el concierto número 3 de Beethoven, y una vez más la crítica publicada por el diario *La Nación* y firmada por Pablo Kohan fue aplastante: «El asunto comenzó a oscurecerse, en el más literal de los sentidos, cuando el pianista empezó a imprimir sonoridades desmedidas (...) y, cada vez más como una tromba de espectacularidad sonora, se fue apartando de búsquedas más acordes a Beethoven y su estética en beneficio de algo mucho más impactante.»

En junio de 2007 tocó en una misma jornada, en el Festival de Estrasburgo, el concierto para piano número 2 opus 83 y el concierto número 1 opus 15, de Brahms. Marc Munch escribió: «Tocar dos conciertos de Brahms en la misma jornada es algo que solo pocos solistas hacen. Bruno Leonardo Gelber lo hace, magistralmente (...). El paso del artista argentino es hoy más lento. Pero su musicalidad está intacta y su potencia inalterada (...). Maestro absoluto en toda la extensión del teclado, Gelber restituye con una claridad excepcional la complejidad de los acordes.» Laurent Barthel escribió, acerca de esa misma presentación, que era un solista ideal, uno de los pocos capaces «hoy en día de interpretar dos obras gigantescas» en la misma jornada, y agregaba que «nada ha cambiado fundamentalmente en su toque. El dominio sobre el teclado sigue siendo imperial».

El año siguiente, 2008, tocó en Milán las sonatas *Claro de luna, Waldstein, Patética* y *Appassionata* de Beethoven. El diario *La Repubblica* publicó el 31 de marzo un artículo titulado «Beethoven fascina con Gelber al piano», y lo llamó «el benjamín del público» y un «extraordinario intérprete». En 2009 tocó en el Teatro Municipal de Santiago de Chile el cuarto concierto de Beethoven. *El Mercurio* publicó una reseña que decía: «El primer movimiento, *allegro moderato,* fue demasiado *moderato* y poco *allegro* (...) pero en los dos movimientos restantes se impuso la extraordinaria calidad de Gelber, pianista superior, con un sonido de enorme belleza, atento a destacar la solidez clásica de los pasajes más expresivos del discurso beethoveniano. Las *cadenzas* fueron magistrales y el segundo movimiento sobrecogedor.» El 19 de octubre de ese año tocó en la Salle Molière de Lyon la sonata *Claro de luna* de Beethoven, el *Carnaval* de Schumann, el *Andante spianato y gran polonesa* de Chopin. El crítico Arnaud Buissonin escribió que «a los sesenta y ocho años, Bruno Leonardo Gelber no ha perdido su poder de fascinación. Su discreción, su rechazo a las luces del *star system,* lo han transformado en uno de los artistas más misteriosos del circuito, objeto de una secreta veneración por parte de los melómanos (...). Nos mantuvimos hipnotizados por esta presencia dolorosa, al mismo tiempo hierática (...) y de una personalidad intransigente (...). No se sabe qué admirar más: la mano izquierda infalible, implacable, la ciencia del color, la inteligencia del discurso, la arquitectura sonora».

En septiembre de 2010 tocó las sonatas *Claro de luna* y *Waldstein,* de Beethoven, el *Carnaval,* de Schumann y el *An-*

dante spianato y gran polonesa de Chopin en el Hotel Alvear, de Buenos Aires, en el marco de la semana musical Llao Llao. Juan Carlos Montero escribió en *La Nación:* «Sonido pleno, matices en diferentes gamas, refinamiento en el discurso, claridad en la articulación (...) con una maravillosa calma espiritual, estaba dictando una verdadera lección de estilo y de dominio de teclado (...). El endemoniado *Andante spianato y gran polonesa* surgió con arrolladora vitalidad, mecanismo sin mácula y sonido controlado, como si el intérprete no hubiera ofrecido las obras anteriores.»

En mayo de 2011 se presentó en el Teatro Municipal de Santiago, en Chile, con el concierto número 3 de Rachmáninov y la sinfonía número 4 de Brahms. La reseña de *El Mercurio* decía: «El concierto número 3 de Rachmáninov constituye un monstruo pianístico, ya que para su ejecución se necesita tal maestría que son muy pocos aquellos que logran plasmar tan gigantesca obra como la escuchamos en la versión del pianista argentino Bruno Gelber (...). Prácticamente sin moverse del taburete, expresando cada frase con una musicalidad exquisita, llevando el arte de la música a alturas pocas veces vista, Gelber mostró una vez más la legitimidad de su sitial como uno de los más grandes pianistas del mundo. Sus problemas físicos, superados con ímprobos esfuerzos, tesón y voluntad, no le han restado un ápice de su talento a pesar del paso de los años (...). La sinfonía número 4 de Brahms constituyó también un verdadero deleite, pues sus cuatro movimientos transcurrieron como la sucesión de eslabones de una serie de obras de arte.»

En abril de 2012 se presentó en Bari, en el Teatro Petruzzelli, y tocó las cuatro sonatas de Beethoven en un concierto organizado por la Camerata Musicale Barese. El diario *La Gazzetta del Mezzogiorno* publicó un artículo, firmado por Livio Costarella, donde se refería a ese concierto como uno de los máximos eventos de la temporada. Hacía mención a la poliomielitis y al accidente de auto acontecido ya diez años antes, agregando que, si bien no podía ser el Gelber de tiempo atrás «por obvias razones», así como Beethoven había combatido su sordera «a través de la música, la desesperación y la fuerza de sus notas, Gelber parece caminar con él en paralelo» con una *Appasionata* vibrante, y un *Claro de luna* como un lago aparentemente calmo pero lleno de vida en lo profundo». En junio tocó en el auditorio de Belgrano, en Buenos Aires, el concierto para piano y orquesta número 1 de Chaikovski. Cecilia Scalisi, en su reseña para *La Nación,* decía de su desempeño: «desplegando su elegante virtuosismo, sin alardes ni falsas poses, siempre sustancial e intenso en la expresión, con ese *cantabile* que, por su riqueza y densidad, bien le ha valido el aplauso constante y la fama construida durante décadas de trayectoria en todo el mundo».

En octubre de 2014 participó del encuentro internacional de música clásica en la ciudad de Ushuaia, tocando el cuarto concierto para piano de Beethoven (el mismo que había interpretado en 2009 en Santiago de Chile, cuando la crítica dijo que se trataba de un «pianista superior, con un sonido de enorme belleza, atento a destacar la solidez clásica de los pasajes más expresivos del discurso beethoveniano») y el crítico Pablo Kohan escribió en *La Nación* que Gelber había interpretado el concierto «muy lejos de lo que solía hacer en sus días de gloria».

El 25 de febrero de 2015, en *Lire,* Bertrand Dermoncourt le hizo una entrevista presentándolo como un artista mítico. Dijo que su toque «fabuloso, virtuoso, con la precisión extraordinaria de los ataques, está intacto (...), su perfección técnica y musical es tal que produce la sensación de una facilidad de ejecución evidente». Un mes más tarde, en marzo, con setenta y cuatro años, tocó el tercer concierto de Rachmáninov en el Panthéon-Assas de la Universidad de París. Los medios se refirieron a él como «la leyenda viva del piano». Frédéric Gaussin escribió en una reseña publicada por *La Lettre du Musicien:* «... las masas sonoras, el espacio, los relieves, la paleta de timbres de un artista osado, que se arriesga, canta y respira, y conoce todos los secretos de la elocuencia».

En marzo de 2016 tocó el cuarto concierto de Beethoven en el Teatro Colón. La periodista Laura Novoa, en su reseña para el diario *Clarín*, escribió: «El impulso equilibrado que Gelber brindó a los primeros compases de la apertura no se proyectó del todo al resto del concierto. Los pasajes rápidos sonaron confusos y asfixiados bajo un pedal de resonancia abundante, que también deslució las cadencias. Aunque las líneas de canto se escucharon con gran profundidad expresiva, el resultado general fue de una frágil armonía entre lo dramático y lo lírico.»

En marzo de 2017 se presentó en el Printemps des Arts en Mónaco. Tocó en el Yacht Club con el príncipe Alberto II presente en la sala. El crítico André Peyregne escribió, acerca de su interpretación de la sonata *Aurora,* de Beethoven: «Puso tanta humanidad en las simples notas del movimiento central de esta sonata de Beethoven que la sala tembló de emoción.» Adjetivaba el retorno del «gran pianista Bruno Leonardo Gelber» como conmovedor, y mencionaba que lo habían visto arribar «con el corazón apretado» en silla de ruedas al auditorio Rainiero II: «Lo vimos instalarse con precaución sobre el taburete del piano (...) con la elegancia de la vestimenta que le hemos conocido siempre», aunque aventuraba una hinchazón en el rostro y el cuerpo que adjudicaba a «los medicamentos». En cuanto al *Emperador,* el quinto concierto de Beethoven que había tocado en una jornada previa, decía que posiblemente sus dedos no respondían como antes pero que «la sonoridad está siempre ahí», tanto como «el centro de la pasión beethoveniana».

En el departamento del piso doce el aparato de aire está puesto a veintiséis grados. Bruno solo se siente cómodo en una amplitud térmica pequeña, entre veinticuatro y veintiséis. Por encima, siente calor; por debajo, frío: «Se me enfría la nariz, como a los perros finos.»

Las giras por el extranjero ya no duran seis meses, pero en los últimos años emprendió maratones por el interior de la Argentina: solo en 2015 dio treinta y cinco conciertos en sitios como Lomas de Zamora, Tigre, San Nicolás, Zárate, Santa Fe, Saladillo, Bragado, Avellaneda, Ituzaingó, Dolores, Olavarría,

La Plata, Paraná, Rosario, Santiago del Estero, San Juan, Mendoza, Córdoba, en teatros de acústicas diversas, con pianos de calidad terrible, durmiendo en hoteles modestos.

—Lo hago porque me gusta, porque me invitan y... porque voy. He considerado que la Argentina no es solamente Buenos Aires. Yo creo que cada persona nace con una misión. Y mi misión es hacer vibrar a la gente por medio de la música, llegarles al centro vital. Dicen los esotéricos que si en una sala llena lográs que uno solo sienta su alma, la misión ya está cumplida. Yo preparo un concierto de igual manera si voy a tocar en Bahía Blanca que si voy a tocar en Salzburgo. No hay teatro, orquesta, director famoso con el que no haya tocado. No hay gente conspicua a la que no haya sido presentado. No hay honores ni premios que me hayan faltado. Pero a mí lo que más feliz me ha hecho hasta ahora es sentir que mi conciencia me dice: «Hoy fue un buen concierto.»

—¿Y cómo quedás después del concierto?

—Depende del restaurante. Ay, cómo comimos en Suiza. ¿Conocés esos hongos que se llaman morillas, que son como orejitas arrugadas? Rellenas con puré de arvejas, con trufas. Hay una sopa que es de yema de huevo con crema. Es para bañarse en eso. La tomás y parece que te estuvieran dando besitos. Me encantan, por supuesto, el caviar, el pato, el *foie gras*. Acá me encanta el asado. El otro día fui a comer locro, no había comido nunca, y me encantó.

—Vos cocinás un poco.

—Yo soy maestro sopero. Hago sopas.

—Sofisticadas.

—No sé si sofisticadas. Pero son de colores muy bonitos. Hago sopa de palta caliente. Y huevos fritos. ¿Sabés cómo se hace un buen huevo frito? Separás la yema de la clara. Batís la clara un poquito, ponés aceite supercaliente para que haga pffff. Ponés la clara. La das vuelta del otro lado para que siga haciendo pfffffofrofff. Cuando está bien doradito le hacés un agujerito en el centro, apagás el fuego y le ponés la yema. Entonces te queda la yema calentita y líquida.

Hace un gesto con la cabeza, indicando la cocina.

—Pero a esta el otro día le dije que me hiciera huevos fritos y me trajo los dos rotos.

—¿Acá comés mal?

—Noooo. Compramos cosas ricas, salmón. De todo. No tengas piedad de mí, rulito. Yo hago todos los meses el día de la luna llena: cuando toca luna llena, no como.

—¿Y eso te hace bajar de peso?

—Forzosamente. Si no comés nada, bajás de peso. Engorda todo lo que te llevás a la boca...

La pausa anticipa el doble sentido.

—... como comida.

Y se ríe, se ríe, se ríe.

Rulito. No tengas piedad de mí.

En el año 2000 recibió la Orden al mérito cultural de Mónaco. En 2008 fue condecorado por el gobierno de Francia como Oficial de las Artes y de las Letras. En 1989 y 1990 fue distinguido en la Argentina con el Premio Konex al mejor pianista argentino de la década. En 2006 fue declarado Ciudadano Ilustre de la Ciudad Autónoma de Buenos Aires. Y en 2003, entre una cosa y otra, recibió del director del Ente Provincial de Termas Alberto Reissig el título de Embajador Honorífico ante el mundo de Copahue, el centro termal donde, tres años antes, se había roto la mano.

—En 2015 veníamos de Europa y Japón y de golpe y porrazo tuvo que tocar en un pueblo del interior —dice Jorge Galasso—. De tener cinco pianos para elegir en Japón, pasó a un piano apolillado que, de la tierra que tenía, tirabas semillas de perejil y brotaban. Bruno se enojaba. A la gente de ahí la tenés que agarrar con pinzas, porque uno sabe que al no conocerlo, y escucharlo hablar de esa manera medio fuerte, piensan que está sacado. Enojado está, pero no sacado. Y ahí yo hago de canciller, de mediador, les explico, hablo con Bruno, y al otro día está todo bien. Pero él tiene un personaje montado y es en todas partes igual. En 2015 fuimos a Mónaco y vino a saludarlo... este hombre que está ahora..., cómo se llama...

–Alberto de Mónaco.

–Sí. Y vino atrás del escenario a charlar, y para Bruno eso es lo más natural. Pero le encanta tocar en el interior. Ahí es una estrella de rock. Se le tiran encima, se sacan fotos. Lo que le molesta son los pianos, que a veces son cualquier cosa. Pero los hoteles, con tal que sean silenciosos, no tiene problema. Con el tiempo bajaron un poco los conciertos y los viajes son más cortos. Como mucho, un mes. Creo que lo toma con cierta naturalidad y que por otra parte un poquito le duele, porque sabe que lo que puede dar es bastante. Que la habilidad está intacta.

El 1 de junio de 2018 tocará, en el Teatro Colón, el concierto número 21 en Do mayor de Mozart con la dirección de Ezequiel Silberstein.

–Mozart es lo peor que hay –dice Pablo Gianera–. Es estar en pelotas. Cualquier cosa, cualquier mínimo error, resalta como si te cayera una mancha de aceite en un saco blanco, y Bruno se va a sentar con eso, con ese concierto que es dificilísimo, en el Colón. Entonces te das cuenta de que no hay un déficit técnico. Si no, con lo autocrítico que es, no se hubiera atrevido a tocar esa obra.

Respira en la boca del monstruo: toma vida de ahí, de eso.

Bruno Gelber, sobre el escenario.
Después de una breve reverencia inicial para agradecer los aplausos.
Sentado frente al piano.

Sabiendo que todo lo que suceda dependerá de él, de lo que extraiga de las cavidades de ese animal de madera, acero, fieltro, palancas, macillos, puentes de sonido, barrajes, bastidor, clavijas.

Ante una sala repleta que contiene la respiración.

Encomendándose a Dios.

Solo.

Posando las manos en las teclas. Arrojándose al vacío sobre la cuerda tendida del silencio. Rompiéndolo en pedazos en un camino sin retorno. Avanzando en el bosque oscuro de los acordes, las escalas, los trinos, las octavas, atacando zonas de dificultad húmeda y amenazante con habilidades incrustadas por años de forja en los huesos, dentro de los huesos, más allá de los huesos. Un instrumento humano entrenado contra natura para ejecutar movimientos disociados con destreza quirúrgica, para entregarse a las embestidas volcánicas de una tormenta de emoción descomunal sin mástil al cual aferrarse para no terminar destrozado contra las rocas.

Temblando. Aguantando. Sobreviviendo.

Clavado al piano con clavos de fuego y hielo.

—¿Puedo verte dar una clase, Bruno?

—Pero síiii —dice con entusiasmo, como si hubiera estado esperando que se lo propusiera—. Pasame la Laura Hidalgo Chica.

Le alcanzo la Laura Hidalgo Chica que está sobre el piano. Pasa las páginas y, como la vez anterior, solo vislumbro anotaciones espaciadas.

—Venite el viernes 12, que pongo a alguien a las seis. Tomamos el té, hacemos un «tetazo», y después hago la clase.

—¿Pero la persona a la que le vas a dar la clase podrá venir ese día?

—Va a poder.

Antes de irme paso al baño. El postizo sigue allí, dado vuelta, con la redecilla a la vista.

Él quiere que yo vea todo esto.
Quiere que yo vea todo esto.
Quiere que yo vea todo esto.

«–Si tuviera que darles un consejo en general a todos aquellos que enseñan piano, ¿qué les diría? –le pregunta el periodista Enrique Alejandro a Ana Tosi, madre de Bruno Gelber, para el programa *Mónica presenta*.
»–Mire, es tan difícil la enseñanza de piano. Y gracias a Dios fui alumna del más gran maestro quizás del mundo. Uno de los más grandes. Fue un artista extraordinario y me dio un caudal muy grande de sabiduría.
»–¿Usted habla de Scaramuzza?
»–De Vicente Scaramuzza, con mucho orgullo de haber sido alumna de él. Ahora, hay que tener primeramente la formación de la parte mecánica, que es lo más difícil que hay. Porque esto –dice, tocándose las manos– es una máquina, y cada palanca, cada parte tiene que estar muy bien encausada. Tienen que desarrollar la mano, agrandar la mano, cosa que muy pocos hacen.
»–¿Cree que en el futuro, terminada su carrera como concertista, cuando los años pasen, Bruno sería un buen maestro?
»–Ah, excelente. Lo digo con toda seguridad. Porque adora la enseñanza.»

De una clase magistral que dio Bruno Gelber en el año 2000 en el Museo de Arte Decorativo de Buenos Aires a un grupo de alumnos, entre ellos a una pianista llamada Silvia García Toledo, a quien se dirige después de haberla escuchado tocar: «Hacés cosas esplendidas... y de las otras. Hay momentos en que te desconectás y pensás en otra cosa. Uno tiene que seguir presente, presente, presente, estar allí. Nunca debe haber un sonido sin expresión. La cantidad de sonido no es el objetivo. Es la resultante de lo que estás expresando. Si vos te enojás con alguien, hablás fuerte por el contenido de lo que estás diciendo. No gritás por gritar. Tenés todos los talentos que tenés que tener, así que cada nota tiene que estar preparada, hecha, puesta en su sitio con el sonido justo, la expresión justa. Los que las han escrito son gente inteligente que no ha puesto las notas por poner. Lo que te digo parece obvio. Pero no es obvio.»

El viernes 12 de mayo la cita para presenciar la clase es a las seis de la tarde. Salgo a las cinco y diez, calculando llegar a las seis menos cuarto a su casa y hacer tiempo en la calle. Camino hasta el subte y encuentro que el servicio está limitado. Hay una protesta gremial sorpresiva y el recorrido se interrumpe cinco estaciones antes de Pueyrredón, donde debería bajarme. Es viernes, hora pico, empieza a llover. Camino, busco un taxi pero no hay. Finalmente, encuentro uno que acaba de quedar libre y subo. Ya son las seis menos veinte. La avenida Corrientes está repleta de autos, los colectivos colapsados de pasajeros. Le indico al conductor la dirección y, mientras avanza, llamo a Bruno. Me atiende Juana.

—Hola, Juana, soy Leila, ¿podría hablar con Bruno?

—Ah, sí, un momento.

La escucho decir: «Señor, la chica.» Bruno atiende con su «Alóoo» y apenas lo dice —con la alegría de quien recibe un llamado que no espera y se prepara para una conversación larga—, me doy cuenta de que algo anda mal.

—Bruno, el subte está cerrado y acabo de conseguir un taxi, pero hay mucho tránsito. Creo que voy a llegar unos cinco o diez minutos tarde.

—¿Adónde? —pregunta, con alarma.

—A tu casa.

—¿Ahora?

—Sí, habíamos quedado...

—Me parece que te confundiste, que no es hoy —dice, amable pero alterado.

—Estoy segura de que quedamos para hoy.

—Pero yo estoy tomando el té en pijama, con cualquier porquería. Ahora viene un alumno que no tiene mucho interés para vos. Además, estoy feo, sin arreglar.

—Por mí no te preocupes.

—Ah, no, pero a mí me gusta recibirte bien. Juana, tráigame la Laura Hidalgo Larga.

Escucho que Juana le alcanza la Laura Hidalgo Larga, que nunca he visto, y pasa las páginas.

—¿Ves? No, te tengo el viernes 19. Que viene este alumno interesante.

No le digo que, para concertar esta cita, él miró la Laura Hidalgo Chica porque, de pronto, decir «la Laura Hidalgo Chica» en la cabina de un taxi y junto a un extraño adquiere un viso absurdo y pueril del que está completamente desprovisto dentro de las acolchadas paredes del departamento de Bruno. Cuando era chica, en casa de mi abuela paterna había un cuarto reservado para mis juegos al que llamábamos La Pieza de los Cachivaches. Por entonces, decir en el ámbito familiar o entre amigas: «Vamos a La Pieza de los Cachivaches» era tan natural como decir: «Vamos al patio.» Un día le dije a una chica nueva en el barrio «Vamos a La Pieza de los Cachivaches», y me miró como si hubiera perdido el juicio. Desde entonces, jamás volví a utilizar ese nombre con desconocidos. Es la amenaza de esa posibilidad, la de exponer algo muy privado en público y recibir la súbita revelación de que suena ridículo, la que siento en el taxi. Entonces evito mencionar la Laura Hidalgo Chica, aun cuando sería el único argumento a mi favor.

—A mí me serviría ver cualquier clase. De hecho, me gustaría ver dos. O tres.

—No, pero estoy sin arreglar.

El taxi está encallado en el tránsito a ocho cuadras de mi casa y Bruno, con suaves rodeos, sin decirme directamente que no vaya, me da a entender que no debo ir.

—Es que estoy feo, en pijama, sin arreglar, y a vos te quiero recibir bien. La semana que viene, el viernes 19, te espero. Y si te parece te quedás a cenar.

Le pido al taxista que volvamos al punto de partida y saco mi libreta de anotaciones mientras me pregunto si la invitación a cenar será una expiación de culpas.

Aunque parece un monje entregado a su arte, su lubricidad es ilimitada y se desliza en frases de doble sentido, en alusiones permanentes al sexo, en el deleite libertino con que come. Su capacidad de goce es el mascarón de proa con el que embiste todas las dificultades, un arma que pulveriza cualquier obstáculo. Si se le pregunta por las partes arduas de una vida nómade dice: «Los trenes no llegan a tiempo, perdés la conexión de los aviones, en los hoteles te hacen ruido», o cuenta la anécdota del inesperado concierto de Rachmáninov que tuvo que dar en Palermo, Sicilia, y la anécdota de la huelga de trabajadores de un teatro que le impidió tocar en Catania. Si se le insiste –¿y la soledad, y el vértigo, y la vida en una maleta?– dice, enervado: «No. Vos estás buscando momentos psicológicos difíciles. Pero no hay. Hay cosas que no podés cambiar. La tierra es redonda y tenés *jet lag*. No podés evitar que los viajes sean largos si vas a Japón o a Europa. Si tenés un mal vecino en el avión también es enojoso. No hay derecho al dolor de cabeza ni a descansar. En las giras por tierra, yo me hacía preparar canapés así chiquitos y comía en el auto viajando hacia la próxima ciudad. No hay mucho más.»

Muchos meses más tarde, el jueves 18 de enero de 2018, ya en verano, el Once luce transfigurado. La calle Castelli y varias transversales están repletas de vallados, máquinas, zanjas, veredas rotas. El Gobierno de la Ciudad está peatonalizando la zona y el barrio, a las siete y media de la tarde, parece un parque de diversiones después de un ataque de pterodáctilos. Para llegar al edificio de la calle Perón camino trabajosamente por los pequeños pasillos que quedan libres entre los andamios y los comercios, en medio de un calor ampuloso. Aunque varios contenedores de residuos desaparecieron debido a las obras, frente al edificio de Bruno persiste el de siempre, con sus cartoneros alrededor. Toco el timbre y atiende Juana. Me abre un vecino.

Hace más de un mes que no estoy en este sitio, desde que Bruno se marchó a Mar del Plata, pero todo se repite: los pasos en el hall, el ascensor, la chicharra, Juana.

—¿Cómo está, Juana?

—Bien. Adelante.

En la sala, la silla de Bruno está vacía junto al piano cerrado.

—¡Leila, tanto tiempo! —dice Esteban, avanzando por la sala, sonriente, vestido con una chomba blanca.

En la mesa hay un té servido en el extremo opuesto al sitio en que lo sirve Bruno, como si el suyo fuera un espacio inexpugnable aun en su ausencia, resguardado de cualquier profanación. No hay otros cambios aparentes, excepto que el aire acondicionado está puesto a una temperatura baja. Incluso la generosidad de la merienda se mantiene: hay budín de naranjas, sándwiches, té frío.

—Pensé que era mejor tomar té frío, con este calor —dice Esteban, sentándose.

Antes de mudarse aquí, treinta años atrás, su única experiencia de vivir solo había sido la de compartir departamento, a dos cuadras de la casa que por entonces Bruno tenía en la calle Pampa, con una de sus hermanas.

—¿Munina siempre supo que este departamento estaba a tu nombre?

—Sí, sí. Por supuesto. Porque hubo, te imaginás, un ruidito por ahí.

Después de aquella escena seminal en la que él, que se había limitado a dejarle a Bruno los pasajes para sus giras, accedió a entrar en la casa a tomar el té, empezaron a verse con frecuencia.

—Yo lo llamaba y él me decía: «¿Qué estás haciendo? Venite.» Y empezamos a hacernos amigos.

No pasó mucho tiempo, y Bruno le preguntó si le gustaría acompañarlo en una de sus giras. Le mostró los calendarios de ese año y del siguiente: «Fijate qué te divertiría conocer y lo hacemos.»

—Yo no lo podía creer. Me dijo: «Elegí alguna que nos permita pasar algunos días en Mónaco, así vamos a la playa y conocés.»

Esteban eligió una *tournée* por Austria y Alemania, treinta días y veintitrés conciertos.

—Una locura. Lo que me angustiaba era acompañarlo hasta el escenario y ver que después... no podés hacer nada más por él. Llevarlo hasta las bambalinas y dejarlo ahí, solito.

De regreso en Buenos Aires, Esteban empezó a encargarse de hacer arreglos en la casa de Pampa, de llevar cosas a la tintorería, de mantener ese caserón vacío limpio y habitable. Hasta que, en una de sus estadías en el país, Bruno decidió venderla.

—Un amigo le había avisado de este departamento. Me llama desde Europa y me dice: «Andá a verlo y no te fijes en el barrio.» Vine, vi las paredes, la luz, la cámara de aire entre piso y piso, los pisos de roble. La verdad es que el barrio importaba poco. Me llama de nuevo por teléfono y me dice que su pareja de ese momento le había dicho: «Creo que la persona indicada para que viva ahí es Esteban, y que el departamento tiene que estar a su nombre.» Yo me quedé duro. Le dije que lo iba a pensar. Me llama a las dos horas y me dice: «Bueno, ¿lo pensaste?» Viste cómo son los tiempos de Bruno. Todo es ya, ya, ya. Y le dije que sí. Pero me costó muchas sesiones de terapia. Yo necesito libertad, y para él era importante que yo no sintiera esto como un compromiso.

—Nunca tuvieron ninguna clase de relación más allá de la amistad.

—No. Somos *roommates*, como dice él. La frase que yo siempre digo es: «Bruno nunca me vio en calzones.» Pero el noventa y pico por ciento de la gente cree que hemos sido, somos o seremos algo. Nos hemos brindado un montón de cosas, pero nunca pasó a una intimidad. Creo que la fantasía de mucha gente, incluso de amistades suyas, es que sí. Imaginate cuando le tuve que contar a mis viejos que dejaba de vivir con mi hermana para irme a vivir... con Bruno Gelber. Mi vieja me felicitó: «¡Ay, qué suerte!» Pero me di cuenta que pensaba que éramos pareja, entonces le dije: «Bueno, pero no es más que lo que te conté.» «¿Ah, no? Qué pena, yo pensé que era algo más.» Le dije: «No, es bastante atípico pero Bruno me propuso esto, me pareció que podía ser, y nada más.» Yo sé que es una relación atípica.

—¿Y cómo se lo explicás a tus parejas?

—Bueno, las dos o tres parejas que me ha conocido siempre tuvieron buena relación con él. Al punto que a todos les hacía unos regalos tremendos. Y viste cómo es Bruno, de golpe uno cae en desgracia y chau. Pero no es fácil decir: «Vivo con Bruno Gelber.» Con mi último novio fue más sencillo, porque él ni sabía quién era Bruno, así que me dijo: «Ah.» Pero está la suposición de que sí somos algo. O que fuimos.

Después de que Bruno lo comprara, Esteban se mudó a este departamento para dirigir la refacción. Cuando llegó el momento de decorar, hizo maquetas de los muebles en cartulina, los dispuso en un plano y empezó a viajar a Nueva York, a Mónaco, a Berlín para mostrárselos a Bruno. El resultado es esta casa escenográfica, una cornucopia de espejos y lámparas y telas y muebles y objetos delicados.

—Él me dijo mil veces: «Cambiá, hacé lo que quieras.» Y yo le digo: «Esta casa sos vos.» Pero es raro que sea y no sea tu casa. Nos respetamos mucho, no queremos invadir, molestar. Él siempre me invita cuando vienen sus amigos, pero yo no sé... Traer amigos míos acá sería raro. Me parece que por ahí alguien le puede parecer guarango, que la gente le puede caer mal. Por otro lado siento que no sé hasta dónde yo mismo no molesto. Porque ahora la situación es otra. Él está más tiempo acá. Necesita más cuidados, y yo por ahí me siento como un estorbo.

—¿Se lo has dicho?

—No. Y sé que va a decir: «Pero por favor, ¿de qué hablás?» Pero esa respuesta también podría ser por la cordialidad que tenemos. Igual, el afecto es incondicional, esté yo acá o no. Bruno me enseñó el «¿Probaste?». ¿Lo intentaste? Si no intentaste algo, ¿por qué vas a desistir antes de probar? Eso yo no lo tenía y lo aprendí de él. Él arremete. Jamás lo vi tirado en una cama, incluso cuando fue lo del accidente. Yo me creí todo lo que él me *vendió* en ese momento. Que estaba bien, que se iba a recuperar. Y años más tarde me ha dicho: «Yo estuve muy deprimido, muy mal.»

—¿Cómo te enteraste del accidente?

—Me llamó por teléfono desde Copahue, como si tal cosa. Le digo: «¿Qué tal, cómo estás?» Me dice: «Estoy mejor, por suerte.» Y le digo: «¿Pero te pasó algo?» Y me dice: «No, una pavada, íbamos con Jorge, derrapamos y caímos tres metros más abajo.» Le digo: «¡¿Y qué te hiciste?!» Me dice: «No, nada, una de las manos la tengo un poquito hinchada.» Le digo: «¿Te hiciste radiografías?» Y me dice: «Ay, no, sos igual que no sé quién. Además para hacerme radiografías tengo que hacer cien kilómetros porque acá no hay nada.» A los dos días me llamó y me dijo: «Bueno, mirá, parece que tengo una fractura.»

—¿Lo notaste angustiado?

—Preocupado. Angustiado nunca lo vi. Y cuando lo operaron, tuve la misma sensación de cuando lo dejaba en el escenario. Lo llevamos a la clínica y él puso el cuerpo. Y uno no puede hacer nada. Y a los dos días el médico dijo: «Voy a reoperar», porque había algo que no le gustaba. Estuvo con un yeso hasta el antebrazo durante meses, y el doctor Zancolli le decía: «No inmovilizar.» Así que él tocaba. Con el yeso hasta acá. Pero por más que muevas los dedos, la mano del pianista es todo. Hasta el antebrazo. Y bueno, fue cancelar conciertos...

—¿Te acordás el momento en que le sacaron el yeso?

—Me acuerdo... de todo.

Esteban interviene con vitalidad y chispa en las reuniones con amigos de Bruno pero es, en cierta forma, inexpugnable: habla poco de sí mismo y no es habitual que exprese sus emociones. Como si asumiera un rol de actor de reparto, siempre se las ingenia para derivar la charla hacia temas que no tienen relación con él o que, si la tienen, resulten anecdóticos o cómicos. Ahora, de pronto, se le llenan los ojos de lágrimas y no puede seguir hablando. Sacude la cabeza, se seca los ojos, hace un ademán pidiendo una pausa.

–Cuando le sacaron el yeso... y vi las cicatrices que le habían quedado... pensé: «Esto es terrible.» Viste lo importante que es la estética para él... Fue duro cuando pasó, fue duro cuando se operó, fue difícil tratar de distraerlo mientras se recuperaba... Porque por otro lado él como que no le daba importancia. Eso era peor. Siempre ha sido así, y creo que es para que la gente no se preocupe. Pero tuvo que hacer rehabilitación, elongar todo de nuevo, adaptarse con los clavos, los tornillos. Yo le preguntaba: «¿Cómo te sentís», y él decía: «Ya vamos a salir.» Yo te diría que Bruno las tiene... muy bien puestas.

Más tarde, cuando paso al baño, veo que la mayor parte de los frascos, potes y pomos que había en la repisa de vidrio, y el *nécessaire* con el postizo, han desaparecido. Seguramente Bruno se los llevó con él a Mar del Plata, pero el baño tiene ahora un aspecto inerte y angustioso.

Antes de irme le pregunto a Esteban si lo quiere. Dice:

–Muchísimo.

En los noventa, durante una gira por Japón, tuvo neumonía: un pulmón colapsó y el otro estuvo a punto. Lo salvaron un escudo de antibióticos y una internación larga en un hospital japonés, pero fue inevitable cancelar la mitad de los conciertos programados. Poco después, durante sus vacaciones en Mar del Plata, entró al mar con tres amigos: «Estábamos chapoteando en el agua y en un momento nos dimos cuenta de que estábamos lejos. Nos había llevado la corriente y no podíamos salir. Un amigo pegó un grito para que vinieran a socorrernos. Era muy gracioso, porque yo veía pasar las olas por arriba, hacer un rulo, como en las fotos. Fue un episodio extraordinario porque no tuve miedo. Y lo maravilloso fue cuando tuve al lado la cara del bañero, porque tuve la impresión de que era Dios que aparecía. Le pedí disculpas por haberlo molestado. Empezamos a salir, y se había congregado un montón de gente en la playa, porque sabían que era yo el que se estaba ahogando. Cuando ya hacía pie le dije al bañero: "Yo no salgo ahora, salí vos, deciles que se dispersen." Salió él, y yo no salí. No era el momento de hacer sociales.»

Él es su propio instrumento: si se parte, si se rompe, si se fractura, todo se parte, se rompe, se fractura con él.

«¿Qué gusto te queda por darte en esta vida?», preguntó el periodista Claudio Rígoli el 23 de mayo de 2014. «Hacer *bungee jumping*», respondió él.

«... la interpretación entra en función en el momento exacto en que el impulso potencialmente destructivo para alcanzar el dominio extrae del material su naturaleza más esencial, irreductible, clara y, por lo tanto, bella», escribió Edward Said, citando a Richard Poirier.

El impulso potencialmente destructivo.

El viernes 19 de mayo de 2017, a las seis de la tarde, toco el timbre en el piso doce del edificio de la calle Perón. El último sol de la tarde helada se refleja en la placa de bronce donde están los timbres de los departamentos. La voz de Juana se escucha apenas. Baja a abrirme y todo se repite: los pasos en el hall, el ascensor, la chicharra, la puerta del departamento.

—Pase, pase; el señor la está esperando.

Bruno está sentado en su sitio, ante la mesa vacía.

—Hola, tesoro, cómo estás.

—Bien, ¿y vos?

—Contento, ahora que te veo.

El pelo tiene un aspecto más rojizo y vaporoso. Cerca de uno de los sillones está el andador, un implemento trapezoidal con cuatro ruedas.

—Hoy no tomamos el té, porque ya es tarde y vamos a cenar después.

La piel del rostro parece iluminada desde adentro, pero tiene un hematoma en la mejilla izquierda disimulado por el maquillaje.

—Fui a la dermatóloga y me puso ácido hialurónico. Si a mí me dicen que me tengo que poner una zanahoria por una oreja y sacarla por la otra para tener la cara bien, lo hago.

Sin que se haya escuchado el timbre de la calle, alguien entra. Supongo que es Esteban, pero al darme vuelta veo a un hombre joven que usa el pelo muy corto, con raya al costado. Un mechón sobre la frente le da un aire de héroe trágico.

—Hola, Brunito.

—Hola, Franco, cómo estás.

Se saludan con un beso y Franco se sienta a la mesa en diagonal a Bruno, en el sitio donde suele sentarse Jorge Galasso.

Franco Pedemonte estudia música en la Universidad Católica Argentina, tiene veinte años y, aunque su circunspección es la de una persona mayor, y de otra época, parece más joven. La piel del rostro es muy pálida, y cuando se preocupa o se asombra —eso no sucede pocas veces: muchas cosas lo preocupan (no ser el mejor de todos, decepcionar a quien ha depositado su confianza en él) y lo asombran (que haya gente a la que le gusten las mujeres japonesas, que haya gente que no siente interés por las pirámides de Egipto)— arruga la frente, donde se forman tres pliegues que le dan un aspecto aún más juvenil. Es delgado, un poco enjuto. Usa las camisas dentro de los pantalones. Se conocieron hace tres años en el concierto que daba un exalumno de Bruno. Franco lo vio entre el público y se dijo: «Es Bruno Gelber, no puedo dejar escapar esta oportunidad.» Se acercó durante el intervalo, le expresó su admiración, le contó que tocaba el piano y le preguntó si era posible que lo escuchara.

—Y acá estoy —dice Franco.

—No —dice Bruno—, pero contale qué te dije.

—¿Cuándo, Brunito?

—Cuando te pregunté la edad y me dijiste que tenías diecisiete.

–Ah, sí. Brunito me dijo: «No doy clases a menores de edad que no vengan en compañía de un adulto.» Y yo le dije: «Está bien, maestro, voy con mi mamá.»
–¿Y por qué le dijiste eso, Bruno?
–Yo tonto no soy. Vayan yendo para el estudio, que yo ya voy.

Franco deja su maletín sobre una silla, saca una partitura y camina hacia el estudio. Yo lo sigo.

En la puerta del estudio hay un relieve en bronce de Beethoven. El piano de cola Yamaha ocupa casi todo el espacio. Las paredes están pintadas de violeta, excepto una en la que hay un armario de piso a techo revestido de espejos. Una ventana da a un balcón corrido donde otro reflector, igual al del balcón lateral de la sala, se enciende por la noche. Un espejo convexo adherido a uno de los postigos permite, a quien se sienta al piano, mirarse de frente y contemplar, al mismo tiempo, su espalda reflejada en el armario. Junto a un sofá cama, una mesa de luz está cubierta por frascos de complementos vitamínicos, calcio y crema humectante marca Goicoechea. Sobre la tapa del piano, al amparo de un enorme ramo de flores artificiales (o secas), hay objetos diversos: un aparato eléctrico para ahuyentar mosquitos, carilinas, un huevo Fabergé, una pequeña pirámide de cristal, un reloj despertador, un rollo de cinta, dos *nécessaires* –uno negro, parecido a un maletín de médico chico; otro blanco– y un kit completo de maquillaje: base, polvos, pinceles, delineadores, sombras. En el centro de la tapa, a un lado y otro de un retrato muy grande de Laura Hidalgo donde se la ve con un vestido negro de hombros descubiertos, hay dos fotos: una de Ana Tosi en su edad adulta, y otra de Bruno, muy joven y sonriente, mirando hacia arriba. Frente a esa, muy pequeña, la de un hombre de edad mediana y pelo corto que, por la ropa que usa, podría haber sido tomada en los ochenta. Si sobre el piano hay solo tres fotografías, las paredes están saturadas: Bruno junto a su madre y la conductora de televisión Susana Giménez, Bruno junto a su madre y el actor Carlos Perciavalle, Bruno junto a su madre y japoneses. Son diecisiete, y no en todas esta él pero sí ella, siempre con un vestido claro y un collar de perlas de cuatro vueltas, el mismo que lleva en el inmenso retrato enmarcado por espejos que preside el lugar y en el que se la ve con las manos sobre el regazo mirando fuera de cuadro.

Franco se sienta al piano, dispone la partitura. Bruno llega con el andador y maniobra para sentarse en una silla dispuesta junto a la banqueta.

–¿Te ayudo, Bruno?

–No, no –dice, sentándose con un movimiento ágil y apoyando el pie derecho sobre una de las ruedas del andador.

El pie izquierdo no está descalzo: usa un zapato sin puntera. En el dorso de la mano derecha hay una pequeña cicatriz que no se veía en la sala.

–Recién Juana me dice: «¿A qué hora sirvo la comida?» –susurra–. Le digo: «No sé, no estamos en el servicio militar.» Y me dice: «Parece que sí.»

Franco, quizás habituado a tomar posición por su maestro cuando hay disputas con Juana, pregunta, indignado:

–¡¿Ella le contestó eso?!

–Sí. Y yo le dije: «Ojalá estuviera usted en el servicio militar. Le haría muy bien.» Es una bestia. No puedo contar las cosas que ha hecho. ¿Qué puede haberle pasado a la platería? Virulana. Que la estropea. ¿Sabés dónde le hubiera pasado yo la virulana?

–¿Y no podés explicarle, hacer algo?

–Matarla –dice, abriendo mucho los ojos, como una máscara de comedia–. Me encanta tu collar.

–Es de una diseñadora colombiana.

–Es precioso. Bueno, vamos a hacer caso omiso de que vos estás acá y le voy a dar una clase como siempre.

–Claro, actúen como si yo no estuviera –digo, sentada en el sofá cama repleto de almohadones de cuero italiano.

–No. No actuamos –dice, irónico.

Franco prepara un concierto de Beethoven que dará en octubre en la Cámara de Comercio. Ya dio uno en el Museo Fernández Blanco, el mismo sitio en el que tocó Bruno cuando era chico.

—No está grabado ese concierto, ¿no, Brunito? —pregunta.

—Oíme, cuando yo era chico no era como ahora, que apretás un botón y grabás. Había que llevar un aparato así de grande. Y, además, ¿para qué lo querés?

—Quería escucharlo.

—Bueno —dice, dando por terminado el tema—. ¿Por qué no empezás?

Franco coloca las manos sobre el teclado y Bruno lo detiene con calidez y decisión.

—Respirá primero.

Franco cierra los ojos. Respira.

Evita, en público y en privado, hablar de música de manera analítica, como si el único abordaje posible a la materia a la que le entregó la vida fuera cerril, intuitivo. Sin embargo, a lo largo de 2005 aceptó reunirse varias veces, en Hamburgo y en Mónaco, con la periodista Cecilia Scalisi para mantener largas conversaciones técnicas acerca de los cinco conciertos para piano de Beethoven. El resultado fue recogido en el libro *Bruno Leonardo Gelber: Diálogos sobre los conciertos para piano de Ludwig van Beethoven,* auspiciado por la Fundación Teatro Colón y publicado ese mismo año. Bruno habla allí de esos conciertos utilizando un lenguaje tremendamente articulado, con autoridad, desfachatez y un conocimiento acerca de la obra de Beethoven que va mucho más allá de lo emotivo. Al referirse al primer concierto dice, por ejemplo: «Este es un concierto que tiene la alegría de la juventud sin tener tampoco la estupidez (...). No es ni tan mozartiano ni tan pequeño como la gente quiere verlo. En lo musical, es una obra muy inspirada, llena de humor y de gracia, de guiños de ojo. Es un concierto que va para arriba, que tiene que ser feliz. Respecto de la interpretación, yo diría que deben aprovecharse todas las posibilidades de no hacerlo victorioso puro; al contrario, hay que aprovechar las posibilidades de ser digno del momento en que fue escrito y de poder tocar *piano* cuando se puede tocar *piano* y condimentarlo muy bien. Tiene que tocarse lleno de broma y gracias, con un cierto aire italiano, en el que, de repente, pasás de una parte etérea y sublime a otra mucho más cantada (...). Tiene muchos saltos, tiene partes quebradas, muchas figuras en semicorcheas que son jorobadas de hacer con la nitidez que se precisa (...). ¿Viste cuando toca ese Fa agudo antes de la *reprise,* con una escala en La mayor descendente, muy fuerte? En el medio de esa bajada, tiene un bajo que si no lo tocás con el pie, no lo podés tocar con ninguna otra cosa. Yo no lo toco y nadie lo toca porque si lo hacés, te matás de tan difícil y ni se oye, porque la orquesta tiene ahí un acorde que lo tapa. Gieseking sí lo hacía. Era el único. Pero lo lograba porque tocaba el concierto en general muy lento... O contame, ¿cómo miércoles hacés este Sol? (...) La única manera de hacerlo es tocar: ¡Fa!, largo y Mi-Re-Do-Si-La-Sol-Fa-Mi-Re en octavas, tocar el Sol con la mano izquierda y después seguir el resto con las dos manos, pero es arriesgado.»

Franco mira la partitura, mira el teclado con la frente contraída, eleva las manos, las posa sobre las teclas que bajan como espuma tocada por el agua, toca tres notas. Bruno dice:
—No. Ese Sol no es así.
Franco repite el proceso: mira la partitura, mira el teclado con la frente contraída, eleva las manos, las posa sobre las teclas que bajan como espuma tocada por el agua, toca tres notas. Bruno dice:
—No. Vos hacés Sol, Laaa. Y es Soool, Laaa. Me quedo y salgo: Sol, Sol.
Franco reitera esa pequeña porción musical, y Bruno asiente con la cabeza, mudo.
—Ahí, ¿no? –pregunta Franco.

—Sí. Ponelo.

Franco escribe algo en la partitura. Vuelve al teclado y, con expresión satisfecha, segura, toca las mismas notas. Pero Bruno dice:

—Está muy bien la técnica. Ahora... subido de expresión.

Franco repite el proceso, intentando insuflar eso inaprensible que su maestro le pide, algo que no está en los dedos ni en la palma ni en el antebrazo, sino en un sitio profundo y escondido, misterioso, al que solo él puede llegar: al que solo puede llegar solo. Bruno lo interrumpe e indica, suave:

—Disculpame que hinche tanto. Pero no están juntas.

—Okey —acepta Franco, y toca nuevamente ese trecho ínfimo, microscópico en un concierto de páginas y páginas.

—Más —dice Bruno—. De nuevo. Más. De nuevo. Más.

Cada vez, Franco asiente y toca, asiente y toca. Bruno escucha y señala —«No como técnica sino como frase», «Bien, pero no estás en tiempo», «Más arriba»—, ajustando minúsculas esquirlas dentro de la maquinaria profunda del texto musical. Meses más tarde, durante una cena, su amigo, el periodista Hugo Beccacece, va a preguntarle en qué reside lo que él considera «su estilo». Antes de pasar a otro asunto (contar que Juana lo llamó desde el supermercado para avisarle que el vino Callia estaba en oferta y él la mandó a comprar seis, y luego diez botellas más), Bruno responderá: «En la línea, en el fraseo. Un empezar con la obra y terminar con la obra. Hay gente que toca por pedacitos.» Eso hace ahora con Franco: bregar para que la obra no sea un océano de trozos dispersos, unir, fusionar cada nota entre sí y, a la vez, soldar a cada acorde la técnica, la expresión y el tiempo justos para que brote un conjunto pulido hasta sus más íntimos goznes. Como un atleta que prueba un salto consagratorio y repite cada torsión de cada músculo, y luego repasa la postura de los hombros, y luego revisa la respiración y la forma en que despega el pie del piso: cada aleteo, cada cruel consumación de cada acto diminuto puesta al servicio de lograr un haz de fuerza y belleza iridiscentes. Cuando finalmente Franco toca un fragmento de notas ligadas, con gran expresividad y en el tiempo correcto, Bruno dice:

—Ah. Muy bien. Ahora es lindo.

El proceso se repite a lo largo de casi dos horas. Franco no avanzará más de tres compases sin que Bruno lo detenga con la voz en un trance relajado y monocorde, afable y severo: «Eso está muy bien técnicamente, pero hay que agregarle sustancia», «Eso tiene que estar muerto de amor», «Vos hacés como toda la gente: cuando ven semicorcheas o fusas, pura técnica, y no: son frases rápidas y frases lentas», «Seguí con la misma calidad de iluminación», «Ese Sí está muerto», «Respirá antes. Te apresuraste».

—Ahora, tesoro, como decía Marguerite Long: no hay notas de corta expresión, hay notas de corta du-ra-ción. Ahí está expresivo, pero es como si hablaras con la mandíbula abierta: «Ahhhhh.» Es más íntimo. Igual de intenso. Porque está muy lindo de color pero le falta intención.

Escucha con los ojos cerrados, marcando a veces el tiempo con palmadas tenues sobre el muslo. Cuando Franco se interna en una zona de notas incendiarias, dice:

—Vos anunciaste «taráaaan», con mucha autoridad. Y después, lo que dijiste no valía esa preparación.

Franco toca la misma parte nuevamente.

—La derecha te salió perfecta. Pero la izquierda, una porquería. Se estudia todo, la izquierda, la derecha. Tenés que abrir. Vos no me llevás el apunte: abrí tu mano. Ya que estás todavía tiernito, abrí —dice, afectuoso.

—¿Y usted cómo estudia esta décima, Brunito?

—Yo primero me reventaba estirando las manos. Y después hacía mil veces: Miiiii, DoMiDo, Miiiii. Para un lado y para otro.

Franco apunta algo en la partitura, y después sigue. Cuando llega a una escala vertiginosa, Bruno lo detiene.

—Vos vas a estar mucho más tranquilo en ese firulete si tenés una nota en el medio para encontrarte. Elegí la que te guste. Es como un descanso en una escalera. Si ves una escalera de cien escalones, no te dan ganas de bajar. Si ves una que cada veinte tiene un descanso... es distinto.

Franco repasa la escala dos o tres veces y, con esa indicación práctica, puramente visual, fluye mejor, pero Bruno lo interrumpe.

–Ahí no sentiste un pito. Es doloroso –dice, tocando en un extremo del piano unas notas densas, tumefactas, espesas–. Eso es un grito sordo. Tenés que aprender las diferentes expresiones. Cuando te da una puntada en el plexo solar, no te viene despacito. Es una puntada.

Franco anota ese señalamiento en la partitura y Bruno comenta, como si su alumno no estuviera allí:

–Hace dos años que está estudiando. Vino tocando como un perro. No como un perro, como un pajarito. Tiene capacidad para esto y para mucho más. Le cuestan algunas cosas técnicamente y su orgullo no lo soporta.

Franco lo escucha con las manos sobre los muslos, en silencio, con extrema atención y sin incomodidad, aun cuando Bruno le endilgue haber tocado como un perro y tener un orgullo excesivo.

–Bueno, dale.

Pero apenas empieza, Franco yerra una nota.

–Ay.

–Eso te pasa por haber leído mal y te quedó como la leíste. Por eso exijo tanto que cuando uno se inicie con una obra esté con los ojos así, abiertos, porque lo primero que hacés es lo que te queda impregnado. Ahora, escuchame, esa mano izquierda está muerta.

–Okey, voy a intentar.

Bruno se ríe.

–Parece la operadora telefónica que cuando éramos jóvenes te decía: «Intentaré conseguirlo.»

Franco continúa, y avanza un poco más.

–Está pesado, cada nota tiene que estar hecha con alegría, como para que la gente se levante y salga a bailar. Soltá la mano. Tiene que ser como un chorrrrrrito de agua. Y está apurado, casi triste.

—Es brillante pero no forzado el toque, ¿no? —pregunta Franco.

—Es brillante. Forzado no tiene que ser nunca. Lo máximo que podés hacer es profundo, adentro, como internándote en un mar de aceite.

Franco toca el mismo pasaje nuevamente.

—Con alegría, Franco. Está bruto. Y la alegría no es bruta. Vos le pones alegría, pero no la sentís. Porque una cosa es sentirla y otra es ponerla, ¿no es cierto? —dice, sonriendo para subrayar el doble sentido.

Franco se ríe y toca.

—Está turbulento. Ligá. Está muy golpeado. Sos tan expresivo como... un hielo. Te tensás desde el coxis hasta la cabeza —dice, en un tono exento de toda agresión.

—Sí, es verdad —dice Franco, que nunca contradice esas indicaciones en las que se mezclan la complicidad de un colega y el rigor parco de un profesor.

—Está muy temerosa esa escala. Te sale preocupada esa parte de... mierda. Perdón.

Franco toca la escala, ahora con gran desenvoltura, fresco e insolente, y entonces Bruno exclama, entusiasta:

—¡Eso! Ti rara, ti rara, ti rara. Bien. De todos modos, te pido disculpas, pero yo siento tus nalgas contraerse en esa parte. Anotalo.

—¿Pongo «no contraer nalgas? —pregunta Franco, divertido.

—Poné lo que sea, qué me importa.

Cada vez que Franco toma notas en la partitura, se hace un silencio paciente, una suerte de tributo a la perseverancia. Bruno dice, mirándome:

—Un día estaba tan harto de Scaramuzza que me dijo: «Poné "como gotitas de agua"», y puse: «Como gotitas de agua podrida.»

Franco retoma la obra desde donde la había interrumpido y Bruno le dice:

—No. Eso tiene que ser ideal, soñado, como si lo escucharas desde lejos. Respirá.

Franco respira. Mira la partitura, mira las teclas como si

midiera al enemigo. Cierra por un segundo los ojos, quizás hurgando en ese sitio inatrapable al que Bruno lo empuja una y otra vez. Cuando los abre, abstraído, concentrado, apoya las manos sobre las teclas, y toca. Bruno lo detiene.

–Sí, pero ahora está tan cerca del cielo que, perdoname, ya es boludo.

Franco se ríe a carcajadas. Bruno le toma la mano para guiarlo.

–Permitime: los dedos tienen que tener siempre un sostén, y no tiene que ser nunca rígido. Ahí, el sostén. Para ligar e iluminar la punta. Y aunque hagas una nota mal, mi tesoro, es mucho mejor eso a que se sienta fruncido, rígido. Tenés un hilo que te cuelga de la camisa.

–¿En qué parte?

–En la manga izquierda.

Franco se lo arranca. Lo hace un bollito. Se lo pone en el bolsillo.

–Después lo tiramos. Gracias.

–De nada. Dale.

Franco avanza y llega a una región de trinos complejos. Bruno lo azuza, hablando sobre la música:

–¿Esa es toda la alegría que tenés adentro?

Franco, sin detenerse, como un jinete que vuelve hacia atrás para tomar carrera sin bajarse de su monta, toca el fragmento desde el inicio.

–Más arriba, con ganas –dice Bruno, con voz calma.

Franco, siempre sin detenerse, vuelve al principio y, con la frente contraída, carga sobre los trinos.

–Perooo... no hagas esa mariconada –ajusta, ciñe, aprieta Bruno y, cuando Franco acomete por tercera vez los trinos endiablados, y logra la alegría genuina, el tono justo, Bruno dice, complacido pero sin euforia–: Bien. Dale.

Poco después, Franco llega al final, y sobreviene una transparencia parecida al siseo venéreo del agua entre la arena. Los trozos del concierto flotan en el estudio como hermosos despojos de una batalla galáctica en un mundo sin gravedad.

—¿Las hace bien rebotadas las octavas usted, Brunito?
—Tanto como puedo.
—Más de palma, ¿no?
—No. Yo las hago de antebrazo.
—¿Y puedo poner un poco de muñeca?
—Lo que te convenga. Bueno, basta, nene.
—Sí, estoy cansado.
—Todos estamos cansados.
Pero es mentira: él no se cansa.

Toda su vida ha sido eso: desde la infancia, durante la adolescencia, en la soledad de un sótano de París, frente a Chanel, ante el mar Mediterráneo, primero con su madre, después con ella y con Scaramuzza, más tarde con Marguerite Long y, finalmente, solo: estudiar, estudiar, estudiar, hundir la música en el cuerpo hasta ser, todo él, el primero de Brahms, el cuarto de Beethoven, el tercero de Rachmáninov, insuflado de melodías brutales para terminar, una vez tras otra, bestialmente abandonado por ellas.

Un cuarto de hotel. Un hombre solo. Un piano.
Toda su vida ha sido eso.

Semanas después, durante el Juego de las Preguntas, Franco preguntará:
—Si tuviera que elegir alguna de las cosas de su vida de las cuales se arrepintió, ¿cuál sería?
—Quizás no haber estudiado más.
—¿Más obras, más música?
—Más tiempo. Estudié como una bestia. Pero podría haber estudiado como dos bestias.

En el estudio, Franco guarda la partitura y Bruno empieza a levantarse.

—El primer concierto con orquesta lo toqué en el Círculo Militar. Divino. El palacio Paz.

—Se siguen haciendo conciertos ahí —dice Franco—. El año pasado se hizo el Festival Chopiniana 2016. Y otro con varios pianistas argentinos.

—Vos interesate en vos y no mires a los costados a ver quién toca mejor. No hay pianistas fantásticos escondidos en una cueva. Por una cosa o por otra salen a flote.

—Pero a Haydn le costó —dice Franco.

—Bueno, pero Haydn era un talento menor.

—¿Usted cree, Brunito? Yo escucho la *Creación* y es un talento impresionante. Lo escribió viejito ya, y sin embargo...

—Y dale con viejito. Te voy a dar una yo...

—No, pero en el año 1700 un tipo de ochenta años era grande. La gente se moría a los cincuenta y cinco.

—Bueno —dice Bruno, desinteresado—. Vamos a gratificarnos con una comida que espero que esté rica. Decile a Juana que venga a ayudarme, por favor.

Franco sale a buscar a Juana y Bruno dice por lo bajo, apoyado en el andador:

—Manifestar sus sentimientos le cuesta un huevo. Es una maravilla. Es la tercera clase que trae el concierto este. Yo voy a trabajar con él un año más, a esperar. Y si no...

Juana aparece en la puerta.

—Señor.

—Andá, tesoro, que yo ya voy.

Camino hasta la sala, donde Franco chequea su teléfono celular, muy concentrado.

—A mí el único que me gusta es el primero de Chaikovski, pero esas cosas muy trabadas, no, me supera —dice Jorge Galasso—. Hay muchas cosas que reconozco que son lindas, pero no tengo cultura musical, no sé cómo se llaman. Me gustaría saber, pero no le pregunto. Sé cuánto dura cada parte, porque tengo que estar atento cuando termine para ayudarlo, pero nada más. Igual, a él no le gusta mucho hablar de música. Le encanta todo lo que es farándula. La televisión. Los chismes. Cuando está con otros pianistas, a veces les saca el tema de algo que vio por televisión y los otros no saben de qué está hablando. Él habla como cualquier persona de clase media normal que ve la telenovela. Está más interesado en la vida de la nieta de Mirtha Legrand que en cómo estuvo tal director. No le preocupa y no le da vergüenza que se note que no le preocupa.

Cuando le pregunte a Bruno si, dada su inclinación por las historias tortuosas y románticas, el hecho de que Brahms compusiera el concierto número 1 opus 15 en medio de la tormentosa y culpógena relación con Clara Schumann, mujer de su maestro, pudo tener algo que ver con el magnetismo que él sintió por la obra desde chico, responderá: «Esa historia de Brahms y Clara Schumann la leí hace cien años, como todo el mundo, pero ya ni la sé ni me la acuerdo.»

La mesa está puesta para tres: Bruno en su lugar, yo frente a él, Franco a mi lado. Hay una botella de vino, una jarra con agua. Bruno llega desde el estudio con el andador, y capta la última parte de un comentario que hace Franco acerca de que nadie en su familia se dedica a la música.
—Yo soy el único bicho raro.
—Como raro, sos raro —dice Bruno, empujando el andador con porte marcial.
—Y como bicho también —dice Franco.
—No, como bicho no.
Deja el andador a un lado y se apoya en el respaldo de una de las sillas.
—¿Lo ayudo? —pregunta Franco.
Aunque cada desplazamiento debe resultarle arduo, porque

implica trasladar un cuerpo robusto cuyo lado izquierdo no ofrece ningún sostén (lo cual lo pone, además, en riesgo constante de caerse y quebrarse la rótula, la pierna, la mano, la cadera), él ejecuta cada movimiento con destreza y jamás acepta ayuda.

—Quedate quieto. Yo me agarro de acá —dice, pasando el peso al extremo de la mesa y de allí a su silla.

Franco cuenta que el único antecedente artístico en la familia era su abuelo materno, un actor que trabajó con Darío Vittori, un comediante muy popular en los setenta y ochenta.

—Buen actor, Vittori —dice Bruno.

—Ya murió —digo.

—Estás muy equivocada. Está vivito y coleando. Poné.

Busco el nombre de Darío Vittori en el celular.

—Acá está. Falleció en 2001.

—¿De qué año era? —pregunta, paseando la mirada distraída sobre la mesa.

—De 1921.

Parece ser todo lo que le importa de Vittori —la fecha de nacimiento, probablemente para saber cuántos años tenía cuando murió—, y de inmediato pulsa un botón del teléfono.

—Juana. La pastilla de las ocho y media. Y las otras.

Juana aparece poco después con las pastillas y una inquietud.

—Señor, Cinzano no queda más. Usted dijo que no comprara. Quedó muy poquito. ¿Se lo pongo igual?

Juana me mira, mira a Franco. Su expresión es divertida y trasunta la idea de que ya ha pasado por esto, que sabe lo que Bruno va a responder. Que esta parte de la pieza ya ha sido representada varias veces.

—Bueno, está bien —dice Bruno, mirándonos—. No hay nada que le guste más a Juana que decir: «No hay.»

—Usted me dijo: «No, no tomo más» —dice Juana, sonriendo y sin sombra de reproche, como alguien que tiene tanta familiaridad con las mañas de otro que puede bromear acerca de ellas.

Bruno la mira con seriedad pero sin enojo, inclina la cabeza y no dice nada. Por momentos, recuerdan a un par de vecinos que no se soportan pero que se necesitan y que, con los años, han quedado unidos por una maraña de sentimientos que fluctúa entre la irritación y el afecto. Juana va hasta la cocina y reaparece con una botella de Cinzano muy chica.

—Yo no tomé nunca Cinzano —dice Franco.

—¿No tomó nunca? —pregunta Juana, mientras le sirve la bebida a Bruno—. ¿Y tequila?

—No hay nada que me dé más náuseas que el tequila. No se me ocurre nada más asqueroso —responde Franco, recargando las palabras «náuseas» y «asqueroso» de modo que se entienda que el desprecio que le produce la bebida se hace extensivo a las personas que la disfrutan.

Juana se ríe e insiste:

—¿Y el vodka?

—El vodka lo paso más.

—A ella le gustan todas las bebidas blancas —dice Bruno, señalándola—. Bueno, vaya a cocinar.

—La sopa ya está, señor.

—Traigalá. Que esté caliente, ¿eh?

—Sí, señor.

Juana desaparece por la puerta que conecta con la cocina, sonriendo y llevándose la botella de Cinzano vacía. Franco sirve agua.

—Usted no quiere, ¿no, Brunito?

—No. Odio el agua. Hablando de Vittori, ahora hay una obra de teatro en la calle Corrientes que se llama *Como el culo*. Yo no lo permitiría.

—Hay una sinfonía que se compuso para cien metrónomos —dice Franco—. Si buscamos locuras...

—No, pero una cosa es locuras y otra cosa es mala educación.

—A veces es un mensaje subliminal.

—¿Subliminal qué, nene? Con ese título...

—Cuando Duchamp hizo esa famosa fuente, que era... —insiste Franco.

—Un inodoro —dice Bruno.

—Uno lo puede entender como una falta de respeto o un mensaje social, Brunito.

—No puede ser. *Como el culo,* se llama.

Juana vuelve con la sopa y la sirve por el lado que corresponde. Imagino largas jornadas de entrenamiento: por dónde servir y por dónde retirar, cómo disponer las copas y hacia dónde colocar el filo de los cuchillos.

—Nena, es de calabaza y no tiene nada de ajo, eh, que me dijiste que no podés comer.

—Gracias, Bruno.

—De todos modos, en un mundo social correcto no te sirven nada con ajo.

Por momentos come en silencio y deja que la charla decaiga sin preocuparse, retirado en su mundo interior, una balsa en altamar desde la cual contempla una orilla donde se mueven bultos apaciguados por la distancia. En otros, conduce la charla saltando de tema en tema: de Rubinstein, que se comía una cebolla cruda cada día —es todo lo que dirá sobre Rubinstein a lo largo de meses–, a las mujeres orientales —Franco dice «nada me parece menos llamativo que una mujer oriental»–, a los perfumes.

—Me gustan los perfumes que se parecen a mí. Yo te hice sentir el olor de la piel mía, ¿no?

—No.

—Vení.

—Ah, sí, es una experiencia —asegura Franco, evidenciando que él también ha pasado por esto.

Bruno empieza a arremangarse la camisa. Rodeo la mesa y me pongo a su lado. Levanta el antebrazo. No puedo detectar si huele a algo. Quizás, lejanamente, a rosas. Se baja la manga, satisfecho.

—¿Y a qué se debe? —pregunto, regresando a mi silla.

—Eso hay que preguntárselo a mi mamá. Y mi mamá no está. Huele así en todas partes. Bueno, no te voy a hacer oler todo. Pero huele igual acá, huele igual en la pierna.

—¿Cuando eras chico era igual?
—No sé, porque yo no me olía.
—¿Y cuándo te diste cuenta?
—Cuando empecé a ser dos.

Sin apelar a los métodos tortuosos y el doble discurso enloquecedor de Scaramuzza —está bien lo que estaba mal, está mal lo que estaba bien, sos un genio, sos un idiota—, Bruno parece, en principio, un maestro estricto pero amable y cercano. Franco viene a menudo a cenar a su casa y él le ha enseñado un método de relajación yoga que consiste en «soltar» todas las partes del cuerpo hasta conseguir un estado que no tiene que ver con la laxitud sino con la adquisición de un eje correcto. Educar a Franco implica, para él, darle clases de piano pero también explicarle por qué no debe comer encorvado o cuál es la forma adecuada de conducirse en una reunión. Irá, incluso, peligrosamente más allá.

—A mí no me gustan el mondongo, las mollejas, el chinchulín, pero me encanta el chorizo y, por supuesto, el *foie gras*, las morillas, los erizos, el *carpaccio*... ¿Vos sabés lo que es el *carpaccio?* —le pregunta a Franco.

—No.

—Carne cruda muy finita, finita. Como jamón.

—Qué interesante. Nunca he probado. ¿Nunca le contó la historia esa, Brunito, de la señora que trabajaba con usted y que le tiró dos esmeraldas?

Bruno reacciona como siempre que le piden que cuente una anécdota: contándola.

—Pilar. La mucama que tenía en París. Una gallega que hablaba hasta por los codos. Señorito esto y señorito lo otro y tocotó tocotó tocotó. Un día vuelvo de Colombia y dejo dos esmeraldas que había comprado sobre la cómoda, en dos algodoncitos, y salgo a dar una vuelta. Cuando vuelvo busco, busco. No estaban. Y le digo: «Pilar, ¿dónde puso las esmeraldas?» Y dice: «¡Qué! ¿Eso que estaba sobre algodones? ¡Si era culo de vaso!» Las había tirado en el váter. Sumergirme en el váter y meter la mano hasta donde podía fue todo uno. Lloraba y me reía al mismo tiempo. Fue tan gracioso. ¿Quieren más sopa?

—No, gracias.

Pulsa el teléfono y le dice a Juana:

—Puede retirar y traer el pollo.

Juana retira los platos de la sopa y trae una bandeja con piezas de pollo rociadas con salsa agridulce. Afuera, en el pasillo, se escucha la chicharra del ascensor. Después la alarma se desconecta, la puerta se abre.

—Qué tal, buenas noches —saluda Esteban.

—Qué dice, tesoro.

—¿Cómo anda, maestro?

—¿Cómo puedo andar, con la compañía que tengo? Ahora está completo. Hay sopita. ¿Querés que te pida la sopa primero?

—No, como esto —dice Esteban, sentándose a la mesa.

—¿Hace frío afuera?

El hecho de que transcurran días y días sin que salga a la calle pasa completamente desapercibido, excepto cuando hace pregunta como esas: ¿cómo está afuera, hace frío, hay humedad?

—Se está levantando viento —responde Esteban.

—Esteban es el personaje más inteligente que yo conozco.

—Seguí hablando, maestro, yo no voy a hacer comentarios —dice Esteban, riéndose, y se concentra en el pollo.

—Es muy hábil con las manos. Le decís: «Esteban, ¿me arreglás estas uvas, que se le salió el cosito?» Y él: «Cómo no.» Y hace clac, clin, clun, mientras mira la televisión, y te lo arregla. Es muy estético. Corta el pelo. Yo trato de no jorobarlo y pedirle lo menos posible.

—Nunca me molesta usted, maestro.

La conversación versa sobre la acupuntura, la música china, la homeopatía, los anabólicos, los gimnasios, la infancia de Esteban y sus vacaciones en familia. Bruno escucha e interrumpe solo para hacer ajustes —«No, pero contale qué te dijo tu mamá cuando te pasó eso»—, o comentarios cortos: «No aguanto la música china: clinquiquiclanplumplim.» Esteban cuenta sus andanzas con unos medicamentos homeopáticos, cuando se equivocó con las dosis y se intoxicó con fósforo, y enumera problemas en la columna, en las vértebras, dolores de cabeza. Además de ser habilidoso para los arreglos, funciona como placaje, protegiendo a Bruno de situaciones molestas, admiradores obsesivos y aprovechadores de toda laya. Por ejemplo, un médico que le cobró tres veces más de lo que había dicho que iba a cobrarle, que ni siquiera lo revisó y que lo despachó con un cedé.

—Era un médico que le habían recomendado muchísimo —dice Esteban—. Y Bruno llega con el cedé y me dice lo que le había cobrado. Llamé al médico y le dije que quería saber por qué, si había dicho que costaba uno, le había cobrado tres. Me dice: «La consulta cuesta uno y son dos pesos más por el cedé.» Un caradura. Le mandamos el cedé de vuelta. El cedé tenía una conferencia que había dado el tipo.

—Le podría haber llevado un cedé suyo, Brunito —dice Franco.

—Sí, con un jingle de música china —responde Bruno, riéndose.

Cuando todos terminan el pollo, llama a Juana para que retire los platos.

—Señor, ¿quiere que traiga la pasta frola cuadrada o entera? —pregunta ella mientras retira.

—Tráigala rectangular, Juana —dice él, burlón, y Juana se ríe—. Tráigala entera y con un cuchillo. Yo la corto. ¿Quieren licor? Hay licores de frutas exóticas. Juana, traiga los licores. Y vasitos.

Juana regresa con la pasta frola y un par de botellas de licores ecuatorianos que deja sobre la mesa, explicando de qué sabor es cada uno. Sirve —un vaso a Bruno, un vaso a Franco, que apenas va a probarlo— y se va. Bruno hace un comentario por lo bajo y Esteban lo reconviene:

—No hagas ese chiste, porque está Leila.

—Bueno —dice Bruno, obediente.

—Es un chiste medio de salón, medio subido —explica Esteban.

Y Bruno, como un chico que no puede contenerse:

—Si cojo este...

—Voy a coger este, y si no me cojo este otro —lo corrige Esteban, y Bruno se ríe con ese comentario viejísimo que juega con la acepción obscena que, en la Argentina, tiene la palabra «coger», como se reirá otro día con un chiste acerca de un hombre que va al médico a curarse una *tenia saginata,* y con otro que involucra a un piloto de avión y una azafata. Son chistes antiguos, que juegan con esa grosería entre escatológica y burda pero siempre muy directa que campea en las primeras indecencias que se aprenden en la infancia.

—Esta pasta frola es exquisita. Me la manda la panadera de acá enfrente, que está enamorada de mí —dice, cortando la pasta frola con el cuidado con que se corta una delicia de Fauchon, sumando un personaje más (la panadera) a esa lista de enamorados y enamoradas que parece no tener fin.

Son casi las once y media de la noche, y en la cocina suena el teléfono fijo. Juana aparece por la puerta.

—De la farmacia, señor —dice, pasándole el aparato.

Bruno atiende con la naturalidad con la que alguien podría atender un llamado de la farmacia a las diez de la mañana.

—Alóoo. ¿Escuchaste mi mensaje? Quería ver si me podés traer, fuera de lo que te pedí, Alplax Digest. ¿Estás resfriado? Pobechito. Bueno, te espero.

Después de colgar, cambia radicalmente de tema:

—Yo un día me voy a hacer maquillar como una persona de ochenta y cinco años. Para ver la diferencia.

—Usted no tiene la cara de una persona de setenta —dice Franco.

—Yo lo sé —dice Bruno, abriendo mucho los ojos, clavándole la mirada como si estuviera escandalizado—. Porque he hecho todo para no tenerla. La primera operación me la hice a los veintiocho años.

—Es coqueto —dice Esteban.

—No. Objetivo. ¿Por qué tener dos mentones si puedo tener uno?

—Yo leí que la cirugía estética empezó con los efectos del

gas mostaza durante la Guerra Mundial –comenta Franco, que empieza a mostrar una tendencia a introducir, cada vez que puede, un dato que denote cierta cultura, cierta formación.

–No –lo corrige Bruno–. Esa es cirugía plástica. La estética es otra cosa. La plástica es que si no tenés una teta, te ponen como teta el traste de una cabra. Es reparadora.

A las doce de la noche suena el teléfono nuevamente. La comunicación se corta una y otra vez, y Bruno le pide a Esteban que llame para saber quién es. Esteban llama y le pasa. Cuando alguien atiende él dice:

–Ah, Hiroko. ¿Te gustó? Me alegro. Probalo porque es delicioso. Ah. Qué barbaridad. Bueno. No me cuentes más tristezas porque me pongo a llorar. Comprá un caloventor. Claro, te acostumbraste al frío de Japón. Te voy a regalar una estufa. Bueno, te dejo porque estoy con amigos comiendo. Besitos.

Entonces me mira y lanza una exclamación:

–¡Ella! Ya sé, carajo. La que tuvo el accidente, que le hicieron la cara de nuevo. De origen noble. Una actriz que trabajó con Visconti, famosísima.

No sé de qué habla. Franco dice, como alguien que ha pasado por esto muchas veces:

–¿Usted dice a quién se parece ella?

–Sí.

–¿Quién, yo? –pregunto.

–Sí. Cómo se llama. Dios, ya va a venir. Es... una actriz de Visconti, igualiiiiita. Poné, Esteban.

Comienza un despliegue de recursos: Franco busca la filmografía de Luchino Visconti; Esteban intenta combinaciones: actriz, Visconti, noble, accidente, cara. Encuentra algo y lee trabajosamente:

–Ana Maggg...na...

–Magnani. No. Esa no es. Es una actriz que venía a la Argentina.

–¿Era italiana?

–No, no. Era de la nobleza. No sé si alemana o inglesa.

Aventuran nombres que van desde Giulietta Masina –«¡No!

¡Era horrenda!»– a Sofía Loren –«Espléndida, pero nada que ver»–, hasta que de pronto me mira y dice:

–¡¡¡Marisa Berenson!!! Sos idéntica.

–¿Yo?

–Tenés la manera de moverte de ella y todo. Una mujer divina, finísima.

Marisa Berenson es una actriz y modelo neoyorquina, hija de la condesa Gogo Schiaparelli, nieta de la diseñadora Elsa Schiaparelli, con una filmografía que alcanza cúspides como *Barry Lyndon,* de Stanley Kubrick, y *Muerte en Venecia,* de Luchino Visconti, pero que ha trabajado, sobre todo, en films que no trascendieron.

–Pero, Bruno, Marisa Berenson tiene unos ojos azules impresionantes y no tiene nada que ver conmigo.

–Sos igualita. ¿Y yo soy parecido a quién? –pregunta, pero entonces entra en la sala el mismo hombre de la farmacia que vino días atrás.

–Buenas noches, Bruno.

–Pasá, pichón. ¿Me trajiste todo?

–Sí.

–¿Cuánto es?

–Son mil setenta y siete pesos.

Saca un fajo de dinero, paga, le da propina. Cuando el hombre se va, Franco y Esteban emprenden una búsqueda de fotos de Marisa Berenson.

–¡Mirá, mirá si no sos vos! –dice Bruno, y me muestra una foto de Marisa Berenson en el teléfono de Esteban.

–La verdad, no sé...

–Sos vos.

–¿Y vos a quién sos parecido, Bruno?

–A veces me dicen «señora». A mí no me molesta. Estoy acostumbrado. En el aeropuerto te vienen a palpar y primero viene una mujer y cuando me ve de cerca se va y viene un hombre. La vez pasada, en el aeropuerto de Perú, me empujaba la silla un chico muy inteligente. Y le digo: «¿Te puedo hacer una pregunta? ¿Por qué me dicen "señora", qué es lo que tengo de tan femenino?» Y dice: «Nada, lo que pasa es que es muy lindo y tiene rasgos chicos, una boca carnosa, ojos grandes.» Él era bastante feo, pobre.

Franco, cada tanto, desliza nombres como Solomon o Mozart, o dice: «Vi tal concierto de Horowitz, un genio», pero todo intento de llevar la charla hacia esos rumbos es infructuoso: se habla de extracciones de sangre –Franco dice: «Yo me puedo morir si veo sangre» y cuenta un episodio que terminó con él en el hospital, episodio que Bruno, aunque lo llamó decenas de veces mientras estuvo internado, no recuerda; Esteban dice: «A mí solo me hace mal si la veo envasada, en un tubito»; Bruno dice: «A mí no me hace nada, es linda la sangre, es oscura»–, de inyecciones –Bruno dice que, como siempre estaba enfermo, aprendió a inyectarse solo desde chico; Franco dice: «Yo me puedo morir si hago eso»–, de deportes extremos –Franco dice: «No me llama la atención en lo más mínimo subir una montaña»; Bruno dice: «Yo me muero por hacer *bungee jumping*»; yo digo: «¿Y si se corta el cable?»; Bruno dice: «Y que se corte», y después reacciona: «Pero ¡¿por qué se va a cortar?! ¿Por el peso?», y se ríe–, de entrevistas que se alargan más de lo planeado.

–Ayer me hicieron una en la radio. Me dijeron: «Son diez minutos.» Me tuvieron una hora. Me han hecho tantos reportajes y hay tantas cosas en las redes. Cuando me preguntan: «¿A qué edad empezaste a tocar el piano?», me dan ganas de decir: «Nena, poné la... la cosa.»

–Algunas preguntas se reiteran porque uno quiere escuchar la versión original del entrevistado. Pero entiendo que puede ser reiterativo. Tengo una amiga que escribió un libro de relatos de terror y todos le preguntaban lo mismo: si había tenido una infancia...

–Abusada –dice Esteban.

–No, tortuosa.

–Abusado –dice Bruno, y se hace un silencio–. Díganme qué es exactamente. ¿Toqueteado?

–Y, todo –dice Esteban.

—Puede ser psicológico, también —dice Franco.

—Yo no creo en la inocencia infantil. Yo era mucho más torturado y mucho más terrible de chico que ahora. Me encantaba seducir y si me hacían mimo, yo respondía feliz —dice Bruno.

—Pero el abuso es otra cosa —dice Franco—. Además, un chico de esa edad...

—No, no, eso sí, a mí me parece monstruoso, monstruoso, monstruoso el abuso de menores desde chiquitos —dice Bruno—. Monstruoso. Pero un chico de ocho o nueve años... No sé, no lo creo inocente.

—Inocente... —dice Franco—... depende en qué términos, pero sí mucho más susceptible y vulnerable que una persona de veinte. Uno, a los ocho años, no tiene capacidades para defenderse ante determinadas situaciones. Incluso del discurso, retóricas. Y esa gente lo va envolviendo en un discurso retórico muy intrincado que el pibe no capta.

—Bueno. No sé —dice Bruno—. Si un chico de ocho años ha sido educado, sabe que no tiene que ir con nadie, y tiene información perfecta...

—No —dice Esteban—. Vos le podés decir a un chico: «No vayas con un extraño», y sin embargo es vulnerable a irse con cualquiera. Un chico no tiene manera, por más que le digas...

—Bueno. Cuando los conozca mejor les voy a contar una historia —dice Bruno, capaz a veces de comprenderlo todo (la miseria ajena, la avaricia ajena, el egoísmo ajeno), y otras de ver el mundo solo a través de las capas de ese núcleo duro de su infancia de niño sobreprotegido y enfermo que, rodeado de adultos severos pero sensibles, encontró la forma de dejar fluir su pulsión precoz.

—Contá ahora.

—No. Yo creo que la perversión es un tema muy difícil. La naturaleza humana no es buena. Yo no creo en la santidad de los chicos. Y yo he sido un chico santo, porque estaba enfermo todo el tiempo y con la polio me quedé rengo y quieto. Pero la naturaleza del ser viviente es competitiva, difícil. Tenés los orangutanes que se comen a las crías cuando están celosos de las hembras, los gatitos recién nacidos que sacan de un zarpazo al otro y le sacan la teta de la madre.

Los gatitos, los orangutanes, la falsa inocencia de los niños, el horror ante los niños abusados. La conversación es un sendero de piedras ocultas en aguas tumultuosas que solo él ve, en las que solo él puede adivinar dónde dejar caer el próximo paso.

—Bueno, vayan que este está muerto —dice de pronto, señalando a Franco.

—Yo estoy bien —dice Franco, arrugando la frente.

Y Bruno, como un esgrimista que sabe cuál es el camino que puede conducir su acero hasta la carne desprevenida, desliza el dato: la semana entrante llegará un alumno desde Hamburgo, mitad iraní y mitad indio, para tomar clases. Cada vez que se menciona la palabra «alumno» sin que esté referida a él, Franco reacciona como un predador.

—¿Se dedica al piano?

—No. Toca la flauta —contesta Bruno, sarcástico, y Esteban se ríe.

—¿Pero vive del piano? —pregunta Franco.

—Pero, por Dios, ¡qué le voy a preguntar yo de qué vive!

—Bueno, si viene hace tiempo, por ahí tienen una relación.

—¿Una relación? —pregunta Bruno, sinuoso.

—Por ahí charlan.

—Pero mirá si le voy a preguntar. ¿Y si me dice: «Mi fortuna es de doscientos millones de dólares»? No sé. Yo atraigo todo lo raro. Como ese que habla como si fuera mi alumno. ¿Cómo se llama?

—Ah —dice Franco—, el cordobés. Publicó una foto en el diario y decía: «El maestro Gelber preparándome para mi gira internacional.» Y vino una sola vez.

—O como la alemana esa que me quería violar en Alemania. Esa historia te la conté, ¿no? —me pregunta.

—Sí.

—¿Y la de la japonesa que se quería casar conmigo?

—Sí.

—O el chico que me había robado el abrigo.

—Sí.

—La gente hace cosas raras —dice Franco.

—No son raras —lo corrige Bruno—. La gente se perturba con gente que hace algo distinto a lo que hacen ellos. Yo tuve esa especie de fascinación con Laura Hidalgo, pero nunca se me hubiera ocurrido perseguirla.

—Pero no había una obsesión enfermiza —dice Esteban.

—Bueno —dice Bruno—, es raro que una persona tenga la foto de alguien en cada ambiente de la casa. Vayan que este está muerto, ahora sí. El nene es tan caballero que te va a llevar a tu casa, nena.

—No, Bruno, me tomo un taxi.

—Llevala —ordena.

Franco obedece.

—Por supuesto, no me desvía en lo más mínimo.

En realidad, se desvía kilómetros, pero no digo nada.

—Bruno, la semana que viene me voy de viaje.

—Ay, cómo viaja ella.

—¿Te llamo cuando vuelva?

—Más te vale.

Es casi la una de la mañana cuando Esteban y Bruno nos acompañan hasta la puerta del departamento y se despiden. Bajo con Franco en el ascensor y solo entonces entiendo por qué, cuando llegó, no escuché el timbre: tiene llave de la casa.

—Brunito me dio la llave porque a veces terminamos muy tarde, Juana ya se fue a descansar y él no tiene cómo abrirme.

Saca el llavero, elige la llave correcta sin dificultad, abre. Las calles están desiertas. El alumbrado público arroja sobre el asfalto una luz desahuciada y caminamos hasta el estacionamiento donde guardó el auto, a una cuadra.

—Brunito atravesó una dificultad tan difícil. A una persona normal la hubiese tirado para atrás. Me parece que por eso la gente lo quiere tanto. Ven a un tipo al que le cuesta llegar al escenario, sentarse, y después toca y te vuela la cabeza. Y es un gran profesor. Pero si lo agarrás en un mal día, pedís por Dios que se termine la clase. Igual, yo sé que me quiere mucho y yo

lo quiero mucho a él. Lo que pasa es que tenemos una diferencia generacional enorme. Él ha tenido una vida diferente al noventa por ciento de las personas. Vivió en castillos, entre duques y reinas, y hoy esos estratos sociales están muy difusos.
—¿Y a vos te gustaría conocer todo eso?
Me mira con asombro.
—Es que uno ya no hace carrera pianística así.

El martes 5 de junio de 2017 suena el teléfono. En la pantalla veo su nombre: Bruno Gelber. Atiendo.
—¿Hola?
—Alóoooo.
—Hola, Bruno.
—Ya me conocés.
—Sí, claro —le respondo, sin aclararle que su nombre aparece en mi teléfono, cada vez que me llama, desde hace meses.
—Quería invitarte a una comida el jueves 15. ¿Podés?
—Claro.
—Bueno, vienen...
Me da la lista de invitados: una periodista especializada en música, un científico y académico, un nuevo funcionario del Teatro Colón. La cena es en su casa.
—Y vos venite un rato antes, así charlamos. Chau, tesoro.

Tres días después, el jueves 8 de junio, estoy en Quito, Ecuador. A las doce de la noche hora de Quito, dos de la mañana hora argentina, cuando ya estoy durmiendo, suena mi teléfono móvil. Miro la pantalla: Bruno Gelber. No atiendo, aunque supongo que es para suspender la cena del jueves 15, pero, cuando logro escuchar el mensaje, encuentro que dice: «Salís ¡dddddivina! en un reportaje espléndido, y estoy orgulloso de vos. Te veo en el Canal de la Ciudad. Besos. Bruno.» Al terminar, no ha colgado bien el teléfono y se oye, de fondo, la televisión.

Días más tarde, ya en Buenos Aires, lo llamo. Me pregunta cómo me fue, qué tal los hoteles, la aerolínea, la altura de Quito.

–Bien. Estuve un solo día, así que no me afectó. En unos meses vuelvo y me quedo más tiempo, y entonces a lo mejor...

–Bueno, bueno. Me alegro. Estoy furioso.

–¿Por qué?

–Porque hay tres Facebook a mi nombre, y uno dice: «¿Les gusta mi tapado?» Oíme, hace siglos que yo no uso un tapado de piel.

Le digo que creo que puede hacer una denuncia por usurpación de identidad.

–¿Adónde?

–Reportándolo a Facebook.

–¿Y quién es la gente de Facebook?

–Bueno, no existe algo así como «la gente de Facebook», pero...

–A mí me pones una computadora adelante y lloro. Nos vemos el jueves, ¿no?

El jueves 15 de junio, a las cuatro y media de la tarde, suena el teléfono. En la pantalla veo su nombre: Bruno Gelber. Atiendo.

–¿Hola?

–Hola, tesoro, cómo estás. ¿A qué hora pensabas venir?

–A las seis. Habíamos quedado a esa hora, ¿no?

–¿Puede ser un poquito después? Porque tuve muchas cosas y estoy atrasado.

–Claro, decime vos.

–Bueno. ¿Siete menos cuarto está bien?

–Sí. Si querés voy a las siete.

–No, siete menos cuarto está bien. Chau, tesoro.

A las siete menos cuarto toco el timbre en el piso doce del edificio de la calle Perón. Hace un frío titánico. Es casi invierno y las luces artificiales tiñen las calles con esa algarabía triste, fronteriza, que tienen los últimos jirones del día en esta época del año. Juana baja a abrirme y caminamos hasta el ascensor. Me dice que está terminando de preparar la sopa, que en la casa son usuales las cenas con varios invitados, que el señor recibe mucho. Al llegar al departamento, me abre la puerta para que pase primero.

–Pase, pase; el señor la está esperando.

Bruno está, como siempre, sentado ante la mesa, que aún no está puesta.

–¡Tesoro! Qué linda estás.
–¿Cómo estás, Bruno?
–Mejor.
–¿Por qué, qué pasó?
–Me quebré la pierna.
–¿Otra vez?
–No, hace seis meses.
–Ah. Sí, sabía. Creí que te la habías roto ahora.
–No. Estás muy bien de cara. Estás contenta. ¿Tenés algo nuevo? –pregunta, con gesto pícaro.
–¿Nuevo?
–Algo sentimental.
–No.
–Ah, bueno.

Usa una camisa oscura y el pelo luce más esponjoso. Aunque en un par de horas llegarán los invitados, no se perciben prisas. Juana está en la cocina, Jorge revisa detalles en la sala.

–Jorgito, acostala un poco a la Laura Hidalgo.

Jorge saluda y acomoda un portarretratos de Laura Hidalgo que está demasiado erguido.

–Juana la pone parada. Le tiene bronca, y entonces no la acuesta. Sabés quiénes vienen hoy, ¿no?

Me lo ha dicho, pero lo reitera: una periodista especializada en música, un científico y académico, un nuevo funcionario del Teatro Colón.

–¿Qué pasó con las cuentas falsas de Facebook?
–Nada. Yo digo qué mundo de miércoles. No tener más

paz aunque estés encerrado. Yo llevo una vida de monje y te agarran y te mandan eso. Cerrás la puerta de tu casa y no estás en tu casa. Hoy viene un chico que sirve las comidas, que es tan buen mozo y tan adorable. Ya lo vas a ver. Bueno, sigamos con el asunto.

–Hay un libro que hizo Cecilia Scalisi sobre vos, Martha y Barenboim.

–Sí.

–¿Lo leíste?

–No. No me interesa leer las estupideces que digo yo. Y las que dice Barenboim tampoco mucho. No le tengo gran... simpatía. Adoro a Martha. Pero Martha está menos al tanto que yo de lo que pasa en la Argentina. No tiene ni idea... Jorge, todos esos cables que están ahí, que esta bestia los deja afuera, ponelos adentro. Me encanta esto que voy a hacer hoy, una comida entre seis, chiquita. Yo he estado con lo más conspicuo del mundo, he vivido en castillos, todo lo que la gente sueña me ha pasado. Hola, Mario.

–Qué tal, Bruno.

Mario es el hombre contratado para atender la cena. Alto, entrecano, de ojos claros, usa una camisa y un pantalón de vestir pero se pondrá una chaqueta blanca para servir la comida.

–Pero mamá me educó muy inteligentemente porque yo nunca me lo creí. Mi casa era un infierno musical.

En las conversaciones empieza a haber, siempre, un momento de regreso a fojas cero, como si jamás hubiéramos hablado, como si yo fuera una desconocida. Ahora, interrumpiéndolo con breves comentarios a Jorge o a Mario, construye un monólogo torrencial en el que, aunque repite lo que ya dijo antes, trufa algunas frases que expanden ideas deslizadas en el encuentro anterior –la perversión, la seducción infantil–, vuelve a poner a Franco en el centro de sus preocupaciones, y establece una línea narrativa inquietante: de la inspiración a Franco, de ahí a la alegría de no ser perverso y, de ahí, a la relación con su hermana.

–En arte dos más dos nunca es cuatro. Jorge, fijate que esos libros ahí están mal. Y no estás inspirado siempre. Yo tengo técnicas para impregnarme de emoción. Pienso en un sentimiento vivido, un paisaje que me gusta, una pintura que me emociona. Me voy untando de las cosas. No es tan real como la emoción genuina. Una cosa es como un rayo, como una persona que recién conoces y que te hace cosquillas desde la pezuña hasta la cara. Lindo, no te vas a olvidar de prender las velas. Pero cuando necesito eso pienso en mi madre, en las últimas sonatas de Beethoven, en los últimos cuartetos de Schumann, en *Un homme et une femme*, la película de Lelouch, en un cuadro de Renoir que se llama *L'abreuvoir*. Lo más importante es estar abierto a la emoción. Lo contrario de lo que le pasa a Franco. Que tiene miedo. Los miedos cierran. El otro día le dije que él hace un cerco para protegerse, pero que ese cerco no es en sentido único. Es un cerco para lo que te llega y también para lo que sale de vos. Abrirse es una cuestión de uno, aceptar lo que te produce algo, no tener miedo de lo que te va a pasar. Yo soy muy creyente, y me da mucha alegría no haber tenido nunca sentimientos de tentación perversos. Nunca me interesaron los infantes ni los pendejos. Yo juego con la seducción, pero no miento con mis sentimientos. Yo me doy el placer de no mentir. Es muy difícil ser una persona famosa. Una relación de pares no la establecés nunca. Incluso con mi hermana. Para ella soy una figura, más que su hermano. Mario, poné copas para champagne, vino y agua, y vas a poner los platos lindos y después sacás directamente la soperita con el plato de plata. Yo tengo una línea de conducta, aunque soy impredecible. Tengo alguna pequeña perversión, que es la de no ser exactamente aquel que la gente piensa que tengo que ser. Siempre me divirtió. Yo fui muy precoz en todo. Era mucho peor persona de chico que ahora. Jugaba con mi infantilismo. Jugaba a la seducción.

–¿Y eso no te puso en peligro?

–Alguna vez recibí un manotazo donde no debía, pero no me puso en peligro. Yo por suerte tengo un freno que me protege de todo, el freno de la pierna. Como soy tan víctima de la estética, nunca tomo la iniciativa con alguien. Prefiero que las cosas se inicien de parte de los demás. Porque en el momento de los bifes hay que sacarse el pantalón. Y a mí sacarme el pantalón me da una vergüenza número uno. No es un adefesio, mi pierna. Me llevó por el mundo entero, pobrecita. Pero ahora todo ha cambiado mucho. Los pianistas tienen una técnica impresionante pero no *pasan* nada. Gracias a Dios. Por lo menos algo nos queda. Porque si tuviéramos que hacer un concurso ahora Martha o Barenboim o yo, no pasaríamos ni la primera prueba. Ahora son máquinas. Pero la gran técnica no es la rapidez. Es también poder hacer un *pianissssimo* inimaginable... que exprese el más allá. Martha para mí es genial. Tiene una manera embriagadora de tocar. Loca. Loca en el buen sentido. Es geminiana. Ella no te da una amistad calurosa. La otra vez se vino desde Bruselas a Amberes, donde yo tocaba, y me dijo que era el mejor Rachmáninov que había oído en su vida. Pero no sabés si fue curiosidad, si fue amor, si fue amistad. No es una persona que te abraza. Es un personaje misterioso.

–¿Viste el documental que hizo su hija sobre ella, *Bloody Daughter?*

–¡No! Ni lo quiero ver.

–¿Por qué?

–Porque yo tengo mi idea de Martha y no me gusta ver cuando se levanta con el ojo medio cerrado, despeinada. No. Desmitificar a la gente me parece la cosa más aberrante del mundo. Por eso el amor ideal es de seis de la tarde a una de la mañana. Alguien me dijo que era falta de madurez. Pero a mí no me gusta que alguien sienta que yo ronco, o que me vea con el pijama, así nomás. Eso a los quince, dieciocho, está bien. Después no. Y sobre todo si hay diferencias de edades grandes. Yo tengo alumnos, y cuando vienen trato de estar lo más potable posible. La diferencia generacional es interesante, porque les podés dar una cantidad de indicaciones a la gente más joven y esas personas también te pueden dar ideas, pero a condición de que la gente se ubique. De todas maneras, hay que tener cuidado. En París estaba..., ¿vos sabés quién es Julien Green?

–Sí. El escritor.

–Bueno, estaba el amante de él, Robert de Saint-Jean. Un

hombre encantador, buen mozo, todo. Pero una vez me invitó a comer con Yvette Chauviré, ¿sabés quién era?

—¿La bailarina?

—Sí. Bueno, y la hizo irse antes. Yo me di cuenta que estaba todo preparado para quedarse solo conmigo. Yo tenía veinte y él más de sesenta. Me pegué un susto número uno. De estúpido, porque con decirle: «Mire, podemos compartir ideas, pero nada más», listo. Y entonces agarré y me fui. Yo he tenido gente amiga de mucha más edad. Pero no cuestiones sexuales. Creo que hay que tener prudencia y consideración, porque para una persona de veinte años realmente sos eterno. Yo tengo alumnos que me abrazan y me dicen: «Maestro, lo quiero, lo quiero mucho.» Y yo me quedo de madera. ¿Le vas a dar un beso a una persona de esa edad y, al día siguiente, la clase? No. Yo tuve un alumno que se vino del interior. Yo vivía en la calle Pampa. Mamá ya no estaba. Le dejé un cuarto de arriba. Un día salió del baño con los bóxers. Dispuesto. Y se ponía así y me decía: «Maestro, yo mañana le voy a obedecer igual en la clase.» Pobrecito. Le dije: «No se trata de eso, las cosas no se proponen, fluyen.» Además, hay otra cosa: cuando vos tenés cierta edad, la gente joven piensa que automáticamente tiene que ser «Sí». Y no. A vos te debe pasar. De mocosos que te hacen la corte. Te buscan y es obvio que piensan que te tenés que morir de placer. Te estás poniendo colorada.

—No.

—Atraer atraigo. Pero nunca tuve el otro yo. Ese hermano del alma, no de sangre. No lo tuve. Eso ya te lo dije.

—¿Lo sentís como una falta?

—No. Porque no es que lo tuve y lo perdí. Yo estuve enamorado como una vaca a los dieciséis años. Cómo temblás de amor a esa edad. ¿Vos viste los suicidios por amor? Cuántos han ocurrido. Por eso hay que tener técnicas para todo, para la música y para todo. Yo ya te dije que tuve que terminar una relación en la que la otra persona no me quería nada. Me dije: «Me la voy a sacar de encima», y lo fui sacando de a poco, haciendo yoga. El día que me dijo: «Ay, qué hartazgo esto de via-

jar», le dije: «No quiero que seas infeliz, así que no viajás más. Acá tenés el pasaje para que vuelvas a Buenos Aires.» Ay, fui tan feliz de tener la fuerza para decirle eso.
—¿No sentiste un desgarro?
—No. No, no. Pero tardé años en que se fuera. Nunca por orgullo me hice más corajudo de lo que podía ser. ¡Jorge! ¿No te quedás un momento con Leila que tengo que ir a hacer pipí? Mientras yo vuelvo, le podés pedir a Jorge que te cuente alguna anécdota. Con Jorge hace tiempo que estamos juntos, pero nunca nos hemos tocado más que el dedo.
Como si yo fuera una desconocida.

Un victoriano en el siglo XXI. Un gentilhombre en la urbe hiperconectada. No está de acuerdo con el matrimonio igualitario —la unión civil le parece suficiente— ni con la adopción para parejas homoparentales. Reprueba que las personas del mismo sexo se besen en público, y lo incomoda la marcha del orgullo gay: «Haber pasado de la vergüenza al exhibicionismo..., qué sé yo.» Se refiere en términos admirativos a Florencia de la V, una travesti de renombre en el mundo del espectáculo de quien dice: «Tiene una piel espléndida y es fina, ubicada», pero no hace ninguna alusión al hecho de que ella se haya casado legalmente en junio de 2011 con el odontólogo Pablo Goycochea, ni a sus hijos mellizos nacidos en Estados Unidos con un vientre subrogado.

Cuando regresa del baño, se sienta en uno de los sillones de la sala y me indica que me ubique a su lado.
—¿Te ayudo?
—No. Oíme, Jorgito, moviste la silla y se desarregló todo. Pobre alfombra. Pensar que estas alfombras están hechas a mano. Punto por punto. Son francesas. Hace frío acá, ¿no? ¿A cuánto está la calefacción, Jorge?
—A veintiséis. ¿Lo pongo un poco más?

—Un poco más, sí.

Cumpliendo con una coreografía que ha ejecutado decenas de veces y que no deja nada librado al azar, le pide a Juana que en unos minutos se abrigue y baje a recibir a los invitados a la puerta de calle.

—Pero abriguesé, eh.

—Sí, señor, no hace tanto frío.

—Bueno. Pero no se resfríe. Y no se va a quedar ahí abajo hasta la medianoche, que tiene que terminar la sopa.

—No, señor. La sopa ya está lista.

—Bueno. No se la comió toda, ¿no?

—No, señor —responde Juana, divertida, siguiendo las indicaciones sin atisbo de sumisión.

—Le cuento quién viene, Juana, para que sepa.

—Sí, señor, ya me dijo —dice Juana, y me mira de reojo, cómplice.

—Bueno, viene...

Y a continuación describe a cada invitado por su nombre, profesión y apariencia física.

—Sí, ya los conozco.

—Bueno. Abriguesé. Mamá me decía: «Vos tenés la posibilidad de mandar un ejército, siempre a cualquiera que venga le podés dar algo que hacer.» Ay, tengo hambre. Mario, ¿no tenés nada para darme de comer? Algo chiquito y rápido.

Mario va a la cocina.

—Yo lo veo a Mario y me da placer. Tiene ojos claros. A mí me gustan las personas rubias y de ojos claros, como a todo el mundo. Para mí lo estético es muy importante.

Mario regresa con pollo cortado en cubos. Bruno toma el plato, lo sostiene con una mano, come con la otra.

—Gracias, pichón. Yo he estado veinte, treinta días sin comer. Bueno, ahora te voy a hacer yo el reportaje a vos. ¿Qué es lo que te mata, objetos para tener con vos: el oro, las joyas, las carteras? Suerte que no soy una mujer. Porque hubiese sido de dudosísima moralidad.

—¿Por qué?

—Para hacerme regalar cosas.
—Pero te las podrías comprar.
—Ay, pero qué cosa más linda las pieles, las joyas. La chinchilla. Pobrecitas, sé que sufren mucho, pero qué cosa más linda son.
Entonces tocan el timbre y empiezan a llegar los invitados.

No puede decir la palabra «araña» sin erizarse, pero sí la palabra «aracnofobia» (porque la padece), que siempre llega asociada a la anécdota de la Polinesia. Estaba allí con un amigo, acostados «cada uno en su cama», cuando vio una araña monstruosa. Gritó y salió corriendo mientras su amigo la mataba a zapatazos, pero al contemplar el estropicio el hombre empezó a vomitar. La anécdota de la Polinesia termina invariablemente con la palabra «pobrecito», aplicada a su amigo con un tono de sorna y de ternura.

Ha hecho ayunos de veinte o treinta días. Detesta el agua y solo toma té o jugo de frutas. Habla, además de español, inglés, italiano y francés, todo con acento argentino porque, a pesar de que tiene oído absoluto, dice ser negado a la entonación: «No puedo cantar una nota. Soy una bestia. Tengo una voz inmunda. No tengo una voz linda. Tengo una voz cascada.»

Esa noche.
Antes de pasar a la mesa hay un largo intercambio entre la periodista especializada y el académico acerca de *Giulio Cesare,* la ópera que se puso en el Colón. Bruno permanece en silencio. No parece aburrido pero tampoco interesado. Mantiene una actitud de prescindencia que quizás el protocolo recomiende pero que por momentos recuerda a la de los adultos que ven jugar a los niños en una plaza: una suerte de atención flotante, indiferente. Hasta que interviene para decir:
—Terminamos esta copa y nos vamos a sentar porque desfallezco de hambre.

La periodista especializada cuenta que una vez, debido a su corte y su color de pelo –rubio casi blanco– la confundieron con la dibujante Maitena, y Bruno dice:
–A mí de chico me confundían con Pedrito Rico.
–No te parecías en absoluto. Eras un chico hermoso –dice la periodista.
–De chico me parecía bastante. Podría haber cantado. Y zapateado. Aunque el zapateo me hubiera costado un poco más. A veces me dicen «señora», en los aviones.

El funcionario del Colón aún no ha llegado, pero Bruno se pone de pie y camina con el andador hasta la mesa, donde distribuye los sitios –vos a mi izquierda, vos a mi derecha, vos allá–, y se ubica en el de siempre. Con un movimiento rápido coloca algo en la silla, debajo de la nalga izquierda. La periodista especializada pregunta:
–¿Qué es eso?
–¿Tienen que saberlo?
–Sí. Interés tengo.
–Bueno –dice él sin pudor, con la soltura de quien siempre encuentra la forma correcta para hablar de cualquier cosa–. Yo tengo, por la cuestión de la polio, una nalga que es menos fuerte que la otra. Para equilibrar me pongo el cartoncito este...

Toma un cuaderno marrón sobre el que acaba de sentarse y lo muestra como si exhibiera una pieza de tecnología.
–Este pequeño adminículo me ha guardado la columna.
Acto seguido, lo coloca otra vez debajo de la nalga izquierda.
El funcionario del Colón llega poco después, pide disculpas –mucho trabajo, mucho tránsito–, y se sienta en la cabecera. Es un hombre de edad mediana que usa un saco informal y una bufanda que no se quita. El frío de la noche parece haberlo seguido hasta la sala. Conoce a Bruno desde hace tiempo y, por tanto, es probable que albergue alguna sospecha de lo que va a suceder: de cuál es el motivo por el cual fue invitado a esta cena. Minutos más tarde llega Esteban, con aspecto enérgico, y se sienta junto a Bruno. Mientras Mario llena las copas de vino, todos hablan de la conveniencia de vacunarse contra la

gripe, de distintas marcas de medicamentos para el dolor de cabeza, de un casco masajeador para hacer crecer el pelo –Bruno dice: «A mí, en la coronita esa que se me había caído, pero no del todo, lo que me resultó es el finasteride al uno por cien. Si tomás más del uno por cien se te... bajan las cosas. Eso y el minoxidil es lo único que detiene la caída del pelo. O el piso»–, de la receta de la *feijoada*. Hasta que Bruno le dice al funcionario del Colón:

–Me gustaría preguntarte algo. ¿Cómo vas a hacer frente a tanto trabajo como te cae encima?

El funcionario responde con palabras diplomáticas, pero Bruno aplica un *tackle* formado por un muro de obstáculos: que no tiene el cargo necesario para dar órdenes; que no sabe lo difícil que es lidiar con los sindicatos; que nadie va a hacerle caso si no tiene una línea de mando clara. Al final, dice:

–Yo lo que quisiera es que sufrieras lo menos posible.

Y estirando la mano para tomar la copa de vino:

–Pero no tenés un título, un puesto adecuado. No lo tenés y no te van a hacer caso.

La cena continúa por dos horas más pero, aunque por momentos la conversación fluye hacia otros temas, siempre vuelve, conducida por Bruno, al mismo punto: los problemas que enfrentará el funcionario, lo arduo que va a resultarle todo. Su método no consiste en exponerle dificultades concretas, sino en hacerle preguntas retóricas (¿y vos creés que te van a dejar tomar tal decisión cuando tengas que tomarla; y quién va a ser la persona que te respalde si sucede tal cosa; y cómo vas a hacer para trabajar con los de tal área si no tenés un cargo que te lo permita?) que dibujan un futuro trágico, casi una garantía de fracaso, aun cuando, cada tanto, las atenúe con frases como «Está bien, si vos pensás que lo vas a poder hacer», o «Me parece loable que lo intentes». El funcionario no parece afectado, y responde con paciencia y buena disposición. El académico casi no habla pero la periodista especializada suma alarmas de toda clase a la hecatombe que insinúa Bruno. Finalmente, pasada la medianoche, Bruno me señala y dice:

—Ella está haciendo un perfil mío desde hace muchos meses. Y se ha generado una confianza. Tanta como para que yo pueda decirles una cosa. Desgraciadamente, Jorge y el mozo se fueron, y no funciona el timbre de abajo para abrirles la puerta desde acá, porque por medidas de seguridad lo desactivaron, y por cuestiones económicas no hay un señor que abra. Y este niño que es adorable, Esteban, se tiene que levantar temprano y los tiene que acompañar hasta abajo porque yo... no puedo.

—Seguro que si estuviera Laura Hidalgo podrías —dice el académico, con un guiño.

—Creo que no, desgraciadamente. Se los digo con todo el respeto y el cariño del mundo. Y con vergüenza.

Protestamos con celeridad, tomamos los abrigos. Bruno se levanta y nos acompaña hasta la puerta.

—Bruno, yo me voy de viaje otra vez pero te llamo para vernos cuando vuelva.

—Por supuesto, tesoro. Más te vale. Y hacemos otro «tetazo».

Esteban baja a abrirnos y en la calle nos dispersamos rápidamente. Llego a casa a la una y, apenas entro, suena el teléfono. Es él. Atiendo.

—Hola, Bruno.

—Disculpame que tuve que decirles... Pero Jorge y Mario se habían ido, y Esteban se despierta temprano porque tiene que ir a trabajar a las ocho y media.

—Pero, Bruno, si de todas maneras era tardísimo.

—Bueno. ¿Lo pasaste bien?

—Sí, Bruno, muchas gracias.

—¿No te aburriste?

—En absoluto.

—Bueno. Disculpame, pero la verdad es que...

—Todo salió perfecto.

—Bueno, bueno. Llamame cuando vuelvas, ¿eh?

—Sí, claro.

Cuelgo. Desasosegada.

En los años sesenta se vestía en Dior. Monsieur Bernard, que había trabajado antes en Lanvin, le mandaba a hacer las pruebas de los trajes a los países por los que estaba de gira.

«No necesito poseer cosas», dice. «Tengo el recuerdo de estar en Italia, en las islas Borromeas, en el lago Mayor, con alguien agradable. Estábamos mirando el lago a las cinco de la mañana, empezaba a clarear y se veían las islas. Todo transparente. Era algo extraordinario. No tengo sentido de la propiedad. Tengo recuerdos.»

El 27 de junio de 2017, mientras estoy de viaje, Bruno toca el concierto número 1 de Chopin en el Teatro Solís, de Montevideo, junto a la Orquesta Filarmónica dirigida por la directora brasileña Ligia Amadio. El viernes 30 de junio, a las cinco de la tarde, ya en Buenos Aires, lo llamo.
–Alóoooo.
–Hola, ¿Bruno?
–Síiii.
–Habla Leila.
–Sí, ya me di cuenta. ¿Cómo estás, tesoro?
–Bien. ¿Cómo te fue en Uruguay?
–Fantástico. Los uruguayos son fantásticos.
Después, me cuenta la situación amarga que vivió con su cuñado durante la cena posterior al concierto.
–Y no le hablé más. ¿No querés venir a comer mañana?
–Es que me voy de nuevo.
–Bueno, llamame cuando vengas y te hago una comida.
–Un té, no hace falta una comida.
–Como si me fueras a mandar vos a mí.
–Mi vuelo llega acá un domingo. No te voy a molestar un domingo.
–Ni que fuera una sirvienta yo.
–Bueno, dale, te llamo cuando llegue.
–Oíme, ¿te puedo pedir un favor?
–Claro.

—Pero solo si me das tu palabra de honor de que me lo dejás pagar.
—Bueno, dale.
—Decí: «Te doy mi palabra de honor.»
—Te doy mi palabra de honor.
—Bueno, fijate si hay un perfume que se llama Sì.
—El de Armani.
—Si hay, el frasco más grande.
—Hay *eau de toilette* y *eau de perfum,* y uno nuevo que salió, en edición limitada, que es...
—No, el Sì tradicional, nada de rosa, negro, verde, nada. Y si está en promoción, comprame dos frascos.

Cuelgo sin atreverme a decirle lo evidente. Que el Sì es un perfume de mujer.

Sirvienta, mucama, mayordomo: la completa soltura con que siempre utiliza esas palabras.

Mensaje del 4 de julio de 2017, una de la mañana, hora de Chile: «¿Dormís?»
Mensaje del 6 de julio de 2017, doce de la noche, hora de Chile: «¿Dormís?»
Cuando llego a Buenos Aires lo llamo –«¡Maravilla! ¿Cómo estás?»– y quedamos en vernos el 14 de julio durante otra clase con Franco.

El viernes 14 de julio Juana viene y va desde la cocina trayendo más y más platos: flan de caramelo, budines, tarta, torta, sándwiches, masitas, alfajores, panqueques. Nunca ha habido tanta comida, pero sin embargo él no va a probar nada. Desde hace unos días está a régimen –ya bajó cuatro kilos, pudo ponerse un pantalón que no le entraba– y come una ensalada de frutas.

—¿Usted no come, Brunito? —pregunta Franco, que ya estaba en la casa cuando llegué.

—Hoy solo como frutas y agua. Me ayuda, porque cada mes te baja los kilos que después podés gloriosamente aumentar. Para ponerte a régimen hay que esperar el momento en que te decidís. Cuando te decidís, es fácil. Yo tengo una mente bastante fuerte.

—Me consta —dice Franco.

—Yo he hecho regímenes de veinte días sin comer.

—¿Y cómo sobrevivió? —pregunta Franco.

—Porque estaba pensando que iba a recibir de regalo este alumno maravilloso —responde con ironía.

Sobre el piano está el frasco de Sì junto a otro de Untold, de Elizabeth Arden.

—A mí me gustan los perfumes que se parecen a mi olor. Yo te mostré mi olor, ¿no, nena?

—Sí.

—Hay algunos que no me creen, y me dicen: «Ah, es porque te ponés perfume.»

Pocos días antes, el 12 de julio, el periodista Pablo Gianera lo entrevistó en video para la página web del diario *La Nación*, y Bruno está admirado con lo bien que resultó todo.

—Le dije: es la mejor entrevista que me han hecho...

Me mira y aclara, el dedo índice frente al rostro:

—... para te-le-vi-sión. Muy inteligente. En un momento le preguntan: «¿Podemos empezar?» «Sí», dijo, tan tranquilo, como si estuviera en el gallinero de su casa. Y empezó nomás. Yo también estaba tranquilo.

—Usted antes del concierto se relaja, ¿no, Brunito? —pregunta Franco.

—No hago nada. Me concentro. Me relajo. Rezo.

—No soportaría que alguien le hablara trivialidades antes de un concierto, ¿no?

—Le pego. La gente viene y te pregunta: «¿Estás nervioso?» Te dan ganas de estrellarles algo en la cabeza. La angustia nuestra es poner un dedo donde no debés. A un milímetro de distancia. Cuando tenés nervios, las distancias se acortan. Estar en público te saca y te da. Es como cuando vos, nena, estás delante de un *mino* que te gusta. A lo mejor estás nerviosa para gustarle y, al mismo tiempo, florecés y el encanto se duplica. Hay un momento en que sentís una rotación de energía, entre tu inspiración, el público y vos. Y eso es maravilloso. No sucede siempre. Pero los días que sucede es fantástico.

–No depende de uno, depende del público también –dice Franco.

Bruno emite un suspiro impaciente, como si estuviera harto de explicar lo mismo.

–El público que va a un concierto no te viene a mandar mala onda, nene. El noventa y nueve por ciento de las personas están esperando algo bueno.

Entonces vuelve a mencionar sus inicios, su casa como infierno musical, la vida como un trineo que se desliza, hasta llegar a la anécdota del concierto que dio en Ginebra y en el que no había tocado tan bien como creyó. Pero si la primera vez que lo vi, en abril, el hombre con el que había escuchado el concierto era un «amigo», ahora es, con toda naturalidad, «un novio».

–Toqué en Suiza, con Ansermet, y estaba en casa de un novio, en Alemania, y me dice: «Esta noche pasan tu concierto de Ginebra en la radio», y yo pensé...

Después, cuando se refiere a la relación que dejó en Buenos Aires para irse a Francia, lo que meses atrás se mencionaba en el registro neutro de «un amor», ahora adquiere, con toda naturalidad, género masculino.

–Cuando uno tiene lo que tiene que tener bien puesto, y conoce lo que es la música, no hay lugar para que haya ego. Yo soy, aunque no lo parezco, de una extrema modestia, porque lo que a mí me gusta es tan maravilloso y tan genial que me siento realmente un granito de arena. Y no considero que nada me sea debido. Nunca podés decir: «Ay, qué bárbaro soy.» Siempre hay alguien que ha tocado mejor. Yo nunca dije: «Quiero llegar ahí.»

–¿No? –dice Franco, extrañado.

–No. Íbamos a las salas de conciertos en París, a la Salle

Pleyel, a Champs-Élysées, y yo decía: «Ay, si yo pudiera tocar aquí dentro de diez años.» Con toda inocencia. Y a los seis meses estaba tocando ahí. Prueben el flan.

—¿No le costó dejar todo cuando se fue? —pregunta Franco.
—Todo me costó. Pero no dejé de ir.
—¿Y con su pareja cómo hizo?
—Le dije «Chau».
—Me imagino que no habrá sido tan fácil —insiste Franco.
—Bueno, mucho más difícil fue para él. Porque el que se va para algo nuevo, es distinto. ¿Te doy más té?
—Se tuvo que mentalizar —dice Franco.
—No —dice Bruno, tajante—. Lo vivís. Y te la aguantás. Servite. ¿Te corto un pedacito? Pero yo jamás hubiera dicho: «Dejo mi destino por una persona.» Prueben los alfajorcitos de maicena, que son deliciosos. Hay una historia tan bonita que te tengo que contar, nena. Yo llegaba a Stuttgart. Nevaba. Tenía una familia amiga y el chico de esa familia era divino. Nos habíamos conocido en la Costa Azul. Él me fue a buscar para llevarme a comer a su casa y después al hotel. Vamos al estacionamiento y yo tiritaba. Me dice: «Ponete adentro del auto que yo ubico las valijas.» Bueno, vamos a la casa, comemos espléndidamente. Termina la comida y me lleva al hotel. Voy a hacer el *check in* y lo veo venir blanco como el papel. Dice: «No está la valija colorada.» Yo me había comprado una valija colorada de cuero, me daba todos los gustos. Y le dije: «Pero el changador la trajo.» Me dice: «Bruno, vos sabés que yo no tengo el recuerdo de haberla puesto en el baúl, me parece que la dejé en el estacionamiento. Vamos a llamar al aeropuerto.» Y le digo: «¿Pero en el aeropuerto quién te va a contestar?» Llama, llama. Contesta un viejo. Le explica. El viejo dice: «Bueno, voy a mirar por la ventana.» Y estaba la valija en medio del estacionamiento. Así que fuimos a buscarla. Esas son las cosas extraordinarias que te pasan.

—¿Cuántos años tenías?
—Veinte o veintiuno.

La anécdota de la valija roja es muy parecida a la que cuenta Jorge Galasso, pero transcurre en otra época y tiene un final muy distinto.

—Cuando yo empecé a trabajar con él todavía no hacíamos las giras juntos. Apareció otro chico, a través de unos amigos, que lo acompañaba en los viajes. En una de esas giras, Bruno venía con bastante plata y joyas. No sé en qué aeropuerto de Alemania bajaron del avión y se fueron a otra ciudad en auto. Y este chico se olvidó la valija de cabina con la guita, los relojes, las joyas. Cuando llegaron a la otra ciudad, el pibe se dio cuenta de la que se había mandado. Parece que cargó las valijas en el remise, pero esa quedó en el piso. Y dice que llamaron al aeropuerto, pero nada. El pobre chico decía: «No sé cómo le voy a pagar.» Bruno lo bancó, siguió viajando con el pibe todo el año. Podría haber dicho «Chau». Y no. De hecho, el chico lo llama siempre para saludarlo, y él lo atiende.

El final que cuenta Galasso arroja posibilidades tristes: ¿reformuló Bruno la anécdota para hacerla encajar en su artificio feliz? ¿La ha contado muchas veces distorsionada hasta llegar a creerla? ¿O son, simplemente, dos historias distintas?

La entrevista en video que le hizo el periodista Pablo Gianera se publicó en la página web del diario *La Nación* el 12 de julio de 2017. Bruno, que usa una camisa azul y un pañuelo blanco al cuello, empieza con un elogio a su entrevistador.

—Le agradezco porque le tengo una gran admiración y me quedé pasmado con su biografía, con todo lo que ha hecho y con todos los intereses que tiene.

—Bueno, gracias. Estamos para hablar de usted, de todas maneras —responde Gianera.

—No me va a hacer callar —responde Bruno, con una frase tensada sobre un hilo de entonación perfecta que indica que su admiración es genuina y quiere expresarla—. ¿Sabe lo que me fascina a mí? Que nosotros, los artistas solistas, nos focalizamos en algo. En cambio usted tiene esa cosa pluralista que es maravillosa. Entonces estaba un tanto acomplejado por saber si iba a poder responder.

Gianera hace caso omiso del elogio y camina por el puente que le han dejado tendido.

—¿Es necesario que el artista tenga un foco concentrado para trabajar, que no haya dispersión?

—Es lo más difícil que existe, y totalmente indispensable. Porque la gente joven está estudiando y pasan unas pompas de jabón de colores y allá se va. (...) Yo creo que Dios es el menos demócrata de todos nosotros, y esparce talento y vocación de una manera no muy pareja entre la gente. Y aquellos que hemos tenido la suerte de recibir eso tenemos una misión en la vida, y eso comporta el saber para qué. Para qué uno está en el mundo.

Gianera le pregunta por la grabación de 1965, editada en 1966, del primer concierto de Brahms con Franz-Paul Decker como director.

—Me parece que lo que se concentra ahí es una conexión muy particular con el repertorio brahmsiano. ¿Cuándo notó esa afinidad con la música de Brahms, como si la conociera desde adentro?

—Me enamoré de la sinfonía número uno. Y después vinieron las otras —dice Bruno, escueto—. También lo que me mata de emoción son los *Intermezzi*. Se pueden tocar de rodillas porque realmente son de una profundidad, una sinceridad de alma increíble.

—Es como si estuviera al desnudo Brahms, ahí.

—Sí. Como si estuviera al desnudo... y que valiera la pena —dice Bruno, con picardía y desenfado.

Hablan de Argerich —«Ella sí es un genio porque nació pianista (...). Yo me hice pianista, con las manos gordas (...). Martha es espectacular, Martha es brillante. Martha es genial. Yo soy un buen artista, un buen músico. Y no es que ella no lo sea, pero no tengo ese lado extraordinario que ella da tocando»—, de otros grandes pianistas: «No voy a dar nombres, porque voy a quedar mal, pero hay una persona que tiene dos apellidos iguales, hace un show de su actuación, y es una manera de seducir y de marcar poderosamente la diferencia que hay entre él y los demás.» Esa persona que tiene dos apellidos iguales es Lang Lang, y cuando Gianera comenta que, sin embargo, le escuchó al pianista chino una muy buena versión de la última sonata de Schubert, Bruno retruca, en una voz que denota autoridad total, incuestionable:

–Clara Haskil está mejor.

Clara Haskil es una pianista de origen rumano que nació en 1895 y falleció en 1960. Otros pianistas que menciona como modelos en esta entrevista son Vladímir Hórowitz –fallecido en 1989–, Artur Schnabel –fallecido en 1951– y Solomon, fallecido en 1988.

Los comentarios de lectores que pueden leerse al pie de la nota son variados:

Orbis tertius 21: ¿Por qué anuncian un reportaje a Bruno Gelber y ponen a su madre ya geronte?

Chiquidel: Un genio perseverante. Me conmueve cuando cuenta todo lo que tuvo que pasar en cama por su enfermedad y que arrimaban el piano para que pudiera tocar desde ella. Un grande.

Luciana81: Gran definición del Maestro, que dicho sea, cada día se parece más a la expresidenta del Brasil.

Hoplita1: No le preguntó nada sobre su sexualidad. A muchos nos interesa.

Supermoore: A una señora mayor no se le preguntan esas cosas.

Franco Pedemonte tiene veinte años. Bruno Gelber setenta y seis. Se conocen desde hace tres. Franco ha venido a esta casa a tomar clases decenas de veces. Se ha quedado a cenar. Seguramente han conversado acerca de muchas cosas. Sin embargo, las preguntas que hace este final de tarde frente a una merienda copiosa que su maestro no prueba suenan a curiosidades adarsenadas durante un largo período. Las hace con soltura y en un tono neutro, aun cuando algunas tienen resonancias crueles y tocan puntos tan sensibles como la decadencia, la pérdida de la calidad técnica y el paso del tiempo, quizás amparado en la falta absoluta de registro de la posibilidad de producir daño. Y Bruno, uno de los cien mejores pianistas del siglo XX, el hombre que se subió a los escenarios más importantes del mundo donde, rodeado por orquestas sublimes, fue embestido por oleadas monstruosas de emoción y sobrevivió para contarlo, le responde, a su alumno bisoño, sin una brizna de ofuscación, altivez o incomodidad.

–¿Usted piensa que ya atravesó su esplendor máximo, que dio todo lo que podía dar como pianista?

–No. Como pianista supongo que a la edad que tengo a lo mejor tengo menos brillantez que hace veinte años, pero tengo los elementos suficientes para expresar todo lo que necesito. ¿Querés más té? Cuando todavía estás vigente no vivís pensando lo que pasó. No te masturbás la mente pensando en lo que fue tal cosa.

–Pero hace poquito usted tocó el primero de Chopin, en Uruguay. ¿Usted pretendía que esa versión superara las versiones que había hecho antes?

Bruno no se inmuta. Es una esfinge, un tótem, alguien capaz de soportarlo todo: de entender la condición humana, la crueldad, la ambición salvaje. Casi contento de despedazarse, de ofrendar trozos de sí para saciar una curiosidad caníbal, antropófaga.

–Yo tengo que decir lo que creo que tengo que decir. No tengo una balanza. Ese momento fue mi verdad. ¿No quieren más flan? Hace poco en París publicaron un título en una revista de música clásica que decía Bruno Gelber, la leyenda viviente. Es tan exagerado. Me han hecho críticas buenas, más o menos, malas y sublimes, y el valor de todo es... muy efímero. Mirá, salió la nota esta de Gianera y pusieron de título lo que yo había dicho, que Dios no es democrático porque reparte talento de una manera muy discriminada. Y me llama una amiga desesperada diciendo: «¡Se te va a venir la gente encima! ¿Cómo vas a decir eso?» Y le dije: «Me importa un pito.» Mi democracia es pensar que tengamos todo, al principio, las mismas posibilidades. Después, somos responsables de lo que hemos hecho con nuestras vidas. No todo el mundo es Einstein. También necesitamos gente que haga los trabajos de limpiar las calles, de la construcción. Mi hermana tenía facilidades y no le gustaba poner el poto en el asiento para estudiar. Pero ella tiene lo que yo no tengo. Tiene sus hijos, tiene sus nietos, tiene su marido y hace cincuenta años que está casada.

–Eso le iba a preguntar, Brunito –dice Franco–. Si usted alguna vez sintió la necesidad de...

–¿De tener un marido e hijos? –pregunta, levantando la ceja.

–No, de tener una pareja estable.

–Eso no se elige. Te viene.

–Pero cuando estaba en una de sus relaciones, que no deben haber sido pocas...

–Yo no soy tan puta como vos –dice, con sarcasmo, comiendo un trocito de fruta.

–No, ¿pero nunca dijo «Con este sí»?

–Es muy difícil querer a alguien famoso. Yo tenía uno..., de mis parejas estables, que cuando me paraban en la calle él no se quedaba a mi lado. Me esperaba en la esquina. Supongo que porque le daban celos, envidia. Pero lo de mi hermana no debe ser cómodo. Tiene la certeza de que mis padres me dieron a mí y a ella no. Porque yo fui enfermo. Pero si vos tenés dos hijos, y una es sana y reluciente como una manzana y el otro se agarra toda peste que pasa, y manifiesta cosas excepcionales y te hace un concierto a los cinco años, lo vas a proteger más. A mi hermana no le podían atender las piernas, porque las tenía bien. Pero yo me fui a Europa cuando ella tenía quince. Tuvo tiempo para hacer *à la recherche du temps perdu*.

Se encoge de hombros, indicando que se trata de un caso sin remedio.

–Yo le conseguí un puesto en el Instituto Labardén y se jubiló ahí. Yo le decía: «Munina, ¿por qué no ponés en el garaje de tu casa un consultorio? No tomes muchos chicos por día, tomá dos.» Y ella: «Sí, ¿pero y mi familia?» Tenemos una excelente relación, pero no se ha hurgado en hacer las cuentas del pasado. Cuando uno revuelve cosas feas, peor olor tienen después. En un momento no quiso ocuparse de mi madre. Y yo tenía que estar afuera porque era el único sostén económico.

–¿Pero es una de las personas con las que usted contaría? –pregunta Franco.

–No creo.

–A fin de cuentas, eso es lo que importa –dice Franco, por decir algo.

–No. No es lo que importa –dice Bruno, refractario a cualquier cosa que pueda parecerse a un consuelo, habituado a vivir sin alivios ortopédicos, verdugo de las palabras que se dicen por decir–. Lo que importa es la relación. Todo lo que yo le fui dando para ella era normal. Porque yo tenía más. Hasta que me di cuenta de que no tenía que darle. Ella con su marido, sus animales, sus hijos, sus nietos, tiene su cupo lleno. Esa es su vida y es feliz con eso.

–¿Pero con quién contaría usted? –persevera Franco, mecánico, maquínico, insistente.

–Yo no me conduzco en previsión de mi..., como siempre tuve un problema físico, estoy acostumbrado a que no tengo la libertad de movimientos de una persona normal. Entonces convivo con el cuidado que necesito y con la fragilidad física. Pero mi hermana no va a venir a quedarse conmigo y dejar todo lo suyo.

Bruno es un hombre drásticamente robusto, con un gran abdomen y unos grandes brazos y un cuello grande y fuerte y unas manos que destilan contundencia. Pero debajo de todo eso –como un perro que espera agazapado– está el daño: la pierna mala, la pierna fea, la pierna flaca, la pierna que se dobla, que se rompe, que duele, que se acalambra. Y él, durante años, ha logrado que nadie lo recuerde. Que todos lo olviden hasta el momento en que decide –sin clemencia, sin compasión– mencionarlo.

–Por eso les digo a los jóvenes que me disfruten las enseñanzas mientras estoy lúcido y no tarado. Yo sé que no tengo la cara de un viejo. Yo creo que tengo la frescura y el entusiasmo de vida intactos. Pero nadie sabe cómo va a ser el futuro. Y eso es el encanto de la vida... Yo, si decidiese suicidarme, me suicido en serio. Pienso que el suicidio no es un... Por más católico que sea, creo que tenemos derecho, en nuestra vida, a ponerle término.

Juana se asoma por la puerta y dice:

—Señor, voy a comprar acá nomás. Ya vuelvo.

La mira sin decir nada. Asiente con la cabeza. La puerta se cierra detrás de ella y él se queda contemplando ese parpadeo indeciso, ese vaivén de falsa pared roja.

—Yo lo que creo es que uno puede vivir hasta que sirve para algo. Ese es mi pensamiento.

Servir para algo: dar conciertos o dar clases.
No es mucho. Es todo.

¿Y cómo es él cuando está solo?

Cuando Franco arremete y dice: «¿Usted se plantea cuándo sería el momento de decir: "No quiero dar más conciertos, ya no me considero apto"?», me pregunto si no ha asumido que debe hacer el trabajo sucio: preguntar lo que se supone que yo, o cualquier periodista, debería preguntarle a uno de los mejores intérpretes de música clásica que ha regresado a vivir a un país que no está dentro del círculo áureo de las giras internacionales, alejándose no solo de posibilidades de trabajo sino de una esfera de esplendores que le resulta cautivante y que formó parte de él durante años —como ahora forman parte de él Juana o Esteban o la panadera de enfrente—, de la que conserva adheridas, como filamentos de medusas lujosas, hebras de fulgor.

—No, todavía no. Yo no tengo pensamientos negativos y terroríficos ni me masturbo con el horror.

—Los intérpretes van madurando y mejoran —dice Franco.

—Mozart era un compositor genial, y decía porquerías y escribía porquerías y sus primeras cosas eran divinas.
—Pero no tenían la profundidad que tenían las últimas.
—Bueno, a vos, como a todos los jóvenes, te fascinan las cosas profundamente maduras. Y hay en las cosas... ¿elegíacas, se dice?... puras y transparentes... increíble belleza.
—Pero ¿usted qué disfruta más: una de las últimas o una de las primeras sonatas de Beethoven?
—Depende de quién lo toque y cómo lo toque.
—Supongamos que están las dos mejores versiones que a usted le gustan de la sonata en Fa menor, la uno, y la sonata treinta y dos. ¿Con qué se queda?
—Me interesan las dos.
—¿Por igual?
—Evidentemente no por igual. La treinta y dos me habla del más allá. Pero como nadie sabe si es cierto o no...
—¿Y con qué se queda, entonces?
—Por el momento, con el más acá.

Franco se ríe. Bruno suspira y contempla la mesa llena de dulces antes de llevar la conversación, una vez más, hacia un punto de significativa recurrencia.

—El único riesgo que gracias a Dios no sufrí es el de desfasarse de acuerdo a los años. Tentarse con lo que uno no debe.
—¿Cómo sería eso? —pregunto.
—Bueno, enamorarte... como si yo me hubiera enamorado de este pendejo. Querer hacer algo que no te dan las tabas. Tuve la obligación estética de preservar eso por la cuestión de la pierna. Cuando había sentimiento de por medio sí, pero yo no podía jugar parejo con una persona estéticamente perfecta. Pero he sido muy seductor de joven. Es decir, no se me escapó nadie. Y cuando sos joven, lo de la pierna duele más.
—¿Y después? —pregunta Franco, sin el más ínfimo temblor.
—No tanto. Bueno, vamos a la clase.

Son las siete.

—Es muy generoso —dice Jorge Galasso—. A veces se enoja porque me quiere regalar cosas y le digo no, porque son cosas que le gustan a él y a mí no. Pero hubo gente que se ha abusado de su mano suelta o de su confianza. Mala gente. Cuando Luis se fue y dejó de trabajar para él, creo que conoció a un tipo que trabajaba en la playa, en un restaurante en Mónaco, y lo llevó a la casa. Obviamente, el tipo sabía todos los movimientos de Bruno. Dónde guardaba los relojes, la plata. Y parece que estuvo un tiempo y de golpe desapareció con lo puesto y se llevó la plata, los relojes, todo. Era un francés. Pero yo nunca le pregunto, porque de las cosas feas no quiere hablar. Por ejemplo, de la muerte de Anita yo no le pregunto.

—Bruno es generoso en todo sentido —dice Hugo Beccacece—. Reunir gente diversa ya es generosidad. Y si encuentra a alguien que tiene talento, le cobra cifras ridículas por las clases. Nadie de su prestigio cobra eso. Y me consta que ha hecho regalos fastuosos. El equivalente a un auto en una joya a mujeres amigas. Pero él es simple. La casa es teatral pero lo que ocurre ahí adentro no es nada teatral. Se comen milanesas, se habla de cosas cotidianas. Su límite es que no resiste que le hablen mucho de cosas oscuras, de cuestiones de salud. Sé que ha ayudado a gente con problemas de salud, pero no es un mundo en el que le guste internarse. Porque él nunca salió de ese mundo. Fijate que lo fascina la farándula televisiva, que es como la corte de los milagros. Se queda mirando eso como un chico. Y yo creo que lo hace porque necesita distraerse y todo eso le lava un poco la cabeza, lo distrae de..., no sé..., Rachmáninov.

Ha dicho varias veces que tiene un sentido extra, una intuición ciega que le permite saber dónde puede estar un objeto que se ha extraviado dentro de la casa: un cuaderno, una agenda, una lapicera: «Yo me concentro y no es que veo dónde está: siento dónde está.» Pero en los últimos días ha empezado a sucederle lo contrario: las cosas se esfuman sin dejar rastros o, peor, hay rastros de cosas que nunca estuvieron. Ahora, sentado en la butaca del estudio, está preocupado por el gato. Pero el gato no existe: él no tiene un gato. Sin embargo, acaba de escuchar un maullido en el balcón. Toma el teléfono y llama a Juana. No le pregunta: «¿Usted escuchó maullar a un gato?», sino: «¿Usted entró el gato?» Juana, por supuesto, no entiende: «¿Qué gato?» Bruno cuelga sin dar explicaciones. Mira a Franco como diciendo: «¿Qué esperás para empezar?» Franco arranca con la cuarta balada de Chopin, pero alcanza a tocar apenas un par de notas.

—Eso tiene que ser, como dicen los franceses, un *tremblement*.

—Perdone mi ignorancia, pero no sé qué quiere decir esa palabra —dice Franco, alambicado, como si estuviera hablando desde las páginas de una novela de Sherlock Holmes.

—Un temblor. Es como si tuvieses la herida abierta. Tiene que ser absolutamente claro lo que sentís.

Las indicaciones de Bruno podrían ser entendidas aun por quien no fuera músico —«Eso tiene que ser absolutamente blanco», «Cantalo, querido, decilo todo»—, y tienen la sabiduría y el desparpajo de quien ha vivido dentro de esas obras durante más de setenta años.

—Oíme, sos tan boludón que te divertís con los trinos de mierda esos que tiene la izquierda y te perdés todo lo que pasa. A nadie le importan los trinos esos. Dale con todo.

—Es que no me da el dedo para...

—Qué no te va a dar el dedo —dice, más como un voto de confianza que como un reto—. A mí me vas a contar. Tocá. Eso. Bien. Y ahora..., el milagro. Bueno, no. Tampoco se le enfría la leche de golpe. Son pequeños cariños, pequeñitos... Es adeeeentro y blaaanco. Respirá, respirá.

Al cabo de una hora, Bruno da la clase por terminada con una sentencia lapidaria que suaviza con un barniz de contrición, como si se disculpara por tener que recordar algo obvio:

—Acá no se viene a estudiar. Se viene a tocar.

—Okey. Quedemos ahí, mejor, y se lo puedo mostrar bien

la próxima. Yo siento que tengo que darle un color distinto, y no sé cómo.

—Pobrecito. No tenés las acuarelas —se ríe Bruno, mientras empieza a ponerse de pie.

Señalo la foto pequeña que está sobre la tapa del piano, la del hombre que parece vestido a la moda de los años ochenta.

—¿Quién es, Bruno?

—¿El chiquitito? Mmmmm.

—¿Inconfesable?

—No, no es inconfesable. Alguien que existió en mi vida durante siete años.

—Mucho tiempo.

—Sí, y lindo tiempo. No era una vida romántica, no hablábamos de Schopenhauer. Hacíamos más *choping* que *hauer*. Era muy comestible. Esa es una foto que me regaló él. Y la puse sobre el piano para que viera que la tenía. Era muy atractivo. Murió. Murió a los cuarenta y seis años. De un paro cardiorrespiratorio. Estaba con la hija.

—¿Se dedicaba a la música?

—No exactamente.

—Debe ser duro perder a alguien a quien querés.

—Pero no se vio envejecer.

—¿Esa es la parte buena?

—Bueno, hay que buscarle algo —dice, riéndose y apoyándose sobre el andador—. Vayan para allá que ya voy.

Franco y yo vamos a la sala. Bruno llega detrás y le pide a Franco que le alcance el cuaderno que se coloca debajo de la nalga y que quedó en el estudio.

—¿La Laura Hidalgo? —pregunta Franco.

—Mirá si me voy a sentar arriba de Laura Hidalgo —dice, fingiendo indignación—. ¿Vos te vas de viaje de nuevo, pichona?

—Sí, pero te llamo a la vuelta.

—Más te vale. Date todos los gustos en los viajes.

—¿Los gustos?

—Claro. Vos me entendés. Los gustos hay que dárselos. Un caramelito cada tanto.

—Bueno, Brunito, me voy para casa —dice Franco, regresando con el cuaderno desde el estudio.
—No. Te quedás a comer.
—¿Pero usted no dijo que hoy no va a comer?
—Yo no dije que *yo* voy a comer. Vas a comer vos. Pero bajá a abrirle a la nena, primero.

Franco obedece y me acompaña hasta abajo. En el ascensor dice:
—A veces, cuando Brunito puede, me quedo a comer. Hoy no me lo esperaba. Le voy a avisar a mi madre. Espero que no haya cocinado esperándome.

Manipula el teléfono para enviarle, supongo, un mensaje de whatsapp a su mamá.

Por algún motivo, durante un buen tiempo Bruno creyó que yo estaba casada con un hombre mayor y, además, enclenque. Desde que descubrió que no es así («¿Cómo es tu marido? Contame de él»), me da consejos que solo podrían encontrarse en una revista femenina de la década de los cincuenta: cuidalo, cada tanto demostrale celos aunque no los sientas, nunca le hagas notar si ganás más dinero que él, si alguna vez le descubrís un pañuelo de mujer en el bolsillo hacé de cuenta que no lo viste.

El lunes 17 de julio, a las once y cuarto de la noche, suena el teléfono. En la pantalla aparece su nombre: Bruno Gelber. Atiendo.
—¿Hola?
—Alóoooo.
—¿Cómo estás, Bruno?
—Maravilla. Quería invitarlos a una comida, a vos y a tu marido, el jueves 20 a la noche.
—Está de viaje, pero apenas hable con él lo consulto.
—Bueno, pero contigo cuento.
—Por supuesto.

Antes de colgar, me detalla la lista de invitados.

Al día siguiente, llama por la tarde para preguntarme si mi marido va a ir. Le digo lo que es verdad: que está esperando que le confirmen un trabajo y que no sabe si estará libre esa noche.

—Bueno, yo creo que hemos esperado cuarenta y ocho horas...

—Claro —le digo sin protestar, aunque no han pasado cuarenta y ocho horas sino menos de veinticuatro—. Yo creo que es mejor no contar con él, así podés confirmar los puestos.

—Bueno. Pero ¿con vos cuento?

—Claro.

—Es en el restaurante Azul Profundo, en Libertador entre Suipacha y Esmeralda. Te cuento quiénes vienen.

Y enumera.

Me da también, en cantidades cada vez más generosas, recomendaciones que provienen del hábito del ocultamiento: «Date todos los gustos en los viajes», «No te prives», «Un caramelito cada tanto...». Quizás porque su vida transcurrió en el subterfugio, el disimulo.

Dos días después, el miércoles 19 de julio a las diez y media de la noche, suena el teléfono. Veo su nombre en la pantalla: Bruno Gelber. Atiendo.

—Hola.

—Alóooo.

—Hola, Bruno, cómo estás.

—Muy bieeen... Llamo para confirmar que nos vemos mañana.

—Por supuesto. Iba a llamarte porque acabo de ver que es el Día del Amigo, y quizás llegue unos minutos tarde. El tránsito puede estar complicado.

—¿Dónde vas a estar? Mando a Jorge a buscarte.

—No, Bruno, no es necesario.

—Pero oíme, si uno tiene auto puede hacer eso.
—No, Bruno, gracias, no hace falta.
—Pero oíme, ¿a cuántas cuadras vas a estar del restaurante?
—Más de cincuenta. Pero no te preocupes.
—Te lo mando a Jorge.
—No. Mirá, hagamos esto: yo voy a tu casa. Hasta ahí puedo llegar en subte. Y nos vamos desde ahí a la hora en que vos salgas.
—Bueno. Entonces te espero mañana. ¿A las 19.45 está bien? En mi casa.
—Perfecto. Nos vemos mañana.
—Besito.

El día de la cena, a las tres y cuarto de la tarde, estoy por entrar a una entrevista cuando suena el teléfono. Veo su nombre en la pantalla: Bruno Gelber. Atiendo.
—Hola, Bruno.
—Maravilla, ya me conocés.
—Sí.
—Oíme, en vez de estar a las 19.45 en casa, te esperamos a las 20.05 en la esquina de Pueyrredón y Corrientes, porque no quiero que camines a esa hora esas cuadras sola.
—Estupendo. Los veo ahí.
—Bueno, tesoro. Besito.
Cuelgo y me quedo pensando. ¿20.05?

El jueves 20 de julio a las 20.05, un Ford Mondeo Titanium —la más alta gama de Ford, fabricado en Bélgica— espera a la salida de la estación Pueyrredón del subte de la línea B. Jorge conduce y Bruno va en el asiento del acompañante. Usa una camisa oscura de cuello blanco y una corbata Hermès. Durante el trayecto comenta los últimos desastres de Juana («No sabe cuáles son los países limítrofes; cuando le pregunté: "¿Dónde queda Uruguay?", me dijo: "Cerquita." Y me lava las camisas de seda con agua caliente. Cada vez me quedan más chicas»), dice que mandaría a trabajar a todos los que hoy, más temprano, cortaron con un piquete de protesta la intersección de las avenidas Corrientes y Callao, que las mucamas tendrían que agradecer su trabajo puesto que «no pagan luz, no pagan gas, todo el sueldo les queda para ellas». En la entrevista del 11 de enero de 2003 para el diario *Río Negro,* el periodista Oscar Sarhan le preguntó acerca de «la crisis argentina». Él respondió: «Vivo fuera del país desde que tengo diecinueve años, pero eso no quiere decir que no esté informado de lo que sucede aquí, de que hay niños que han muerto de hambre, que hay jubilados con sueldos miserables. Siempre voy a estar del lado de los que sufren. Desde que tengo uso de razón, este país vive en crisis. Una crisis que no es solo porque hay gente que vive en la miseria, sino porque hay otros que viven en la abundancia. Me duele corroborar que el dicho tan lindo de que "el sol sale para todos" a veces falla.» En diciembre de 2017, Pablo Gianera irá a cenar a su casa en un momento de gran conmoción social en el país debido al enfrentamiento entre manifestantes y fuerzas de seguridad durante una controvertida sesión en el Congreso. Gianera me dirá que, debido a esa circunstancia, Bruno rompió su regla de oro y hablaron de política: «Lo vi muy antikirchnerista, pero creo que eso procede de un antiperonismo acérrimo. Por supuesto que reprodujo la famosa frase de que las mujeres se embarazan para cobrar la Asignación Universal por Hijo, y que la gente no trabaja porque no quiere. Pero creo que conviven en él dos cosas: la sensibilidad social, y la aversión por el peronismo y sus sucesivos avatares como algo más estético que político. Porque el peronismo es como la irrupción de lo real en su sentido más feo. Y él no es nada realista. La suya es una oposición estética.» Con el correr de los meses, su máxima de no hablar de política conmigo se ha relajado apenas un poco, lo suficiente para percibir ideas conservadoras y un sentimiento muy refractario hacia el kirchnerismo que no parece tener su contracara en un apoyo incondicional a la gestión de Mauricio Macri, con la que conserva reticencias. A veces, alguien de su entorno asoma comentarios duros contra la gestión de Cristina Kirchner ante los que él mantiene una actitud de silencio prudente. Un día de agosto, durante una cena en su casa, dirá: «Qué cosa tremenda saber que no hay un gobierno de izquierda que haya funcionado. Y a los gobiernos de derecha uno los detesta por lo totalitarios que son. Está bien que uno puede ser de centro, pero el centro no funciona tampoco. Los únicos que anduvieron bien fueron los escandinavos. Pero es una disciplina y un orden superior.» Ahora, en el auto, pregunta:

—Te dije quiénes vienen, ¿no?

Repasa, una vez más: Martín Cabrales, dueño de una importante empresa de café; Susana Reta, una mujer de noventa y tres años que es su amiga; Graciela Rohmer, una encuestadora muy conocida; Alejandro Mashad, un ingeniero aficionado al piano que tomó clases con él y que tiene un negocio de carteras en la Recoleta; y el periodista Pablo Gianera con su mujer, Silvia.

El restaurante Azul Profundo lleva años en la avenida del Libertador, y tuvo su momento de gloria a principios de este siglo, cuando era espacio de reunión de políticos del partido Radical conocidos como el Grupo Sushi. Tiene tres sucursales pero su local primigenio, que está ubicado en esta avenida, es el más conocido y exhibe una importante pecera que da a la calle en la que navega lo que parece, y seguramente no es, un tiburón.

—¿Sabés por quién conocí este restaurante? Por Florencia de la V. Ella me lo recomendó.

Al llegar, Bruno desciende del auto apoyándose en el brazo de Jorge —que, además, sostiene el cuaderno marrón y una bolsa negra de supermercado con algo adentro—, y camina con una oscilación importante, un compás vigoroso que busca su próximo punto de apoyo. Al llegar a la entrada saluda al personal, que lo recibe con deferencia.

—Buenas noches. ¿Tienen calor? Porque la puerta está abierta.

—No, Bruno, ya se la cerramos cuando usted entre.

Su mesa —circular, enorme, rodeada en parte por un sillón fijo— está junto a la entrada y puede separarse del salón, para te-

ner privacidad, con cortinados de pana que caen desde el techo y que ahora permanecen recogidos.
—Vos te sentás a mi izquierda —indica, sentándose.
Cuando apoya la mano sobre la mesa veo que lleva un reloj importante.
—Son zafiros y brillantes.
Después le pide a Jorge:
—Sacá la lámpara, Jorgito.
Jorge saca un cilindro de opalina de la bolsa de supermercado, y lo pone en el centro de la mesa.
—Encendela.
Jorge enciende la lámpara y empieza a tocar su superficie. Con cada toque, cambia de color: violeta, verde, verde más pálido, azul, azul más pálido, blanco, blanco iridiscente, rojo, rojo pálido.
—La luz cenital de estos lugares te marca los surcos nasofaríngeos —dice Bruno, pronunciando amaneradamente, a propósito, la palabra «nasofaríngeos»—. En los buenos restaurantes de París hay, en cada mesa, una lámpara, como un velador, y así la gente luce fantástica. Pero acá las luces no ayudan. Así que lo mandé a Jorgito a comprar esa lámpara. A ver, tocá.
Jorge toca la lámpara, que arroja una luz blanca.
—No, esa es fuerte.
Jorge toca. Verde, rojo.
—No. Esa es color puta. La de antes.
Jorge toca: rojo, verde, blanco.
—No. Tocá, tocá. ¿Esa te parece fuerte a vos?
—No —dice Jorge.
La lámpara arroja una luz azul.
—No. La anterior.
—¿La verde? —pregunta Jorge.
Toca, y la lámpara se pone verde.
—No. La anterior.
—Esta.
—¿Es verde esa? —pregunta Bruno.
—Verde agua.

—A ver la otra. Seguí, seguí, seguí. Esa es linda, ¿no?
—Es más natural —dice Jorge, y la lámpara queda fija en la luz del principio, un blanco fuerte.
—Sabés quiénes vienen, ¿no?
—Sí, me dijiste. Martín Cabrales...
—Del café. Hacete amiga, así te regala café.
—No tomo café.
—Bueno, no le digas que el café te parece asqueroso.
—No me parece asqueroso, pero no tomo.
Un hombre, que se presenta como uno de los dueños del restaurante, se acerca a saludar. Bruno le muestra la lámpara con orgullo.
—Apagala, Jorge. ¿Ves? Mala luz. En cambio, con la lámpara..., prendela, Jorgito..., está bárbaro.
El dueño dice que es una buena idea, que quizás debería adoptarla (en un tono que suena poco convincente).
—¿Querés que te la deje? —ofrece Bruno de inmediato—. Yo en mi casa no la voy a usar.
—No, gracias. La puedo tener acá, y la pongo cuando vengas.
—Yo quería una luz rosada, y rosado no tenían.
—Acá hay uno —dice Jorge, y pulsa la lámpara: rojo pálido.
—No, eso es color puta. Mostrale los otros colores.
Jorge pulsa y muestra los colores.
—Sensacional —dice el dueño—. Hay que ver si hay más chicas para las mesas de dos. ¿Qué puedo ofrecerles para tomar?
Bruno pide Gancia. Cuando el hombre se retira, le indica a Jorge que se siente en el extremo opuesto y le diga cómo se lo ve desde allí.
—Atrás tenés una vela —dice Jorge, desde el otro lado de la mesa.
—¡¿Síiiii?! ¿De qué grosor?
—Se te ve muy bien —dice Jorge, riéndose—. Pero hay un toque con el pelo... La luz no te llega al pelo.
—El pelo qué me importa. Lo que no me gusta es que se me vean surcos.
—No, se te ve bárbaro.

Jorge vuelve a su sitio. En algún momento, cuando lleguen los invitados, desaparecerá sin que nadie lo perciba.

—Sos idéntica a Marisa Berenson. A mí de chico me preguntaban si era Pedrito Rico. En ese momento era más famoso que yo. Marica como una yegua, era. ¿Y a Jorge a quién lo ves parecido?

—No sé.

—Es idéntico a John Travolta.

Jorge se ríe. Bruno empieza a mencionar hombres guapos, con Paul Newman a la cabeza.

—Tengo una amiga que lo conoció. Dice que era para morirse. ¿Pero sabés quién era el más lindo de todos? Uno que trabajaba en la serie *Modelo masculino*.

—No me acuerdo. No vi esa serie.

—Bueno, poné.

Busco la serie en el teléfono y aparece un actor hipermusculado, rubio, de ojos azules. Jon-Erik Hexum. Muerto en 1984.

—¿Sabés cómo se murió? Jugaba a la ruleta rusa. Un tarado. Pero comestible.

Los primeros en llegar son Martín Cabrales y Susana Reta, que viven en el mismo edificio, muy cerca del restaurante. Bruno hace las presentaciones:

—Leila Guerriero. Reina de la pluma de toda Latinoamérica y España. Y aparte se parece a Marisa Berenson.

Susana Reta es delgada, con una voz aguda y susurrante. Se sienta a la derecha de Bruno, quejándose de un fuerte dolor de cuello.

—Estás regia —dice Bruno.

—¡Pero no me puedo mover!

—Eso es otra cosa.

—En su casa tiene cien fotos de Laura Hidalgo y ninguna mía —dice Susana Reta—. Ya ves qué importante le resulto.

—Si sos igualita. Así que es lo mismo —dice Bruno.

Después llegan Alejandro Mashad —«pianista, ingeniero, tiene una empresa divina de carteras pero no la delicadeza de mandarme los catálogos»–; Graciela Rohmer –«estás divina, pero sacate esos anteojos que te hacen veinte años más»–. A cada uno le demuestra las posibilidades lumínicas de la lámpara. Todos comentan que es sensacional. Gianera llega poco después, acompañado por su mujer, y Bruno lo presenta como «el genio que me hizo el reportaje en *La Nación*».

–Yo te entrevisté hace años, Bruno –dice Gianera, sentándose.

–Te pido disculpas, pero no me acordaba. El otro día estaba rememorando los *Intermezzi*, de Brahms. Y estaba tan emocionado frente a esa maravilla. Son tres páginas, y está la pasión, está la tristeza y también la alegría, la rabia.

La conversación se dispersa cuando llega la comida, primero un risotto con arvejas, después frutos de mar: se habla de Martha Argerich (que tocará en algunos días en Buenos Aires en el marco del Festival Barenboim, cuyas publicidades callejeras indignan a Bruno puesto que Martha se menciona como «artista invitada» y él considera que su nombre debería aparecer en tamaño estelar), de los unitarios de televisión, de psicoanálisis.

–A mí me echaron del analista –dice Susana Reta.

–Del psiquiátrico –dice Bruno–. ¿Vos te analizaste? –le pregunta a Gianera.

–Sí, muy poco tiempo. Los resultados están a la vista, y la psicoanalista...

–... se enamoró de vos –aventura, como un adolescente que aprovecha cualquier ocasión para hablar de asuntos sentimentales.

–No, no se enamoró de mí. Me dijo que era muy retórico para hablar de nada.

–Yo tengo un alumno que, sin que me cuente nada, yo le digo lo que le pasa –dice Bruno, hablando de Franco Pedemonte sin nombrarlo–. Pero le hace caso a la psicóloga. Es un tipo que tiene la enfermedad del siglo: estudia veinte horas por día y duerme cuatro. Yo le digo: «Sos una criatura de veinte años, tenés que tener tiempo de comer tranquilo dos horas, dormir ocho.» Tiene psicólogo, tiene psiquiatra, tiene de todo. Pero no sabe divertirse. Le digo: «¿Qué te da alegría, qué te hace reír?» No sabe.

–Pero es muy joven –interviene Mashad–. ¿Cómo hacés para tener el humor o la levedad o la tragedia para meterte en la obra si no tenés la experiencia?

–Si tenés que estar triste para transmitir tristeza –dice Bruno, comiendo un langostino–, es que no tenés talento. El talento y el genio van por encima de la experiencia. Yo creo que no hay necesidad de haber vivido las cosas para sentirlas. En el caso de la música, no necesitás haber experimentado lo que experimentó el que la escribió. Si no, no se entendería cómo yo toqué el tercero de Beethoven muy concentrado a los nueve años y medio.

–¿Pero el tercero que tocabas a los veinticinco es el mismo que tocaste a los nueve? –pregunta Mashad.

–No sé. Pero era más excepcional tocarlo a los nueve que a los veinticinco.

–Sí, pero a los nueve no tenías la madurez que tenías a los veinticinco.

–¡Pero la madurez no siempre es interesante! –dice, vaciando un mejillón.

–¿No te ayuda a entender mejor?

–No. No tenés que entender. Tenés que sentir. Pasa por encima de todos los otros sistemas vitales. Hay una cantidad de cosas que respetamos. No vamos a hacer lleno de rubatos el Bach, pero aparte de eso, pasa por nosotros.

–La partitura... –empieza a decir Gianera.

–Es información muerta –dice Bruno, que se limpia las manos en la servilleta y empieza a contar la anécdota del mosquito.

La anécdota del mosquito:

–Yo iba a un festival cerca de Hamburgo. Un verano. Se hacía al aire libre. Pero hacía un fríiiio. Y como no soy corto de genio, dije: «O me consiguen un abrigo, o no toco.» Y no sé de dónde, a los cinco minutos aparecen con un loden. ¿Saben lo que es un loden? Bueno. Porque podrían no saber. Un loden negro, divino. Me quedaba pintado. Salgo a tocar. Y como las prostitutas, saludo y abro el loden para que vieran que abajo tenía el frac. Me siento a tocar, toca la orquesta. Una de esas situaciones muy raras, en las que por casualidad estás muy inspirado. Y hago así, abro la boca... y me trago un mosquito. Lo tenía en la boca. Y digo: «¿Qué hago, me lo trago o...?» Y sentí que algo me observaba a mí mismo desde afuera, porque yo tengo como el otro Bruno Gelber...

–Que es un Bruno Gelber al que le gusta comer mosquitos –dice Susana Reta.

–... que me mira desde afuera. Me imaginé a la gente viéndome escupir y sentí un desagrado profundo. Así que me lo tragué. Yo dije: «Tanta porquería come uno.» Otra vez, en España, tocaba en un festival, también al aire libre, en un castillo. Y veo venir un mosquito. Y lo empecé a soplar: fu, fu, fu. Y se fue. Se ve que fue a tomar fuerzas, porque lo veo que viene de vuelta y, como yo lo había espantado, vino por atrás y me empezó a chupetear el cuello. Una roncha así me hizo, el desgraciado.

Cerca de la una de la mañana, Bruno pide la cuenta discretamente, paga el total y me pregunta si puedo llamar a Jorge desde mi teléfono. Marco el número, le paso el móvil. Dice:

–¿Venís?

Me lo devuelve para que cuelgue (él tiene uno antiguo que no lleva a ninguna parte, y no se maneja bien con los teléfonos de pantalla táctil). Jorge aparece apenas después, como si hubiera estado esperando afuera. Saluda, apaga la lámpara, la mete en la bolsa de supermercado. Para salir, Bruno se apoya en él y en mí. Mientras caminamos hacia la salida siento el peso terrible del cuerpo voluminoso, sin sostén propio, completamente cargado sobre mi brazo. Jorge me dirá después que aprendió a ayudarse, en esas circunstancias, con la fuerza de gravedad y las dinámicas de la física, pero yo pierdo el equilibrio varias veces aunque Bruno no se inmuta. Tomo ese gesto como una gran gentileza por parte de un hombre que comprende la falta de fuerza y de habilidad ajenas, y como un rasgo de valentía: si yo me caigo, él también.

—Te llevamos, pichona. Vení en el auto. Y a Gianera y la mujer también.

Sube con un movimiento probado —una mano en la puerta abierta, otra en el techo— y se desliza en el asiento del acompañante. Jorge conduce primero hasta su departamento para llevarnos después a los demás, que vamos más lejos. Al llegar al edificio de la calle Perón hace señas de luces a un hombre que está parado frente al contenedor.

—Uy, no. Pensé que era Esteban.

—Ahora va a pensar que te lo querés levantar —dice Bruno, riéndose.

Jorge desciende, abre el baúl, saca una silla de ruedas plegable. Bruno, antes de despedirse, pregunta:

—¿No se aburrieron?

Después cruzan la calle. Él, en la silla de ruedas empujada por Jorge, con porte majestuoso.

Al día siguiente, el viernes 21 de julio a las cinco menos cuarto de la tarde, lo llamo para agradecer la cena. Me cuenta la historia del alumno que se le ofreció en bóxers, que ya me había contado. Se refiere a él admirativamente, diciendo: «Tenía una raíz de cuello impresionante, una de esas raíces desde la que surge una cabeza como la del David.»

—¿Viste qué cosa graciosa cuando Jorge apagó la luz de la mesa ayer en el restaurante? Parecía muerta. Hice bien en llevar la luz.

Un hombre que cena en La Tour d'Argent y Maxim's y que considera aceptable llevar a un restaurante una lámpara china que cambia de colores. Un hombre en cuyo mundo interno, dramático y sensible, reinan Brahms y Beethoven y que, por la tarde, mira una telenovela para adolescentes llamada *Las estrellas*.

Persisto en encontrar la solución a un misterio que quizás no existe.

Me voy de viaje por semanas.
Yo viajo. Él permanece.

Un mes más tarde, el domingo 20 de agosto a las cuatro de la tarde, regreso a mi casa desde un pueblo a ochocientos kilómetros de Buenos Aires, y cuando salgo del subte encuentro un mensaje reciente en el teléfono. Escucho:

–Leilaaaaa... Espero que llegues porque te quiero invitar para el jueves, para una comida. Besito. Brunitooo.

Lo primero que hago al entrar a mi departamento es devolverle el llamado.

–Alóoo, tesoro. ¿Cómo te fue? ¿Qué tal el hotel? Porque en los pueblos del interior a veces el hotel es un tema difícil.

Organiza una cena el jueves próximo, otra vez en Azul Profundo, y quiere invitarme. Digo que sí.

–Te cuento quiénes van.

El diseñador de alta costura Gino Bogani; Susana Reta, amiga de ambos; el periodista Hugo Beccacece; la periodista de espectáculos Alicia Petti.

–Hice una nota con Fanny Mandelbaum, en la televisión. Qué pelo espléndido que tiene. ¿Conocés a José Abadi?

José Abadi es un psiquiatra y psicólogo que hace entrevistas para la revista *Viva,* del diario *Clarín*. Le digo que le hice algunas preguntas años atrás para un libro que yo estaba escribiendo, una historia en la que Abadi había tenido alguna participación profesional. No parece interesado en la respuesta.

–Me llamó para hacerme un reportaje, pero ahora me dice que tengo que ir a su consultorio. Qué se cree. Oíme. Yo soy

muy sencillo, pero ante esas cosas me pongo muy Bruno Gelber. Yo soy mucho más conocido que él, y todo el mundo sabe mis problemas de movilidad. Bueno, ¿te veo el jueves?
—Sí, claro. Pero ¿podemos vernos antes? Vos y yo solos.
—Mmmm. Estaba esperando que me dijeras eso. ¡Juana! Alcánceme la Laura Hidalgo Chica, por favor.
Lo escucho pasar las páginas.
—¿El martes 22 a las cinco y media podés? Pasado mañana.
—Claro —digo, sin mirar la agenda, sabiendo que cancelaré cualquier cosa para estar otra vez ahí.

El 22 de agosto de 2017, a las cinco y media, toco el timbre en el piso doce del edificio de la calle Perón pero nadie atiende. Toco de nuevo, y nada. Finalmente, llamo por teléfono.
—Alóooo.
—Hola, Bruno.
—Maravilla. Qué dice.
—Estoy abajo, pero parece que no anda el timbre.
—Ya bajan a abrirte. Besito.
En pocos minutos aparece una mujer de formas fuertes, con el pelo rojizo tomado en la nuca, que se presenta como Angelina. Por algún motivo, Juana no está. Es probable, dice la mujer, que el timbre no funcione porque la vez pasada se cortó la luz y varios quedaron descompuestos. Mientras subimos, me cuenta que es paraguaya, que trabaja para Bruno desde hace un tiempo. Cuando llegamos, me hace pasar y doblo el recodo del recibidor.
—Tesssoro. ¡Qué flaquiiiita!
—Hola, Bruno, ¿cómo estás?
—Bien, pichona, sentate.
Hablamos de vaguedades y le aviso que voy a prender el grabador.
—Pero ya ni me avises. ¿Querés budín de chocolate?
—No, gracias.

—Decime, ¿no estás demasiado flaca? ¿Azúcar? Con cuchara de acero. Porque Juana nos tiró todas las cucharas de plata. Con Esteban tomábamos yogur y le dejábamos al pote terminado la cucharita adentro. Y tiraba el tarrito del yogur y la cuchara.
—De distraída.
—De bruta. Bueno, qué me querés preguntar de tan tremendo que no puede oír nadie más.

Se llamaba Mario. Era futbolista. Jugaba en Ferro, por entonces un equipo de la B. Falleció a los cuarenta y seis años de un infarto. Es el hombre de la foto pequeña que está en el estudio, sobre la tapa del piano. Cómo se encuentran el universo de un pianista monumental y el de un jugador de fútbol de la B es algo que él no explica por ahora.

—Dicen que los deportistas son sanos. Mi abuela. Tienen más cosas que uno. Y él tenía cosas. Se mareaba. Y transpiraba. Uno pensaba que era por el avión. Cuando murió, estaba con su hija. La chica estaba estudiando en el salón y sintió un ruido. Él se había ido a bañar, y fue a verlo y estaba muerto.
—¿Eso paso acá, en la Argentina?
—Uhum —dice, mientras come.
—Él era deportista.
—Muy buen futbolista. No soy botinera, eh —dice, haciendo alusión a la forma en que se llama despectivamente a las mujeres que se han casado con futbolistas de renombre y fortuna—. Yo estaba en Mar del Plata. Y no vine porque..., qué sé yo. Me pareció que por la familia quedaba mal.
—Pero habrá sido un impacto.
—Primero fue un asombro total. Que pudiera pasarle algo de salud a él.

Hace una pausa. Mira hacia la ventana. Yo permanezco callada. No me muevo. Solo espero lo que pueda resultar de ese silencio. Y lo que resulta es esto:

—Oíme, ¿conocés a José Abadi?

Sus movimientos ni siquiera pueden compararse con los de un ajedrecista. No los anticipa. No se prepara con paciencia hasta dejar al peón desprotegido. Se lanza sobre él —con su voz hipnótica, sus gestos calmos— y lo derrumba. Lo ha dicho muchas veces: un trineo que se desliza sin planificación. Se le hizo carne. Su vida nunca ha dejado de ser eso.

—Yo me pregunto por qué no grabó más Beethoven —dice Pablo Gianera—. Él era un tipo que tenía que haber grabado los cinco conciertos de Beethoven. Pero hay músicos que tienen una reserva con la grabación. Bruno es de escenario, de la misma manera que Barenboim. Nunca los ves mejor a uno y a otro que cuando están en el escenario. Tienen una completa naturalidad. Lo que no le pasa a Argerich. Para ella tocar en el escenario es una violencia. Bruno vive en contacto con otros y esos otros son el público.

En una entrevista de 2015 para la televisión francesa, realizada con Marc Zisman, un periodista especializado en música, Bruno dijo: «A mí no me gusta hacer discos. He hecho, pero encuentro que en el mundo moderno no hay una reproducción de la música que sea natural. Actualmente, usted hace un brrrrruuuuuum, y si está mal lo arreglan. Yo sé que a todo el mundo le gustan los discos, pero yo prefiero que me escuchen en una sala.»

En el mes de noviembre le preguntaré de qué año es su última grabación, porque tengo datos contradictorios. «No me acuerdo», dirá. «Grabar no es lo que más me gusta. Yo no he llegado al extremo que hacen ahora, que haces brrrruuuuum, una escala, y una nota no te sale perfecta y hacés otra toma y te la modifican. A mí me gusta el contacto con la gente. El momento del concierto es sagrado.»

—Este Abadi quiere hacerme un reportaje, pero me citó en el consultorio. Me parece un poquito desubicado. Yo soy absolutamente como me conocés, pero cuando alguien se desubica se me sube el Bruno Gelber enseguida y lo ubico. Servite, nena. ¿Más chiquito no podés? Como dicen las señoras, no me comés nada.

—¿Querés de estos alfajorcitos?
—No, esos tienen veneno. Hay mucha gente que piensa que soy inaccesible, que me tiene miedo.
—¿Y sabés por qué sucede eso?
—Creo que debe ser por las cejas —dice, levantando la ceja izquierda.
—¿De dónde sacaste ese gesto?
—Es puro mío. No. La que levantaba la ceja era Laura Hidalgo. Me hubiera encantado parecerme a ella. La estética siempre fue importante para mí. Y antes más que ahora. Tuve períodos donde era muy elegante Me vestía en Lanvin, Dior, tenía mi sastre en Savile Row, en Londres. Ya no me compro, porque tengo tantas cosas que nunca las uso. Y no sigo la moda. Ahora está de moda tener barba. Las barbas de los hombres son realmente coloridas hasta los veintisiete, veintiocho. Después empiezan a tener canas. A algunas mujeres les deben gustar. A mí no. No hay nada más lindo que un hombre frescamente rasurado, que le queda esa cosa medio azulada sobre la piel.
—¿No es horrible afeitarse todos los días?
—No hay nada más aburrido que afeitarse. Yo pienso con amor en sacarme con láser la barba. Pero dicen que no dura mucho.
—¿Tenés mucho vello?
—¡Nena! Tocá. Me acabo de afeitar.

Rodeo la mesa, le toco la mejilla donde se percibe la dureza de la barba.

—Lampiño no soy.

Contempla los rostros de los demás con ojo de especialista y siempre encuentra cosas que pueden mejorarse. Ha convencido a varios amigos de hacerse cirugías: achicarse la nariz, agregarse mentón. A un alumno suyo, cuyos dedos espatulados le impedían llegar con precisión a las teclas negras, le sugirió operárselos. Consiguió médico –Zancolli, el mismo que lo operó a él cuando se fracturó la mano– y la operación fue un éxito: «Yo nunca he visto un acto de tanto amor a la música.» Ahora, a otro alumno que tiene las orejas apantalladas le advirtió que, si llega a tener suceso, tendrá que operárselas para dejarlas pegadas al cráneo: «Oíme: las tiene a noventa grados. No puede ser.»

–¿Me podés traer un poquito de fósforos? Se apagó tu fuego.
–No, mi fuego nunca se apaga –dice Angelina, asomándose por la puerta y regresando de inmediato con fósforos para encender el hornillo de la tetera.
–Hay gente a la que le gusta la barba, y otra que... El mundo del sexo y lo que te erotiza es tan raro. Tengo el hijo de una amiga que ¿sabes lo que le gustan? Los hombres gordos. No musculosos. Gordos.

Angelina aún no se ha ido cuando Bruno salta nuevamente, sin pudores, sobre el tema de las relaciones de pareja y la barrera que significó su pierna mala, como una broca que avanza y prueba hasta dónde puede llegar antes de pulverizarse contra el mismo material del que está hecha.

–En el sentido sexual, nunca tomé la iniciativa con nadie por temor a mi orgullo, a que me dijeran: «No, la gente con problemas físicos no.» Cosa que me parece muy estúpida ahora, pero a los veinte años te morís por lo que la gente piensa de vos. Soñás con el beneplácito de todo el mundo. Pero todo el mundo sueña con ser amado, y yo soy tan independiente. Mucha gente sueña con dominarte. Y yo no soy muy dominable. Soy una persona... no intempestiva, pero poco previsible. Nunca sabés cómo puedo reaccionar.

–¿Esa imprevisibilidad ha hecho sufrir a alguna pareja tuya?
–Mi pareja siempre ha sido este –dice, señalando el piano–. Yo he sufrido pasiones. He provocado más que las que he sen-

tido sin ser correspondido. La única vez que tuve un amor no correspondido era no correspondido en ciertas partes, porque era un señor al que le gustaban las señoras. Nos hemos dado abrazos, nos hemos tocado la mano, hemos charlado en el auto cuatro, cinco horas. Pero no. El ideal sería que uno no tuviera una definición sexual, y que le pudiese gustar tanto una mujer como un hombre como un perro. Que fuera el ser. Yo he conocido todo lo que se puede conocer y que me interesa. No tengo ninguna fascinación con la sordidez. Yo te he dicho, he sido muy precoz en la seducción. Me encantaba siendo chico que se ocuparan de mí. Jugaba al niño seductor. Inocente, para nada sexual. Lo que pasa es que antes no había todos los peligros que hay hoy. Hoy en día me hubieran violado. Con los chicos pasan mil cosas... Mirá los sacerdotes. Una vez un sacerdote me dijo que rezara por él porque estaba enamorado de mí. Tenía veintidós años yo. Estaba en Europa.
—¿Y?
—Y recé por él. Y nada más. Ser religioso no significa que tengas cortada la sexualidad. Que por economía hayan instalado el celibato es una cuestión de la época. Cuando sos joven estás sentado sobre brasas ardientes. Es doloroso. Te venderías por monedas. Es muy ridículo eso del celibato. La iglesia de los hombres no es ninguna maravilla.

Toma el teléfono y llama a Angelina, que ha regresado a la cocina.

—Tesoro, ¿podés traer algo fresquito? ¿Qué te produce que te diga «tesoro»?
—Es que soy un tesoro —se escucha decir a Angelina desde el otro lado de la pared.

Su relación con las mujeres oscila entre la admiración extasiada ante féminas opuestas por los extremos —Laura Hidalgo, diva hierática y distante; su madre, severa, prolija, asexuada—, y la amistad de trazo infantil con mujeres celestiales como Gersende. En el medio, un espectro no tan amplio que podría resumirse en el desprecio que siente por las mujeres toscas —«El otro día vino una fotógrafa; tenía la gracia de un tronco; bruta,

bruta, bruta»– y la idea de la mujer como alguien que debe procurarse un hombre proveedor: «Hacete amiga, así te regala café.» Martha Argerich es la excepción a toda norma. Cuenta de ella historias de desplantes –una vez, en una recepción que organizaba una amiga de ambos, ella se negó a salir de su cuarto si los invitados no se quitaban los sacos y las corbatas porque la atmósfera resultaba demasiado formal–, de cancelaciones que le costaron caro –conciertos en Japón que tuvo que resarcir tocando gratis durante un año–, pero nada le parece reprobable. Ni siquiera el hecho de que finalmente, cuando pasó por Buenos Aires para tocar en el Festival Barenboim este año, no lo llamara.

–No me llamó, no me invitó y no fui. Pero ella no llama, generalmente. Martha es genial. Eso no significa que..., la llamás y no te contesta. Ella es genial y yo no soy genial.

–Muchos dicen que sos genial.

–Bueno. Para los que piensan eso, está muy bien. Yo creo ser un bendecido por los dioses. Por Dios. Para tener la sensibilidad que tengo y poder reflejar la música como la reflejo. Martha tiene otra cosa. Scaramuzza, para hacerme sufrir, me decía: «¿Vos me preguntás cómo estudiar esto que no te sale? Marthita me lo trajo resuelto desde la primera vez.» Y a mí me removía hasta... Y a ella le decía: «Vos mucha técnica, mucha técnica, pero Gelber canta.» Era su manera... pedagógica. Pero no podemos razonar todo. No razonemos la diferencia entre Martha y yo. Es como la diferencia entre Marilyn Monroe e Ingrid Bergman. Una era una estrella que tenía una especie de aura, y la otra tenía todo eso pero era más importante su profundidad. Y eso no quiere decir ni más ni menos.

–En el escenario se te ve templado. Ella sufre.

–Sí. Eso dice. Pero después va y toca como una reina. Es geminiana. Y mujer.

–¿Vos sos inseguro en los...?

–En todo. La vida no es algo que te haga sentir seguro. Yo soy una persona resignada. Esa palabra suena un poco beata, pero soy una persona que acepta las cosas. Yo pongo todos los peones para que las cosas se realicen. Si se realizan, tanto mejor. La vez pasada no pude ir a la entrevista con Lanata porque no funcionaban los ascensores. Y no me tiré al piso a chillar. La única persona que me tenía más a la garganta era mi madre. Pero ya no está. Ahora yo te hago algunas preguntas a vos. ¿Qué es lo que no tenés y querrías tener? Pero esperá, esperá. Tengo un cuestionario.

Pulsa el teléfono para llamar a Angelina.

—Mi amor, vas hasta mi cuarto, que tengo un cuaderno de tapas beige, en bastante mal estado, aplastado por mi poto, y me lo traés.

Angelina va hasta el cuarto y le alcanza el cuaderno marrón sobre el que suele sentarse. Empieza a pasar las páginas, varias de ellas sueltas.

—No encuentro las preguntas. Pero estoy seguro de que las tengo acá. Bueno. Igual me acuerdo. ¿Cuál pensás que es tu fuerte mayor? ¿Querés un whisky?

—No, gracias.

Sigue un interrogatorio extenso: ¿qué es lo que no tenés y querrías tener; cuál es tu defecto más fuerte; has recibido todos los cumplidos que quisieras recibir; pensaste si el día en que te empieces a aflojar físicamente te harías alguna cirugía; si tuvieras que ponerme un adjetivo cuál me pondrías; te gusta realmente tu compañero; le hacés los cuernos?

—¿Te teñiste el pelo desde la última vez?

—No.

—Porque lo tenés más oscuro.

Es tarde, casi la hora de la cena. En unos días él se irá a Tucumán a dar un concierto y yo viajaré una vez más.

—¿No extrañás las giras?

—No. A mí lo que me gusta es el hecho de tocar. Y como toco... Tengo un poco menos de conciertos, pero el mundo está muy embromado en este momento. Estás en una sala y no sabés si te van a poner una bomba. Evidentemente, me parece más lindo Venecia, Florencia, París, Praga, que contemplar el Río de la Plata. Pero con la gente amiga sigo comunicado. He viajado cincuenta y pico de años. He subido cuarenta veces al Concorde. Parece mentira que hace medio siglo íbamos a dos veces y media la velocidad del sonido y ahora tenemos aviones enormes que nos llevan como un tren de carga a ochocientos kilómetros por hora. Que un viaje de acá a Europa siga siendo de doce horas es una vergüenza aeronáutica. Entonces, si me preguntan: «¿Qué soñás?», yo digo: «Quedarme.» No es indispensable seguir repitiendo lo que has hecho tantas veces. Por eso te digo: la paz que me ves no es fingida.

Poco después llega Esteban. Comentan un problema con la bolsa de la aspiradora que al parecer Juana no vacía con frecuencia. Bruno dice que hay que comprar tomates cherry. Antes de irme, me recuerda que nos vemos pasado mañana, en Azul Profundo, a las nueve de la noche.

Camino hacia el subte pensando en su rostro cuando me hacía preguntas con voz narcótica. Era el rostro de alguien tranquilo, concentrado y, a la vez, anhelante: el rostro de alguien que busca una revelación y tiene la esperanza de encontrarla en otro.

Cinco meses después, el sábado 3 de febrero a las tres de la tarde, estoy en la guardia de un hospital, en Buenos Aires, y suena el teléfono. Es él, desde Mar del Plata.

—¿Hola?
—Alóooo.
—Hola, Bruno, ¿cómo estás?
—Bien, mirando el mar por la ventana. Oíme, se me ocurrió que sería simpático que hablaras con una amiga mía, la *duchesse* de Orleans —dice, y parece convencido de que la menciona por primera vez—. Es muy, muy, muy amiga. Hablo con ella todas las semanas. Te paso el número, llamala a París. Con que digas que hablás de mi parte, basta.

Anoto el número en el borde de un diario.

—De todos modos, espero al lunes. No la voy a llamar durante el fin de semana.

—¡Pero! Es el mejor momento.
—¿Te parece?
—Sí, llamala ahora.
—Cuando vuelva a casa, porque estoy en el hospital.
—¿Qué te pasa? —pregunta, súbitamente serio.
—Nada, estoy acompañando a mi marido —digo, y me arrepiento de haber mencionado el sitio en el que estoy.
—¿Por qué, qué le pasa?
—Nada, algo de fiebre. No te preocupes.
—¿Seguro?
—Sí, seguro. ¿Cómo tengo que referirme a ella? No puedo decirle Gersende.
—¡No! El nombre olvidalo. Con que le digas «señora duquesa» está bien —dice, como si llamar «señora duquesa» a alguien fuera muy cómodo y natural—. Llamala antes de la hora de la comida. Y después contame.

En 1963, Bruno llegó al castillo de los Orleans, en Aviñón. Una muchacha rubia estaba en la entrada, él asegura que barriendo. Era Gersende de Sabran, futura Gersende de Sabran-Pontevès, *duchesse d'Orléans*. Le dio clases de piano, la vio crecer, casarse, quedar embarazada. La duquesa tiene ojos celestes y rasgos similares a los de la actriz sueca Liv Ullman. En el departamento de Once hay un retrato suyo en blanco y negro tomado el día de su boda, con tocado de novia, y Bruno asegura que está igual que entonces «pero con arruguitas».

Ese sábado llego a casa desde el hospital demasiado tarde, cuando en Francia ya es medianoche, de modo que la llamo al día siguiente. Lo intento desde las cuatro, pero una y otra vez el teléfono de Gersende de Sabran-Pontevès, *duchesse d'Orléans*, me deriva al contestador. Finalmente, dejo un mensaje y llamo a Bruno para chequear el número.

—Sí, es ese. Ya la llamo para decirle que la vas a llamar.
—¿No es muy tarde? En Francia son las diez, y es domingo.
—No.

Sin decir otra cosa, cuelga. A los pocos minutos me llama por teléfono.

—Oíme, nena, ya la llamé y te está esperando. Le dije que ni se le ocurra irse a dormir hasta que no la llames.
—Bruno, en Francia son las diez de la noche pasadas...
—Llamala, te está esperando.

Sin decir otra cosa, cuelga. Tomo como un síntoma de confianza esas pequeñas llamadas sin mucho protocolo, ni chau, ni hola, ni besito. Llamo. Pero sigue el contestador. Dejo un mensaje. Llamo a Bruno.

—Bruno, sigue el contestador.
—Le tenés que hablar para que ella escuche que sos vos.
—Eso hice, pero nada.
—Insistí. Ella te está esperando y sabe que no se tiene que ir a dormir antes de atenderte.
—Pero...
—¡No seas tan intelectual! Y después llamame para decirme cómo te fue. Besito.

Cuelga. Yo obedezco: llamo y, esta vez, me atiende una voz juvenil.

—Hola, buenas noches, perdón por...

Pero la voz dice «Ah, síii, ¿cómo está?» antes de que logre pedir disculpas por la hora, de decir quién soy y para qué llamo. En español un poco enrevesado, mezclando inglés y francés, con elegancia y sin respiro, la duquesa de Orléans dice:

—La primera vez que le he oído a Bruno fue cuando él ha ganado el concurso de Madame Marguerite Long. Al minuto hemos entendido que Bruno era fantástico. El concurso Long era muy importante, y el sonido de Bruno era tan raro, tan expresivo. Yo tengo la misma edad de Bruno. Tenemos muchas cosas en común. Imagínate que nuestras madres murieron el mismo día, en diferentes años. Somos como hermanos elegidos. Y mira, la semana pasada yo me fui en la provincia de Buenos Aires, al sur, a casa de mi hija. Y Bruno vino a verme desde Mar del Plata. ¡Trescientos kilómetros para ir y trescientos más para volver! Solo para verme. Y todo el mundo decía: «No, no es posible, el maestro no va a hacer todos esos kilómetros para verte.» Y vino. Mi hija hizo una torta de dulce de leche solo para él, no sé con qué receta, pero él dijo: «No importa la torta, yo vengo a verte a ti.» Aquí en Francia a los melómanos les gusta mucho Bruno. Yo cada vez que escucho sus discos aprendo una cosa más. En su casa en París he conocido a Rubinstein, que hablaba con Bruno de igual a igual. La generosidad de Bruno es increíble, él pone gente fantástica todos juntos. También estaban las mujeres de la edad de mi madre y de su madre, que le querían mucho. Él era tan bueno con ellas. Ellas le invitaban mucho y él daba cenas, y las que no eran invitadas se quedaban un poco celosas. Pero hay algo que yo no soy como él. Ahora, en Argentina, me ha dicho: «Te vas a la peluquería, te haces un poco de color en el pelo, no lo puedes tener gris.» Y prometí que iba a hacerlo. Por el momento no puedo, por los nietos, pero cuando pueda iré. Por Bruno. No por mí. Mira, la única cosa que yo no estoy de acuerdo es con eso, con su estética. Yo soy una muy limpia y pequeña vieja, y no me importa la estética. Para mí la belleza es muy importante, pero creo que a una edad uno hace menos cosas. Y Bruno es el amigo más raro que tengo en ese sentido. Porque todos mis amigos de mi edad están tranquilos y quietos, y Bruno siempre toca, y se cuida tanto, y siempre está haciendo lo más que puede. Él es muy, muy fuerte. Ahora está muy filosófico, dice: «Las cosas que tienen que llegar van a llegar.» ¡Yo quiero que lleguen rápido! Él tiene una filosofía mejor que la mía. Adora la vida. Cuando no está tocando adora la buena cena, la charla. Y cuando toca, la verdad sale de él... Ahora me va a disculpar, pero estoy completamente cansada. Estoy hablando con usted solo porque quiero que Bruno tenga lo que merece, que es lo mejor del mundo.

Le agradezco, me despido y llamo a Bruno, como me pidió.
–Hola, Bruno, ya hablé.
–¿Qué te pareció?
–Una mujer amable, sencilla.
–Ahora vas a poder decir que hablaste con alguien de la realeza y que era una persona como cualquiera.
–Me dijo que la mandaste a teñirse el pelo.

—¡Pero oíme! Le dije: «Aunque sea ponete Magic Retouch.» Que no le va a durar mucho, pero es algo.
—¿Qué es eso?
—Una cosa que te cubre las canas.

«¡No seas tan intelectual! Y después llamame para decirme cómo te fue.»
Cuando obedezco, me digo a mí misma que lo hago por educación.

El 24 de agosto de 2017 llego al restaurante Azul Profundo diez minutos después de las nueve porque hay un atasco de tránsito en la avenida del Libertador. Bruno está sentado con Susana Reta a su derecha y varios de los demás invitados. Me disculpo.
—No te preocupes, tesoro. Siempre hay alguien que va a llegar después, que es Gino.
Gino Bogani aparece diez minutos más tarde con una chaqueta de cuello Mao, coleta, una línea de barba dibujándole la mandíbula, anteojos oscuros en plena noche.
—Ay, la viva imagen de Karl Lagerfeld —dice Bruno, con sorna.
—No me hacés un favor —dice Gino, quitándose los anteojos.
Apenas Bogani se sienta, Bruno le pide que cuente las exigencias descabelladas de una novia a la que le está haciendo el vestido de boda. Bogani se niega pero, después de alguna insistencia, la cuenta. Al terminar, mira a Susana Reta y le pregunta:
—¿Qué te pareció la historia?
—Un opio —dice ella.
—Bueno, ¿viste? El maestro quería que la contara y la conté.
Sus amigos lo tratan con una deferencia burlona que expresan en gestos como llamarlo Maestro con ceremonia exagerada, o escuchándolo de manera solemne cuando toma la palabra solo para decir después: «Maestro, dijiste cualquier cosa.» En

un momento, alguien menciona al actor argentino Rodrigo de la Serna.

—Tiene los ojos más hermosos, con unas ojeras ¡ddddivinas! —dice Bruno.

—¿¡Cómo puede ser, si te gusta todo perfecto, que te gusten las ojeras?! —señala Hugo Beccacece.

—Bueno, puede ser perfecto y con ojeras.

Y entonces les pregunta a todos si no soy idéntica a Marisa Berenson.

Un día después voy a la casa de Susana Reta. Vive en Posadas y Libertador, corazón de la Recoleta, en un edificio de elegancia contenida. Es viernes 25 de agosto de 2017, llueve de manera triste. La empleada me hace pasar y dice que la señora ya viene. La sala tiene una ventana flanqueada por cortinas rojas desde la que puede contemplarse la ciudad como un incordio lejano. Hay una mesa baja, sofás, sillas y sillones de estilo francés. Detrás del sillón principal se despliega un tapiz antiguo. Junto a la ventana hay un biombo laqueado y en un espacio contiguo, sobre una mesa para varios comensales, una araña de caireles que parece un rascacielos vuelto del revés. Los cuadros de artistas argentinos contemporáneos como Polesello o Vilas llenan las paredes. La colección comenzó hace años, cuando Susana Reta y su marido Coco, ya fallecido, fueron a la casa del dueño del diario *O Globo,* en Brasil. Contemplando los Kandinskis y Picassos que el hombre tenía en sus salones, ella se dijo que iba a empezar a comprar arte contemporáneo argentino, y lo hizo. Estos cuadros, que en algunos casos compró por ciento cincuenta dólares, se cotizan ahora a precios altos.

—Disculpame la demora, pero salí a la calle a hacer un trámite y me empapé. Tuve que secarme el pelo —dice Susana Reta entrando a la sala, vestida con una camisa de seda y un pantalón de cuero de talle alto, todo entre el marrón y el beige.

Lleva una bandita séptica en la cara sobre un lunar que le extrajeron.

–Cáncer. Pero todo el mundo tiene cáncer ahora. ¿Qué puedo ofrecerte? Champagne, whisky, jugo, agua.

Es abstemia, y asegura que eso le ha permitido desarrollar un paladar capaz de distinguir las distintas marcas de agua embotellada.

–La gente no puede creer. Yo te digo: «Esta es Glaciar, esta es Villavicencio, esta es Nestlé.»

No tiene hijos –«Me hubiera gustado, pero no me molesta no tenerlos»–, y, cuando su marido murió, se cumplió el vaticinio que él le había hecho: que cuando no estuviera, la casa iba a transformarse en *la cage aux folles.*

–Acá vienen y llaman todos los amigos gays. ¿A vos no te pasa?

–No.

–Ya te va a pasar. Yo creo que a lo mejor ellos ven en nosotras alguien que hubieran querido ser. Bruno está fascinado con vos.

Nació en Gualeguaychú, provincia de Entre Ríos, pero vive en Buenos Aires desde pequeña, cuando la familia se mudó para que su hermano, Poli, estudiara medicina.

–Mi madre no tenía cuerpo, solo espíritu. Un ser que nunca pisó la tierra. Murió a los ciento ocho años. Un día le dijo a mi mucama y a la suya: «¿Saben rezar el avemaría?» «Sí.» «Bueno, vamos a empezar a rezar porque me voy. Vos le avisás a Susana y vos a Poli.» Y se murió. Mi padre era un caso de frasco. Hizo tres carreras universitarias en un año y nueve meses. Era una especie de anacoreta. Lo único que le importaba eran sus libros y que lo dejaran tranquilo. Se levantaba a las cuatro de la mañana para leer en paz, y después le podías pedir que te recitara de memoria la página número diecisiete o cincuenta y cinco de cualquier libro que hubiera leído. Era imposible. Yo siempre digo que debo haber nacido con una tijera que cortó el cordón umbilical al nacer. Es la única forma de sobrevivir con padres así. Me casé a los dieciocho. Una forma de evasión total.

Conoce a Bruno desde los años ochenta y tiene, además de un humor insidioso que dirige muchas veces contra sí misma, modales templados en la forja de miles de eventos sociales. Pronuncia el inglés y el francés con facilidad acuática, sin ostentación, y al referirse a Bruno se reviste de la actitud entre cómplice y protectora de una amiga adolescente que habla de alguien más joven.

–Yo creo que si no hubiera sido pianista, habría sido cirujano plástico. Viste que él vive para la estética. Además tiene un poco la obsesión de que los años no le pasen. Y lo ha conseguido. Pero es una obsesión curiosísima, porque la ha trasladado a terceros.

–¿En qué sentido?

–Le recomienda cirugías a todo el mundo. Yo le conocí a una sola pareja. Te hablo de hace treinta años. Lo cambió íntegro. Primera cosa, lo mandó al cirujano plástico. Le hizo operar la nariz. Un chico joven, muy simpático, muy agradable. De un estrato social diferente al de Bruno y al nuestro, pero un amor, muy entrañable. Era futbolista. Lo vistió de punta a punta, le compró smokings y fracs, lo llevó a Europa, le puso un profesor que le enseñó a hablar en francés, lo llevaba de gira. Y en uno de los viajes a la Argentina se lo encontró casado y con un bebito. Y no le importó nada. Estaba chocho, se hizo íntimo de la mujer. Si sufre, no lo deja traslucir. El chico ese murió del corazón. Muy joven. Yo creo que fue muy importante porque le alegró mucho la vida. Era muy agradable y desparpajado. Bruno recibía todo tipo de gente en su casa y este chico era dado con todo el mundo. Hablaba con el duque de no sé qué y conmigo, que soy una crota. Le daba igual. No me acuerdo a quién decía que era parecido. Porque tiene la obsesión de los parecidos. A mí, cuando me llamó para decirme que vos ibas a cenar, me dijo: «Es una periodista y es igualita a Marisa Berenson.» Cuando yo lo conocí me dijo que era igual a Laura Hidalgo.

Lo conoció en los ochenta en un teatro. Los presentó Mirtha Legrand, que por entonces era amiga de ambos. Durante la obra, Susana percibió que Bruno la miraba con insistencia. Legrand le advirtió: «Seguro que te está buscando un parecido.» Al día siguiente, sonó el teléfono en su casa. Era Bruno. Ella se deshizo en elogios: «Siempre he seguido tus conciertos, mi admiración», etcétera. Él simplemente le dijo: «¿A vos te han dicho que sos idéntica a Laura Hidalgo?»

–Yo, que no tengo idea del cine argentino, le dije: «Ah, sí, pero creo que no vive más acá.» Le dije cualquier cosa, pero la pegué. Me dijo: «No, vive en México.» Colgamos y empecé a preguntar entre gente conocida quién era Laura Hidalgo. Me asesoré. Un día me invitó a la casa, a ver films de Laura Hidalgo. Fui. Yo miraba atentamente. Y no le encontré nada parecido. Nada pero nada. Hasta ahora me sigue diciendo: «¿Te acordás de tal film de Laura Hidalgo?» Yo le digo: «Síii», pero nunca lo vi. Y me dice: «Es una maravilla, porque ahí es donde más te parecés.» Con el correr del tiempo, me di cuenta de que quien quiere ser idéntico a ella es él. Creo que ella y su madre son las dos personas que más lo han marcado. Anita era una mujer con gran carácter. La relación era de sumisión total a ella. Fue la persona que lo creó. Como Frankenstein, pero solo que no creó un monstruo feo, horroroso, sino una cosa divina y maravillosa como artista. Ella era pianista, y creo que sublimó su personalidad artística en ese hijo que tuvo la mala suerte de tener la polio. Era como decir: «Mi obra está terminada. Yo empecé, pero terminó mi hijo.» Él la tenía como podíamos tener vos y yo, cuando éramos chicas, a una muñeca. Lo que ganaba iba para comprarle a Anita las cosas más lindas que te puedas imaginar. Alhajas, tapados de piel. Hace un tiempo me regaló un tapado de marta cibelina, que era de ella. Cuando murió..., yo creo que no se dio cuenta de que Anita le podía faltar. No sé si te contó la historia de su madre.

–Sí.

–Un día le digo: «¿Qué pasa que no está tu madre, que hace rato que no la veo?» Me dice: «Está en un instituto psiquiátrico.» Te contó.

–No. Me dijo que había estado con depresión.

–No. Le digo: «¿Por qué?» Me dice: «Le están haciendo electroshocks.» «¿A tu madre? ¡Pero si es una de las personas más centradas que yo he conocido!» Me dice: «Pero el doctor

257

fulano me dijo que había que internarla.» Mi hermano Poli es médico, uno de los fundadores del CEMIC. Le pregunté si no le importaba que la viera él. La vio. Le hicieron estudios y tenía un tumor que le estaba presionando el cerebro. La operaron y quedó fabulosamente bien. Cinco o seis años más vivió perfecta. Le estaban sacando la plata a Bruno. Cada sesión de esas costaba quinientos dólares. Y era un tumor benigno, además.

–O sea que Ana murió de...

–Vejez. De Vejez. Y Bruno no hizo nada contra aquel médico que la había internado. Es la persona menos vengativa que conocí en mi vida. Fijate la generosidad de Bruno, que después de eso invitó a mi hermano, que es el melómano más irrefrenable que puedas imaginar, a una gira que hizo por Japón. Pagó pasaje, hoteles, entradas a los conciertos. Bruno me llamaba y me decía: «¡Tu hermano sabe más de música que yo!»

–¿Y por qué pensás que está acá, en Buenos Aires, lejos del circuito europeo?

–Primero, si vivís en Europa pagás un *tax* muy grande. En la Argentina, con mucha menos plata, vivís muy bien. Y ahora en Europa, antes de contratar a un gran artista, se lo piensan dos veces. Hay una carencia de trabajo y contratan a los grandes del momento. La semana pasada estuve en un concierto de András Schiff, un húngaro que está considerado número uno del mundo. Fijate la generosidad de Bruno. Yo lo había oído hace un par de años y me había parecido maravilloso, pero como soy lega le digo: «Brunito, ¿qué opinás de András Schiff?» Y me dice: «Es un grande, es una maravilla, sobre todo en tal y tal cosa.» Es generosísimo. Porque estos divos en el fondo escatiman elogios. Y a Martha la ama. Me consta que ella le corresponde. Pero oíme, Martha también... Viene acá y no tiene un minuto para llamarlo. ¿Te lo ha dicho?

–Sí. Pero no me dijo que estuviera molesto.

–Le debe doler, pero no te lo dice. Es generoso con todo. Te diría que es enfermizamente generoso. A mi marido y a mí nos ha dejado su departamento de París, en la rue Cambon, donde estaba Luis, su *valet de chambre*. Un departamento exquisito. Y Luis era exquisito. Un melómano perdido.

—¿Conocés el departamento de Once?

—Sí. El barrio es un horror. Yo a la noche no voy, porque tendría que ir con tres carceleros, me da pánico. Te matan y nadie se entera hasta el día siguiente. Pero para mí tiene ciertas explicaciones que viva ahí. Primero, el edificio. Es emblemático. Segundo, él necesitaba un lugar para estudiar. Y no puede ser en cualquier lado, porque los vecinos te matan si estás tocando el piano ocho horas por día. Y ahí está en el último piso, es silencioso, techos muy altos. Y el precio, que es distinto que comprar por acá.

—Y lo puso a nombre de Esteban.

—Sí. Bruno tiene sus sobrinos, pero creo que le importan poco y nada. Y habrá conocido a los padres de Esteban y les habrá dicho: «Miren, yo no tengo familia, a mí me gustaría darle a Esteban una posibilidad económica.» Pero es medio enigmático el asunto. No sabés cómo tomarlo. Si me preguntás qué significa Esteban en su vida, no sé cuál es su rol. Cuando Bruno vivía en Europa, Esteban se encargaba del pago mensual del teléfono, la luz. Pero yo todavía no sé ubicarlo. Yo creo que Bruno es un niño grande. Es fuerte, pero es muy aniñado. No soporta que le hablen de una enfermedad. Si vos te estás muriendo, es mejor no contarle. El único tema médico del que puede hablar es la cirugía plástica. Fijate cómo habla de la polio: como si fuera una gripe. Él hace unos años tenía un auto destartalado. Le dije: «Brunito, ¿por qué no aprovechás? Yo veo que hay gente que tiene discapacidad y consigue autos cero kilómetro fabulosos.» Me dijo: «¿Y yo qué tengo?» «Bueno, tenés tu patita, que desgraciadamente...» «Sí, pero yo no soy un discapacitado.» Entonces ahí frené, rebobiné y dije: «No se siente discapacitado.» Y tiene razón, porque teniendo el problema que tuvo llegó a ser el genio que es. La discapacitada soy yo, de pensarlo así. Tiene un candor que a mí me conmueve. Nos peleamos, claro. Porque él te da consejos, pero siempre impone su punto de vista. Y yo cuando pido un consejo quiero que me den la razón. Es un poco descarnado. No tiene frenos. Vos y yo somos rebuscadísimas comparadas con él. Él dice todo lo que piensa. ¿A vos no te da consejos, también?

—Sí, sobre cómo tratar a mi marido.

—Qué gracioso. ¿Y qué te dice?

—Que si alguna vez le encuentro un pañuelo de mujer en el bolsillo no le haga caso. Pero ya nadie usa pañuelos.

—Claro. Una carilina. Qué cómico. Los italianos usan una palabra perfecta: *invadente*. El *invadente* es el que quiere estar un poco dentro tuyo y manejarte la vida. Es músico, le gusta manejar la orquesta, no hay caso. Pero yo lo adoro. Aunque puede ser demandante. ¿Con vos no lo ha sido todavía?

Pienso en los mensajes que me envía a las dos de la mañana, en los llamados. ¿Lo ha sido?

Ese mismo día, a las once y media de la noche, cuando estoy en mi casa suena el teléfono móvil. No llego a atender pero la llamada es suya. Deja un mensaje: «Brunitoooo.» Lo llamo de inmediato.

—Hola, tesoro. Quedó enamorada de vos.

—¿Quién?

—Susana Reta.

—Ah. Tiene unos cuadros estupendos. Me los mostró.

—Ella me dijo que los viste sola.

—No. Me los mostró. ¿Cómo me iba a meter por mi cuenta en los cuartos de una casa ajena?

—¿De qué hablaron?

—Sobre todo, de vos.

—No, yo sé que hablaron de otras cosas.

—¿De qué?

—Yo sé todo lo que hablaron.

—Voy a llamar a Gino Bogani. ¿Le avisás?

—Vos hacé lo que tengas que hacer. No me tenés que pedir permiso a mí. Igual vos vas a hacer lo que quieras.

—¿Cómo sabes?
—Porque te conozco.

Dos días después, el domingo 27 de agosto a las cuatro de la tarde, suena el teléfono. En la pantalla aparece su nombre: Bruno Gelber. Atiendo.
—¿Hola?
—¡Maravilla!
—Bruno, ¿cómo estás?
—¿Viste ayer la entrevista que me hizo Fanny Mandelbaum? —dice, con la voz embotada de alguien que acaba de despertarse.
—No. ¿A qué hora fue?
—A las tres. ¿Vos sabés si fue en la Televisión Pública o en el Canal de la Ciudad?
—El programa de ella sale en la Televisión Pública. ¿Entonces no la viste?
—No, porque dormí tranquilamente hasta las tres de la tarde pensando que lo iban a pasar después. ¿Vos tenés el teléfono de Fanny Mandelbaum? Esperá un momentito.
Escucho que suena el otro teléfono y atiende. Dice: «Sí, ya sé, chau», y corta.
—Era nuestra amiga, Susana Reta.
—Te consigo el teléfono de Fanny y te lo paso.
—Bueno, gracias, tesoro.
Diez minutos después suena mi teléfono nuevamente.
—No te preocupes por conseguir el teléfono de Fanny Mandelbaum que ya lo conseguí. Le voy a pedir que me haga una grabación. Oíme, ¿vos terminaste conmigo?
—No. Nunca terminé con vos.
—Ay, bueno —dice, coqueto.
—Tengo que hablar con Gino, como te dije.
—¿No querés que nos juntemos los tres?
—No, prefiero hacerlo por separado.
—Bueno, pero a vos te veo por placer. Igual nos vemos, ¿eh?
—Sí, claro.

—Bueno. Te quiero. Chau.
Cuelga como si huyera de algo.

Durante el programa *Juventud acumulada,* que conduce la periodista Fanny Mandelbaum, él comienza, como siempre, diciendo algo grato a su entrevistador. En este caso es: «Te llevo siempre en mi corazón, porque Fanny me encanta, porque yo era un gran admirador de la actriz Fanny Ardant.» Después hablan de la polio, de la cama encajada bajo el piano, de Laura Hidalgo, de Scaramuzza, de Marguerite Long, del trineo. Hay un par de testimonios grabados en video de personas cercanas. Uno de ellos es de Munina: «Hola, Muni (...). Estoy muy orgullosa de vos, porque realmente has hecho una carrera internacional espectacular, y tenés la afectividad de invitarme. A vos te gusta compartir y a mí me hace muy feliz que puedas hacerlo conmigo.» Mandelbaunn dice:

—Tu única hermana.
—Sí, mi única hermana.
—Y son muy unidos.
—Somos muy unidos. Y tiene un oído... Es una navaja. Oye todo... Todo lo que no debe. Es tremenda. Y ella tenía tanto talento como yo para el piano, pero no tenía..., vos sabés que para ser un concertista... mundial... tenés que tener no solamente talento para la música, tenés que tener miles de talentos.

Yo viajo. Él permanece.
Lo llamo, de regreso desde alguna parte.
Quedamos en vernos el 14 de septiembre.

Es 14 de septiembre.
Mis pasos en el hall.
El ascensor.
La chicharra.

Juana.

–Pase, pase; el señor la está esperando.

El recodo del recibidor, la sala.

–¡Tesssoro! –dice, exagerando la ese, mientras tracciona con las manos sobre los apoyabrazos de la silla y luego con los puños sobre la mesa para levantarse.

–No te levantes, no hace falta.

–Mirá si me vas a mandar vos a mí –dice, en un tono de reconvención jocosa, y se yergue sobre sus brazos de Atlante.

–Sentate, pichona.

Usa una camisa a cuadros marrones y blancos, muy informal, que es la primera vez que le veo. Hay algo nuevo en su expresión, una blandura peligrosa, desprevenida.

–Bueno, vamos a las preguntas.

–No son tantas. Es el último...

–¿¡Qué?! –dice, alarmado.

–... el último audio que desgrabé.

–Ah. Pensé que ibas a decir «encuentro». Encuentro, espero que no.

–No, me refería a mis anotaciones.

–Ah, bueno. Dale.

Por la ventana entra una luminiscencia hilada, una claridad de otro tiempo, y un rayo de sol le cae sobre el pelo como una pequeña ola de luz. Le pregunto por fechas exactas, por la figura de su padre, por la relación entre su padre y su madre. Responde con una placidez que parece producto de la amargura o de la pena.

–Tu hermana me dijo que durante tu enfermedad estaban en el mismo cuarto.

–No. Estábamos en cuartos distintos. Pero eso responde a las defensas altas o bajas. Ella tuvo siempre..., no quiero decir envidia..., pero esa sensación de que porque yo tuve la polio mis padres me dieron el éxito a mí.

Pulsa el botón del teléfono y le dice a Juana:

–Sí, venga a prender las luces. A mi hermana le dije una vez: «Necesito tu presencia, necesito que te ocupes de mamá, y yo pongo la guita para las enfermeras.» Me dijo: «Bueno, pero vos te vas.» Y le dije: «¿Y quién pone la plata?»

Juana aparece a través de la puerta y Bruno le indica, en un tono inusualmente serio y neutro:

—Prenda la luz de..., de atrás..., ahí.

Juana enciende la luz, regula el *dimmer* y desaparece sin decir nada.

—Ella dice que se llevaba bien con papá. No es cierto. Cuando yo empecé a tener éxito, para papá fui su estandarte. Pero yo siempre le favorezco la idea de que ella era la favorita. Yo tuve tanto, tanto de todo, que no necesito extras. Te voy a decir una cosa, yo te agradezco que te ocupes en saber todo esto, pero nunca incidió demasiado en mi vida. Nunca fue un dolor. Lo único que se me venía abajo era cuando ella no daba presencia una vez por semana, y yo estaba lejos, y mi madre estaba en manos de las sirvientas. Eso no se lo perdono. Bueno..., «no se lo perdono» es una manera de decir. Pero a ella no se le ocurre venir una tarde mientras yo estoy en pijama, estudiando, a charlar, como cuando éramos chicos.

—Señor —dice Juana, asomándose a la puerta—, vino María.

—Se confundió —dice Bruno, sorprendido—. Bueno, que entre.

María es la peluquera que, como la podóloga y el acupunturista, lo atiende en su casa.

—Hola, Bruno —dice María, rubia, despeinada por el viento de la inminente primavera en un invierno que aún es frío, abrigada por una chaqueta blanca de plumas y un *foulard*.

—Te equivocaste de día.

—¿No quedamos de ayer para hoy? —dice ella, y yo recuerdo el equívoco con aquella clase mal agendada, cuando estaba viajando hacia esta casa y tuve que regresar.

—No, para mañana. ¿Te tomás un tecito?

—No. Mil gracias. Pensé que era hoy porque me dijiste: «Bueno, mañana.»

—No, no. Nunca te pude decir «mañana», porque era justo el reportaje con ella. Lo tengo escrito, te lo puedo mostrar. Dame eso.

—¿Esto? –dice María, tomando la Laura Hidalgo Chica–. Igual no hace falta.

—No, pero te quiero mostrar. Mirá, vení. ¿Ves? Hoy jueves, Leila. Nunca estuvo María. ¿Preferís venir el sábado?

La mujer no parece contrariada y cuadran un encuentro para el sábado, después del turno con la podóloga. Cuando se va digo:

—Pobre. ¿Viene de lejos?

—Aunque venga de lejos. Bueno, estábamos hablando de mi hermana. Mi hermana no tiene sentido. Muchas veces me dijo: «Si tenés algún problema te venís a casa, y te pongo en el primer piso.» ¿Yo voy a subir ese escalerón? Yo le regalé esa escalera para hacerle el gusto, pero le quita la mitad de la sala. ¿Sabés lo que pasa? Que cuando uno tiene veinte años no piensa nunca que va a tener setenta y dos.

—¿Tiene algún talento?

—Tiene muchos. Tiene talento para el piano. Tiene talento para la música. Tiene talento para cocinar. Tiene talento para brindarse.

Lo hieren la vulgaridad y los olores corporales: «Yo tengo una enorme suerte, tengo olor a flores, pero otros no»; «No voy a estar cerca de una persona que se da el lujo de hacerme oler sus axilas». Una vez se le pasó el efecto de la anestesia antes de que terminaran de hacerle una operación. No sentía dolor pero escuchaba todo. Asegura que no se desesperó porque no podía hacer nada «y en vez de tener un problema iba a tener dos». Un hombre orgulloso de su olor a rosas, capaz de aguantar una operación sin anestesia. ¿Qué es esto?

Pulsa el teléfono. Juana atiende.

—Sí, ¿me trae las pastillas?

Pulsa el teléfono. Juana atiende.

—¿Qué pasó con la luz, que está baja?

Pulsa el teléfono. Juana atiende.
—No se olvide que tiene que ir a comprar, para la cena, crema.
Pulsa el teléfono. Juana atiende.
—Prenda la luz del balcón, como le dije.
Hay días así.
Hoy, a la lista de virtudes de Juana —es honesta, silenciosa, hace bien las camas—, agrega que tiene mucha fuerza en las manos para abrir frascos.
—Cuando yo no puedo le pido a ella. Hace plac, y abre. Ha roto todo, todo, todo. No tengo más licuadora, porque rompió tantas. Una vez estropeó una por no ponerle líquido. Me ha quemado camisas hechas a medida con la plancha. Pero yo digo que a lo mejor es el karma, que tengo que llegar a entenderme con ella. La vez pasada le dije: «Yo veo en sus ojos que usted me odia.» Y me dijo: «No, señor, no lo odio.» Mentirosa, mentirosa, mentirosa. Y al mismo tiempo, soy tarado. Me da pena. Si se va de acá, no puede entrar en ningún lado... normal.

Juana se asoma por la puerta y pregunta si ya puede retirar las cosas del té.
—Sí. Y cómase todo lo que quiera, ¿eh?
Cuando Juana termina de retirar y se va, Bruno dice que es culposo, que sería incapaz de dañar a nadie.
—Siempre tengo la proposición de enmienda. De portarme mejor. Lo que tengo es un defecto espantoso, que es el rechazo a la persona con la cual no tengo piel. Yo podría dormir la siesta abrazado a una amiga pero no lo podría hacer con Esteban, por ejemplo. Yo creo en esa cosa espontánea. En esa empatía celular. Celular física y celular espiritual. Yo con las mujeres me entiendo bien, y el hombre es quizás menos bueno pero más lógico. Con vos, chocho me paso toda una tarde conversando, pero con otras mujeres no. Y con Esteban... yo tengo la impresión..., eso me queda de la pierna..., de que si estoy acompañado estoy más protegido. Pero en veinte años, nunca lo he visto en pelotas. Ni él a mí.
—Es una relación...

—Extraña.

—Además, pusiste el departamento a su nombre.

—Sí. Para que él no se lo tenga que dar a mi sobrino o mi sobrina. Esteban está haciendo un trabajo que no quiere. Y que tenga un final de vida más agradable me parece más lindo. Además estoy todos los días con él. Y a mi sobrino o mi sobrina los veo cuatro veces por año. Yo soy el dueño de casa, aunque nos tenemos un gran respeto. Pero reconozco que soy una especie de joda número uno. Si Esteban quisiera hacer una fiesta con todos sus amigos acá, sería complicado no invitarme.

Hace una pausa. No pregunto. No me muevo. Espero, una vez más, lo que pueda producir ese silencio. Y lo que produce es esto:

—¿Ves esos dos sillones de allá, contra la pared? Son buenísimos. Y Esteban, antes que yo viniera, hizo una comida acá con dos amigas más grandes. Una se cagó y nunca se pudo sacar la mancha de una tela que yo compré en el mejor negocio de Venecia.

—¿Cómo supiste que era una mancha de...?

—Yo sé ver. Y dado el lugar... El culo no lo tiene en el ombligo. Andá a mirar.

Me acerco a la silla, que está junto a una mesa con un florero y una foto de Laura Hidalgo. Busco la mancha. En medio del asiento se ve una sombra.

—Ya está limpito. Podés decir que es una mancha del año...

—... del pedo —dice, y se ríe.

—¿Te enojaste con Esteban? —le pregunto, volviendo a la mesa.

—Noooo. No. No. No. Eso pasó hace una eternidad, además. Yo vivo, con amor, el tiempo presente.

—¿Y si tuvieras que elegir un momento del pasado para volver aunque sea diez minutos?

Sé, porque me las ha hecho, que le gustan las preguntas de esa clase: «Si tuvieras que llevarte algo a una isla desierta, ¿qué te llevarías?» Hipótesis fantasiosas acerca de cosas imposibles. Suspira, mira por la ventana.

—A un abrazo con mamá, o a una noche de besos y abrazos con uno... con un gran amor que tuve a los diecinueve años. No, dieciocho.

—¿A ese amor lo dejaste acá cuando te fuiste a Francia?

—¡*Ti!* —dice, imitando la forma en que algunos adultos les hablan a los niños: «Ti», en vez de «Sí».

—¿Cómo fue dejarlo?

—Y, me fui. Gran amor.

—¿Cuánto duró?

—Un poquito menos de dos años.

—¿Tus padres tenían idea de esa relación?

—¡Pero no! Yo nunca agarré a mis padres y los senté y les dije: «A mí me gustan los pende... los hombres.» No sirve para nada eso. Hoy día sí, porque es todo tan abierto que...

El 13 de marzo de 2015, en una entrevista para *La Nación,* le dijo al periodista Hugo Beccacece: «Mi primer amor fue Laura Hidalgo; pero también me enamoraba de los uniformes. Me enamoré de legiones de uniformes. Por las mañanas, me ponía el despertador a las seis para escuchar las marchas militares con que Radio del Estado abría la programación. Después apagaba el aparato, me volvía a dormir y soñaba (...). La primera vez que me sentí realmente enamorado tenía dieciséis años y fui correspondido. Ese chico iba a mis conciertos. Como no me dejaban salir, charlábamos por teléfono, yo jugaba a ser misterioso, a decir y no decir.» Beccacece le preguntó: «¿Hasta qué punto (tu madre) comprendía y aceptaba todas tus diferencias?» Bruno respondió: «De *eso* nunca se habló. No creo que en las relaciones muy importantes, como fue la nuestra, todo necesite ser dicho.»

En el recibidor hay varias fotos suyas. Entre todas, una a la que él se refiere como «la foto mía más linda que tengo». Se la tomaron a los once años. Es en blanco y negro. Usa una camisa probablemente blanca y de mangas cortas, corbata escocesa. Mira a cámara, la mano izquierda bajo el mentón, los dedos desplegados sobre la mejilla, el pelo claro y ondulado, la boca carnosa, los ojos sin esa intención explícita que se ve en imágenes actuales.

–¿Ves que se ve que son mis rasgos? Todo el mundo piensa que tengo todo rehecho y son mis rasgos. Le voy a pedir a Juana que te muestre una foto de cuando yo tenía un año.

Pulsa el teléfono.

–Juana, vaya a mi cuarto y póngase frente a la mesa de luz. Debajo del vidrio hay una foto de mi mamá y mi papá, que me tiene en brazos en el mar. Tráigamela.

Cuando cuelga dice:

–Ahora estoy chocho porque me han llamado de Japón para el año que viene. Cincuenta años que voy a Japón.

–¿Puedo ver el mail de la invitación?

–Esta por ahí –dice, señalando el piano con la cabeza.

Sobre el piano, debajo de una partitura, hay una hoja doblada con un mail impreso. Fue reenviado por su agente en Europa a Jorge Galasso. Es una invitación para dar conciertos en Osaka el 14, 17, 18, 19, 20, 22 y 26 de noviembre de 2018.

–Y se van a sumar más.

–¿Alguna vez tuviste temor de perder tu talento?

–El talento no se pierde, mi amor. Salvo que te vuelvas lelo. Si yo no pudiera tocar el piano, si no pudiera brindarme a la música, creo que tomaría reacciones... fuertes.

–¿Como cuáles?

Con una mano hace un aleteo y eleva la mirada hacia el techo: un alma que asciende.

–Así, tanto.

–Ahhh, sí.

Juana llega desde el cuarto con la foto y la coloca sobre la mesa.

–Muestrelé a la señora.

Es una foto amarilla. Verano de 1943, Mar del Plata. Ana Tosi y su marido a orillas del mar. Bruno en brazos de su padre. La punta de la lengua afuera, entre los dientes, el brazo izquierdo enérgicamente levantado en actitud celebratoria de alegría irrefrenable. Miro la foto en silencio.

—Yo me siento en paz. Muy en armonía conmigo. Me pasó antes de ayer. Me había dolido la cabeza, tenía el estómago jorobado. Y me desperté. Me senté en la cama. Y pensé: «Puta, qué feliz soy.»

Juana, de pie a mi lado, toma la foto y vuelve a llevarla al dormitorio. Entonces, con la voz mansa, Bruno me pregunta a qué le tengo miedo. Le respondo: «A los murciélagos.» Él dice: «No te hagas... No te estoy preguntando eso. Lo sabés», y me mira como si me atravesara, como si después de todo lo que él me ha contado en estos meses yo le debiera, al menos, eso. Y le doy una respuesta irresponsable. Le digo la verdad.

Esa noche, Juana baja a abrirme. Me cuenta que hace un mes murió su cuñada de cáncer y que su hermano, viudo de la mujer, está en cama, deprimido. Se queda un buen rato en el hall, contándome esa historia. La escucho y doy respuestas cortas mientras pienso en él, arriba, solo, en la misma posición en que estaba cuando llegué, preguntándose qué estará haciendo Juana, que no vuelve.

Después me despido y camino hasta el subte muy despacio, sintiendo un tironeo anticipado que solo puedo describir con la palabra «abstinencia»: tengo que viajar durante más de un mes y no lo veré por largo tiempo.

Paso casi cinco semanas afuera. Vuelvo el domingo 20 de octubre y lo llamo apenas llego a casa.

—¡Maravilla! ¿Cómo te fue? ¿Qué tal estaban los hoteles? ¿Volaste a Portugal por TAP?

—No, fui por Iberia, vía Madrid.

—La próxima vez, tomá TAP, la aerolínea portuguesa. Una vez la tomé. Subí y me tomé la pastilla para dormir. La comida no llegaba. Le pregunto a la azafata y me dice: «En veinte minutos está lista.» Y entonces... blanco total. Me desperté al

otro día rodeado de paquetes. Llamo a la azafata y le digo: «Señorita, ¿qué es todo esto?» Y me dice: «Todas las cosas que compró ayer.» Yo no me acordaba de nada. Le digo: «¿Yo le hablé bien?» Me dijo: «Sí, como una persona normal.» «¿Y cené?» «Sí, perfectamente.» Le digo: «A ver, muéstreme mi firma en la tarjeta de crédito.» Me mostró y era cualquier cosa. Me dijo: «Si quiere devolver algo...» Le dije: «No, no, me sirve para entregar como regalo cuando vuelva a mi país.» Pero fijate qué gracioso. Yo hice eso completamente despierto y no me acordaba de nada. La pastilla me dejó frito. Bueno, cuándo te veo.
—Cuando me digas.
Me dice el viernes 3 de noviembre. Digo que sí.

¿Está acá porque, en ese «gran círculo de la existencia», es un hombre tratando de volver a casa?

El lunes 31 de octubre, a las cinco de la tarde, suena el teléfono. En la pantalla veo su nombre: Bruno Gelber.
—Hola.
—Alóooo.
—Hola, Bruno.
—Decime, tesoro, ¿para cuándo quedamos?
—Para el viernes 3 de noviembre. Me dijiste que cenábamos con Franco.
—Ah, bueno. Yo te había anotado el jueves 2, pero entonces nos vemos el viernes 3.
—¿Seguro?
—Seguro.
—¿Pero Franco podrá?
—Va a poder.
No tengo la menor idea de lo que me espera.

El viernes 3 de noviembre a las nueve menos cuarto de la noche toco el timbre varias veces pero no me responden. Llamo por teléfono.

—Alóooo.

—Bruno, estoy acá abajo. El timbre no funciona.

Bruno grita: «¡Juanaaaa!» Por detrás se escucha el sonido de un piano. Después de un momento dice:

—Ahí te bajan a abrir. Besito.

Cuelga de inmediato y no me da tiempo a decirle que alguien que está por entrar al edificio acaba de abrirme. Lo llamo para avisarle pero no me atiende, de modo que me apuro a subir antes de que Juana baje. Mis pasos en el hall, el ascensor, la chicharra, Juana.

—Pase, pase; el señor está dando una clase, ya termina.

Paso y espero. La mesa está puesta para tres. El piano casi no se escucha, hasta que de pronto cesa. Se escuchan voces. Bruno aparece poco después, con el andador. Franco ha ido al baño.

—Hola, Bruno, cómo estás.

—Prendido de las pasiones de Chopin. Qué divino, qué soñado. Es un tal nivel de amor que hay adentro... Ay, qué cosa linda es la música. No me vendo por nada a otro —dice, avanzando hasta la mesa.

Deja el andador a un lado, se apoya en el respaldo de la silla.

—¿Te ayudo?

—No, no.

Franco llega desde el baño. Tiene el pelo más corto, sin el mechón que caía sobre la frente.

—Hola, Franco. Te cortaste el pelo.

—Sí —dice Bruno—. Pronto se va a cortar la cabeza. Pero está lindo.

—Es porque hoy vine con ganas, porque el maestro me está enseñando la balada.

—Qué obra linda —dice Bruno—. Dios santo. Cuánto amor, cuánta pasión, cuánta locura de amor.

—¿En qué año la compuso? —pregunto.

—No me acuerdo —dice Bruno, dejando entrever que no es un dato relevante comparado con lo que él acaba de decir, y sacude la servilleta para ponérsela en el regazo.

—1842 —dice Franco, infalible.

—Cuando yo nací —dice Bruno, riéndose—. Yo te voy a explicar lo que pasa con él. Yo soy una persona apasionada, romántica. Y este es un intelectual. Le explicás que en la obra hay alguien muriendo de amor, y te dice: «¿Y esta nota por qué está acá?» Hubo una época en que yo me brindé a él sin reparos porque dije: «Le voy a abrir su centro vital.» Y vi que no se lo abría. Actualmente estoy en un período menos ligado a él. Porque pienso que no tengo derecho a hacer de él un ser apasionado en su arte si no lo es. Si no está en su naturaleza. Pero no importa.

Termina la frase con una pincelada de resignación, como si se diera por vencido.

—Hoy me abrí bastante —dice Franco, sirviendo el vino, sin alterarse.

—No, pero no es abrirte «bastante». Él nació pianista, ha hecho unos progresos que yo no los hubiera hecho de chico. En tres años, de tocar como una rata, está tocando como un rey.

—Es verdad —dice Franco—. Yo tocaba mal.

—Tocaba como el culo. Y en tres años ha hecho unos progresos que te caés de traste.

—Me consta que es así —dice Franco—. No voy a decir que no.

—Yo no miento, y menos delante de la persona de la cual estoy hablando.

—Podría disentir, pero no es el caso —dice Franco, en una frase que tiene la rigidez de una línea de guión leída en voz alta.

—Yo a los diecinueve estaba solo. Con la pierna torcida y subiéndome a un metro lleno de gente. Y él está muy apañado. Tiene cincuenta personas que se ocupan de él. La vida se va a hacer cargo de darle una patada número uno, que es lo que necesita. Él necesita enamorarse de una mina que no le lleve el apunte.

—Es posible —dice Franco.

—Sufrir un poco. Eso necesita. Necesita el golpe de lo que no le salga. Pero yo no le quiero cambiar la naturaleza. En el fondo es un chico que tiene miedo a la vida.

Juana pregunta si esperamos a Esteban. Bruno dice que sí, pero que traiga el melón, así tenemos algo «para rascarnos el estómago». Juana trae a la mesa porciones de melón acompañadas por una feta de jamón cocido.

—Nunca comí melón con jamón —dice Franco.

—Bueno, ahora comerás —dice Bruno—. Porque además de ser complicado con la música es bien complicado para comer.

—Vos decís que tenés un sistema para todo. ¿Tenés un sistema para despertar el centro vital de Franco?

—Si yo fuera mujer, le hubiera saltado encima, le hubiera abierto la bragueta y le hubiera metido la lengua hasta la glotis —dice, abriendo la boca y señalando la garganta con un dedo—. Pero como no se trata de eso, y como yo soy un ser respetuoso, y aparte él no me inspira este tipo de cosas porque lo siento como un niño, y yo soy su profesor de piano y nada más..., no sé. Mmm, qué rico este melón.

—Debe ser difícil sacar algo del otro —dice Franco, como si nada de lo que dice Bruno tuviera relación con él.

—Yo puedo. Pero lo que pasa es que me digo hasta cuándo tengo derecho.

—Perdón, hago un comentario, no quiero terminar siendo el centro de la conversación —dice Franco.

—Igual, siempre terminamos hablando de vos —dice Bruno, divertido.

—Pero usted en tres años ha logrado despertar en mí muchísima más emoción y contenido en la música de lo que yo hubiera podido hacer solo. ¿Quiere vino, Brunito?

—Mmmm —dice, asintiendo.

Cuando Franco vino a esta casa por primera vez lo hizo acompañado por su madre. Bruno les indicó que pasaran al estudio mientras él terminaba unos asuntos en la sala, y le dijo que empezara a calentar las manos. Franco tocó el preludio número 3 de Bach. Estaba por llegar a los últimos compases cuando escuchó una voz que le gritaba: «¡¡¡No son las notas!!!» Bruno entró en el estudio, le dijo que la pieza estaba mal leída y le pidió que tocara otra cosa. Franco tocó el principio de la sonata en Fa menor de Beethoven. Cuando terminó, Bruno lo miró con seriedad y le preguntó qué quería hacer. «Tomar clases con usted.» «Entonces tenés que cambiar la técnica desde cero.» Cambiar la técnica es como aprender a escribir de derecha a izquierda: entrenar los músculos para otros movimientos, modificar digitaciones que se han hecho carne. Pero Franco se entregó a los designios de su maestro y logró hacerlo en un tiempo impensable: tres meses. Hasta ahora, Bruno estaba empeñado en hacer de él, además de un shaolín del piano, una criatura de sensibilidad excelsa. Esta noche parece dispuesto a desistir.

La puerta de entrada se abre y aparece Esteban, que saluda con ímpetu.

—¡Buenas noches! Qué tal, maestro.

—Hola, Esteban.

Se sienta junto a Bruno, aunque se quedará solo un rato porque tiene que ir a un cumpleaños.

—¿Comés melón?

—Bueno, pero un trocito, nomás.

Durante la cena —melón con jamón, milanesas con papas fritas, una torta helada de chocolate que llevé y budín de chocolate y maracuyá— se habla de temas diversos: de la graduación alcohólica del Aperol —hay que explicarle a Franco qué es el Aperol, porque no sabe—, de los ingredientes del Aperol spritz, del sabor del lichi —hay que explicarle a Franco qué es el lichi, porque no lo conoce— y de otras frutas exóticas —«Yo me muero por las frutas exóticas. A mí me encantaría morirme rodeado de chirimoyas, de maracuyá, de mango», dice Bruno—, de la media botella de whisky mezclada con soda que Bruno bebió con una amiga en una recepción —«Llegamos después de un concierto y en esa época, quince años después de la guerra, todo cerraba temprano. Así que no pudimos comer y cuando llegamos se había terminado todo y no quedaba más que whisky. Me pareció rico, pero después todo me dio vuelta durante dos días»–; y, a pedido de Esteban, se narran la anécdota del inesperado concierto de Rachmáninov que tuvo que dar en Palermo, Sicilia, y la anécdota de la huelga de trabajadores de un teatro que le impidió tocar en Catania. Esteban se retira antes del postre para ir al cumpleaños, y Franco comienza a hablar de ópera.

–A mí me encanta la ópera –dice Bruno–. Lo que no soporto es la puesta moderna. Yo vi *La traviata* con la *mise-en-scène* de Visconti. Me la dedicó a mí. Yo lo conocí en Mónaco.

Franco discurre largamente acerca de la última puesta de *Carmen*, en el Colón, de la de *Don Giovanni*, de la de *Parsifal*. Bruno come sin prestar atención.

–*Parsifal* es una ópera muy larga y muy densa. Si no hacés una escenografía dinámica, la gente se te duerme –dice Franco.

–Bueno, pero uno se puede hacer unos sueñitos. Yo digo, cuándo nos vamos a acostumbrar a que no estamos doscientos años atrás. Queremos lo mismo, lo mismo. La ópera es una cosa muy antigua –dice Bruno, en una frase que cuestiona lo que acaba de decir poco antes («Lo que no soporto es la puesta moderna»).

Pulsa el teléfono y le pide a Juana que retire los platos y traiga los postres. Juana retira y trae la torta helada de chocolate y el budín.

–Mmm. Qué aspecto tan magnífico.

Franco sigue hablando de ópera. *Las bodas de Fígaro, La flauta mágica, Ascenso y caída de la ciudad de Mahagony*.

–A mí no me gustó. Me pareció que...

–¿Me pasás el plato, pichona? Salió medio renga la porción, como yo.

–Ahora van a dar mi ópera favorita –dice Franco, mientras Bruno le alcanza una porción de torta y después se sirve él mismo–. Pero bueno, es una ópera que...

–Mmm. Es maravillosa –dice Bruno, hundiendo la cuchara en el chocolate, llevándose un trozo a la boca, cerrando los ojos, cortando un trozo de budín.

—La vez pasada dieron *La prohibición de amar*. Una de las primeras óperas de Wagner, bellísima, y sin embargo no fue nadie —sigue Franco.

—¿De dónde es la torta, pichona?

—De una casa en Palermo.

—Es una maravilla. ¿Hacen más cosas?

—Sí, *cheesecake*.

Entonces empieza a revisar la superficie de la mesa. Busca debajo de la caja de la torta, entre los platos.

—¿Perdió algo, Brunito?

—Yo corté recién un pedazo de budín. ¿Dónde lo puse?

—¿No te lo habrás comido?

—No.

Levantamos el plato de las uvas, los candelabros, miramos debajo de la vajilla. Bruno parece preocupado. Franco y yo nos agachamos y buscamos por el piso, pero el budín no está. Volvemos a sentarnos y Franco pregunta:

—¿Le pasó que se le rompiera una cuerda alguna vez?

—Síii.

—¿Y no se desconcertó?

—No. Paré.

—¡¡¡¿Paró?!!! —casi grita Franco, como si fuera un pecado impensable.

—Paré. Fue en el Colón. Dije que esperaran y llamé al afinador.

—Ay, Señor mío, por Dios —dice Franco, con aflicción exagerada.

—Y viene Quintieri. Quintieri es el afinador del Colón —aclara, mirándome—. Y me dice... —imposta una voz gruesa, un poco grosera—: «¿Qué querés que haga, pibe? ¿Te hago un nudo?» Y le hizo un nudo y seguí.

Repasa con preocupación, otra vez, la superficie de la mesa.

—Qué raro lo del budín.

Franco y yo nos levantamos, buscamos nuevamente por el piso.

—¿Está?

—No —decimos los dos a dúo, gateando.

—Bueno, dejen.
Nos sentamos, y Franco regresa a la historia de la cuerda cortada.
—Qué grande Quintieri. Y tuvo que empezar la obra de nuevo, me imagino.
—La torta deliciosa. Se guarda en el freezer, ¿no?
—Sí, y la sacás un rato antes de servirla.
Pulsa el teléfono.
—Juana. Venga.
Cuando Juana aparece le dice:
—Ponga esta torta... Primero sírvase... Y después ponga esta torta en el freezer.
—Bueno, señor.
Juana está a punto de volver a la cocina cuando Bruno le pregunta:
—En alguno de los platos que se fue antes no se habrá ido un pedazo de budín, ¿no?
—No, señor.
—Bueno, está bien.
—Bruno, estuve con un amigo en Chile que me contó que una vez diste un concierto allá, que hubo un temblor y que seguiste tocando.
—Sí. Yo me quedo tranquilo. El temblor es la peor sensación que existe en el mundo porque lo único que generalmente es seguro es la tierra. Pero tocar es una cosa tan extraordinaria que te saca de la realidad.
—¿Te acordás qué estabas tocando?
—No. Ni idea.
—¿Y pasaste algún temblor sin estar tocando?
—Sí. En la cama. Piso ochenta y seis. En Nagoya.
—¿Qué hiciste?
—Me quedé en la cama. Porque si me ves bajando por la escalera ochenta y seis pisos... Cuando termina el temblor, ¿sabés dónde estoy? En el ochenta y cinco —dice, sacudiéndose de risa—. Generalmente, desesperado no me pongo.
Levanta la cuchara y señala la puerta que da a la cocina.

—Solo ella lo logra.
Empieza a rasgar el budín con los dedos.
—Estoy preocupado por el budín. Bueno, vamos a las preguntas.
—¿Qué preguntas? —pregunto.
—Cada uno le hace una pregunta a los otros dos. Empiezo yo.
El Juego de las Preguntas es un ritual de la casa. Un juego morboso de apariencia inocente, en el que la impunidad de lo lúdico permite preguntar cualquier cosa con una pátina de candor, en un *crescendo* que ni siquiera se detiene ante la crueldad, en el que no hay tregua ni compasión ni prudencia.
Empieza a las once. Bruno me pregunta qué es lo más raro que he comido —digo: «un escorpión, o larvas de gusanos»—, y a Franco qué es lo que más le gusta de su físico: «Los brazos.» Cuando me toca a mí, le pregunto a Franco qué cosa le da mucha vergüenza —«Levantarme a una mujer en una disco»— y a Bruno:
—¿Qué, de todas las cosas que te pasaron, te gustaría que no te hubiera pasado?
—La polio.
Es una larga noche.

Bruno, en su versión dominatriz.

Bruno exige preguntas rápidas y respuestas ajustadas: cuando le pregunto a Franco «¿Qué te da mucha vergüenza?» y Franco empieza a responder «Bueno, timidez me da...», Bruno interrumpe: «No: ella no dijo timidez; dijo vergüenza.»
La segunda pregunta que me hace es:
—¿Tuviste relaciones femeninas?
Después, le pregunta a Franco:
—¿Qué es lo peor..., lo más fuerte que pensaste que yo podía sentir por vos?
Se produce un silencio y Bruno dice:
—Ahora te preocupaste.

—No. Yo nunca tuve miedo de que sintiera algo por mí. Ni siquiera cuando estuvimos haciendo las sesiones de relajamiento y masajes, que lo hemos hecho muchísimas veces.
—¿Pero en algún momento no dijiste: «Estoy en peligro»?
—Yo en peligro jamás me sentí con usted.
—Bueno. Nena, vos. Preguntá.
Le pregunto a Franco si cree que a Bruno le gustaría que él lo superara como pianista.
—¿Si yo pudiera tocar mejor que él? Yo no creo que eso sea posible porque cada persona toca distinto a otra.
—Esa es una respuesta diplomática —dice Bruno, comiendo budín.
—Pero es lo que yo pienso.
—Es lo que pensás pero no lo que sentís.
—Bueno. En el hipotético caso de que yo alguna vez pudiese tocar mejor que él creo..., sinceramente..., que yo sería un tipo muy grande y él no estaría vivo para verlo.
¿Un alumno le dice a su maestro, un hombre obsesionado con el paso del tiempo, que está viejo para verlo dar lo mejor de sí y que, de hecho, cuando eso suceda estará muerto?
—Desde donde yo esté, te voy a oír —dice Bruno, jocoso.
—Yo creo que su amor por la música es muy superior a cualquier tipo de ego. Así que si eso que vos planteás fuera posible, creo que él sentiría placer —dice Franco.
—Pero oíme, me daría un placer infinito.
Bruno me pregunta: «¿Qué sensación te da el hecho de que yo me maquille mis ojos?» Después, cuando le toca preguntar a Franco, lo alienta:
—Dale, preguntá con todo. A fondo.
—¿Qué sintió cuando me escuchó tocar el Beethoven en el concierto de octubre? ¿Miedo, temor a que me olvidara de algo, a que me equivocara?
—Eso fue una tónica constante. Pero al mismo tiempo te admiré la parte técnica. Te mandabas sin dificultad cosas que nos cuestan a todos los pianistas. Y me dije: «Qué pedazo de infeliz no tomarse en serio.» Disculpá.

—No, gracias.

El siguiente en preguntar es Bruno, que le pregunta a Franco:

—¿Me tenés miedo?

—A veces sí. Hoy, por ejemplo, tocar la balada de Chopin me daba mucho nervio. No sé si miedo, pero antes de venir pensaba: «¿Y si no le dice nada, y si me dice que está vacía?»

—Pobre de vos que estuviese vacía.

—Bueno, usted me pregunta, yo le contesto. Cada vez menos. Pero hay veces que sí. Que le tengo miedo.

Ahora, cada vez que me toca, intento hacer preguntas que requieran respuestas rápidas, sencillas, para que sigan preguntándose entre ellos. Franco le pregunta a Bruno:

—¿Cuál fue el momento en que más comunión sintió que tuvimos?

—¿Querés que te conteste con la verdad?

—Por supuesto.

—Todos aquellos momentos en los cuales la mente nos prohibió acercarnos en un abrazo.

—Lo comprendo perfectamente —dice Franco, envarado.

Sobre la mesa se expande un silencio espeso. Aunque estoy allí, aunque me miran, aunque formo parte de la conversación. O mejor: ¿cómo, si estoy allí, si me miran, si formo parte de la conversación?

Bruno le pregunta a Franco:

—¿Considerás que mi conducta hacia vos ha sido la justa?

—En casi todos los casos. Debería haberme tenido más paciencia en algunos momentos. Yo siento que tengo muchas cosas adentro que no puedo largar. Sentimientos, sensaciones, que no sé cómo se llaman.

—Orgullo, se llama eso.

—Y usted me ha hablado muy crudamente en muchas ocasiones, y tuvo razón. Pero en el momento me hirió.

—A conciencia.

—Sí, por supuesto. No digo que esté mal. Digo cómo lo recibí.

Bruno pulsa el teléfono. Juana atiende.

—Juana. Escúcheme, acuestesé que Franco tiene llave de abajo, así que usted no necesita esperar. Mañana retira todas las copas y todo. Pero acuestesé.

Después, mirándome, dice:

—Yo, modestia aparte, creo que con nadie se ha sentido tan relacionado como conmigo. Ahora, no sé qué nivel de incomodidad eso le puede haber suscitado. La vocación es una cosa muy difícil. Él es una persona que se tienta mucho por la dispersión. Y yo sé que no soy un individuo fácil de tragar si no se tiene una personalidad ya definida. Pero supongamos que yo hubiera tenido la tentación así, ínfima... de... Aun así, él sabe que jamás hubiera hecho algo que lo pudiese dañar, complicar. Entonces, por qué no hacerle caso a una persona que está a su alcance y que puede significar el sentido de su supuesta vocación. Si yo fuera él, me exprimiría todo el jugo que puedo dar. Porque no me queda para mucho. Él está al borde de su vida y yo estoy al final.

—Yo no puedo tomar de él más de lo que tomo —dice Franco—, porque estudiar con él me representa un gran placer pero también un gran esfuerzo. Es mucho lo que tiene para dar, y yo no lo puedo abarcar todo.

Bruno se ha llevado una porción de budín a la boca y dice, ahogado:

—¿Sabés qué es eso? Comodidad.

—¿Por qué cree eso? —pregunta Franco, casi con ternura.

—Porque soy lo suficientemente inteligente para no exigirte más allá de... hip... de... hip.. Perdón, tengo hipo.

—¿Querés agua?

—¡No! Odio el agua ¿Querés que te sintetice? Hip. Yo quiero poder pasarle a él todo lo que puedo, hip, todo lo que puedo abrir su alma, antes de que una... hip... de que un pelo de pubis le tire más fuerte que una yunta de bueyes. Y que se disperse. La vida es hoy, este momento. No sabés nunca dónde te puede mandar dentro de treinta segundos. Porque te enamorás y no sabés la enfermedad que es.

Pero antes le ha dicho, tantas veces, que lo mejor que puede pasarle es enamorarse. Pero antes le ha dicho, tantas veces, que lo que necesita es sufrir por una mujer. ¿Es este el viejo método Scaramuzza llevado a otros territorios, más peligrosos: está bien lo que estaba mal, está mal lo que estaba bien?

—Me toca preguntar a mí —dice Franco, retomando el juego que parecía haberse desdibujado—. ¿Alguna vez amó y no fue correspondido?

—A ver cómo te puedo contestar. Por razones... biológicas. Era lógico que el vínculo no podía ir más allá.

—¿Por qué? —dice Franco.

—Porque éramos dos varones.

—¿Y? —dice Franco.

—Bueno, pero a uno de los varones le gustaban los varones y al otro le gustaban las mujeres.

—¿Cuándo le pasó eso?

—En el 84.

Entonces Franco me mira y me dice:

—Hay una pregunta que vos no me hiciste, pero que voy a contestar. Hay una cosa a la que le tengo mucho miedo. Es a decepcionar a las personas que me importan. Es la más negra, oscura y terrible pesadilla que puedo tener. Decepcionar a la gente que me importa.

—Y Bruno te importa.

—Por supuesto.

—¿Y vos, Bruno, a quién decepcionaste?

—Más bien lo contrario me pasó. Pero a lo mejor mi madre hubiera querido que yo fuera normal y que me hubiera casado y tenido hijos. Y al mismo tiempo hubiera ooooodiado a mi mujer. Y le hubiera hecho la vida imposible. Si me hubiera visto irme de *tournée* con otra...

—¿Entonces usted no se considera «normal»? —dice Franco.

—Bueno, mirá, es más común que a un gato le guste una gata que otro gato.

—Pero el mundo está hecho de diferencias —dice Franco.

—No tengo el más mínimo complejo con eso. Así que no me ayudes —dice Bruno, con sorna—. Pero mi mamá me dijo muchas veces: «Ay, ¿por qué no me das una nieta?»

—¿Y vos qué le decías?

—La miraba con cara de... —dice, alzando la ceja a lo Laura Hidalgo—. Bueno, conversemos, nomás.

Conversamos: de lo bien que baila la modelo Pampita, del British Museum, de la belleza de Grace Kelly.

—Yo estuve con ella. Cuarenta y cinco minutos.

—Qué mujer hermosa —dice Franco.

—A mí me hubiera encantado ser tan lindo como el... el libro ese..., me hubiera encantado tener el retrato de Dorian Gray.

—¿Te gustás cuando te ves?

—No. No digo que soy un escorpión, pero...

—Me gustaría mucho estudiar historia del arte —dice Franco.

—¿Para qué? —le pregunta Bruno, despectivo—. ¿Para saber hablar?

—Para apreciar las cosas.

—Para apreciar las cosas no necesitás que alguien te las cuente.

—¿Pero usted conoce las pirámides?

—No hay nada que me parezca menos interesante que una pirámide. Cualquier chico te hace una pirámide de arena.

—Pero no son de arena, Brunito. Al día de hoy los arqueólogos no pueden comprender cómo arrastraron esas piedras, con qué métodos.

—Llevaron esclavos, nene. Creeme que ha sido a latigazos.

—A mí me parece un destino muy interesante —dice Franco.

—Bueno. Está muy bien. ¿Conocen ese cuento de la azafata? Una azafata está pasando los caramelos antes del vuelo para que la gente mastique y no se le tapen los oídos. Y entonces se oye la voz del capitán que dice: «Soy el capitán Puchún Puchún, bienvenidos al vuelo puchún puchún, tardaremos en llegar bli bli bli.» Y termina y no cierra bien el micrófono y dice: «Bueno, ahora me tomo un café y me cojo a la azafata.» Y la azafata oye eso y sale rajando rápido hacia la cabina para avisarle que tiene el micrófono abierto, y una señora vieja la agarra de la pollera y le dice: «Dijo que se tomaba un café, primero.»

—Qué gracioso —dice Franco, aunque no se ríe.

—Ay, a mí me encantan esos chistes estúpidos —dice Bruno, ahogándose de risa—. Nene, haceme un masaje acá en la espalda.

Franco se levanta y se pone de pie detrás de su silla. Le masajea los hombros.

—No, te muestro lo que quiero que hagas —dice, y apoya una mano sobre el hombro de Franco que, inmediatamente, da un grito de dolor:

—¡Ayyyy! Bueno, le hago.

—¿Te contractura el piano, Bruno?

—No, porque no miro.

—El otro día vi un video de Horowitz —dice Franco—. Tocando todo encorvado.

—Nena, ¿cuál es tu próximo viaje?

—Quito.

—Te vas a enfermar. Por la altura. Pedí que haya siempre un médico cerca.

—No es tan alto, Bruno. Son dos mil ochocientos metros.

—No, es más. Tres mil y algo, por lo menos. Pero ellos no lo dicen. Porque les da vergüenza.

Franco deja de masajearlo.

—Bueno, Brunito, me voy a retirar.

—¿Por qué, si es temprano? —protesta Bruno.

—Para usted el día empieza. Para mí termina.

Nos despedimos y Bruno nos acompaña hasta la puerta. Abajo, Franco abre con su llave. Se ofrece a llevarme, pero le agradezco y le digo que prefiero caminar.

¿Qué fue todo eso?

Al día siguiente, sábado 4 de noviembre, estoy en una fiesta. A las once y media de la noche suena mi celular. Miro la pantalla. Es él. Busco un espacio silencioso y le devuelvo la llamada.

—Tesoro. Te llamo para preguntarte dónde compraste la torta helada que trajiste ayer a casa.

Le digo la dirección.

—¿Podés llamar y pedir que me guarden una? Quiero llevarla al cumpleaños de mi sobrina.

Le explico que siempre tienen, pero que de todos modos voy a llamar.

—Oíme, cuidate en Quito. No comas nada. Solo fruta. ¿Cuándo llegás allá?

—El martes.

—¿Y cuándo empezás a trabajar?

—El miércoles.

—Estás loca. Te vas a enfermar. Tendrías que llegar tres días antes. Llamá a tu médico para que te dé alguna pastilla. ¿Sos de presión alta o baja?

—Normal. Creo.

—Bueno. Pero oíme, tenés que cuidarte. La salud es fundamental. Más todavía que vas a actuar..., a trabajar.

Su voz tiene el tono preocupado de quien ya pasó por eso y siente la obligación de advertir de los peligros.

Meses después, el viernes 19 de enero de 2018, a las cinco de la tarde, lo llamo por teléfono a Mar del Plata.

—Bruno, necesitaría hablar con tu sobrina Mariana. Ella fue cercana a vos, ¿no?

—No, para nada. Cuando era chica se dejaba malcriar. Nada más. Pero llamala a mi hermana y que ella te dé el teléfono, porque lo tengo acá pero estoy hablando con vos y no sé mirar.

Cuelgo y llamo a Munina.

—Hola, Munina. Habla la periodista.

—Ay, sí, cómo estás. No sé si te enteraste de que me operaron de peritonitis. Pude morirme.

—¿Cuándo?

—Hace nueve días. Me hicieron un tajo de doce centímetros, me operaron de urgencia.

Desgrana un periplo de clínicas, diagnósticos, quirófanos urgentes. Insiste en que está bien, pero que pudo morirse.

—¿Bruno se enteró?

—Sí, apenas me operaron. Pero no sé si tuvo noción del grado de seriedad. ¿Vos hablaste con él en el último tiempo?
—Sí, hace diez minutos.
—Y veinte días antes choqué —dice, sin prestar atención al hecho de que acabo de hablar con su hermano, que no me advirtió que iba a llamar a una persona convaleciente de una operación seria—. Yo, que hacía cincuenta años que no chocaba.
—¿Fue un choque muy fuerte?
—Destrucción total. Tomémosle el lado bueno. Que no me pasó nada y me pagaron el auto y parece que nos vamos a comprar uno nuevo. Porque además el año pasado le robaron la camioneta a Finco, no sé si te conté.
—Sí, fue antes de que yo fuera a su casa.
—Cierto. ¿Pero vos para qué me llamabas?
—Quería hablar con Mariana, su hija, y...
—Ah, justo la tenés acá. Tomá, Mariana, la periodista —dice, sin despedirse.
Escucho una voz de mujer que protesta: «No, no, no quiero hablar.» Y finalmente:
—Hola.
—Hola, ¿Mariana?
No parece molesta, pero sí incómoda. Pide que la llame al día siguiente, que antes le envíe un mensaje. Al día siguiente le mando un mensaje y me pasa un número de teléfono fijo. La llamo y lo primero que dice, cuando me atiende, es que no le dé ese número a nadie.
—No te preocupes. ¿Podés hablar ahora?
—Sí, yo lo haría ahora, rapidito.
Tiene cuarenta y cinco años y trabaja en una farmacia de Pilar, una localidad a cincuenta y cinco kilómetros de Buenos Aires. Vive sola, a ocho cuadras de la casa de sus padres.
—Ahora con Bruno no compartimos mucho, porque él viaja, pero de chica tengo muchísimos recuerdos. Siempre me llevaba de compras en mis cumpleaños. Yo tenía seis o siete años y me decía: «Menos un avión, un barco o un auto, pedime lo que quieras.» Íbamos de shopping y me compraba de todo. Cuando

era muy chiquita me traía de sus viajes la muñeca que caminaba, cosas que acá no se conseguían. Me ha llevado a giras por el interior o a Chile. Ahora compartimos la Navidad, y en los cumpleaños míos siempre está presente. Pero no es un contacto día a día. Con mi mamá sí. Para mí es mi tío. Un loco lindo. Una persona muy generosa. Muy cálido y con ese carácter abrumador. También lo veo como un gran pianista, pero para mí es un familiar. El que lo sacaba de quicio era mi hermano. Nos llevamos ocho años, yo soy la mayor. Era un terremoto. Arrasaba todo, rompía todo. En ese momento, Bruno vivía en una casa preciosa en la calle Pampa. Me encantaba ir porque tenía las tortas de Steinhauser, huevos de Pascua gigantes. Pero cuando íbamos, mi viejo se llevaba a pasear a mi hermano en tren para que no estuvieran incómodos ni mi hermano ni mi tío. En un momento vivimos en esa casa. Fue en la etapa en que yo estaba en la facultad. Fue una ventaja económica para mi mamá y mi papá porque alquilaron la casa que tenemos en Florida. Estuvimos como seis años, desde mis veinte y pocos. Y ahí se tuvieron que soportar mutuamente, mi hermano y Bruno. Y costaba.

«En el marco del ciclo Música Explicada, la Usina del Arte (Agustín Caffarena 1, La Boca) recibe a Bruno Gelber el viernes 24 de noviembre a las 20.30, con entrada gratuita. El reconocido concertista de piano interpretará obras de Beethoven y Chopin y luego dialogará con Eugenio Monjeau sobre su vida y obra.» Se anuncia un Prólogo musical –Ludwig van Beethoven Sonata n.º 14 en Do sostenido menor, op. 27, n.º 2, *Claro de luna: I. Adagio sostenuto*, y Frédéric Chopin, *Andante spianato y gran polonesa brillante* en Mi bemol mayor, op. 22.

A mi regreso de Quito, el 14 de noviembre, lo llamo.
—¡Maravilla! ¿Cómo estás?
Como siempre, me pregunta por el hotel, por la comida. Me invita a cenar a su casa tres días después, el viernes 17. Pero

el miércoles 15 me llama para preguntarme si habíamos quedado para el viernes 17 o para el jueves 16. Le digo que para el viernes 17. Cuelga. Me llama minutos después y me pregunta si no puedo ir ese mismo día. Pero esta vez no puedo: tengo que entregar un texto urgente.

—Sabés qué pasa, pichona, hoy tengo otra persona, y dos cenas en una semana es difícil, por el estudio. Y vos te vas a Washington.

—Sí, pero es un viaje muy corto.

—Bueno, entonces nos vemos el 24 en la Usina del Arte.

—Claro.

—Y nos quedamos juntos después, ¿eh? —dice, como un chico que quiere asegurarse la presencia de otro en su fiesta de cumpleaños.

—Por supuesto —le respondo, con un inapropiado regocijo por el hecho de que recalque que cuenta conmigo entre los íntimos que lo acompañarán después del concierto.

Pero cuando regreso de Washington lo llamo y me atiende con una voz seria y distante: «Estoy con Monjeau, tesoro, que me va a entrevistar en la Usina. Te llamo después.»

Pasa todo ese día y no me llama. El siguiente, tampoco. Al final, lo llamo yo. Marco su número con zozobra. ¿Existe la posibilidad de que alguna vez no me atienda? Pero atiende de inmediato. Su voz dice, encendida:

—¡Maravilla!

Maravilla.

Un día de febrero de 2018 lo llamo por teléfono a Mar del Plata y, mientras hablamos, menciona el debut sexual de un conocido.

—Me dijo que le había parecido «divertido». ¡Divertido! Oíme, es una experiencia que no te podés olvidar.

Entonces le hago una pregunta ordinaria, seca, segura de que va a encontrar la forma de no responder.

—¿En tu caso cómo fue?

—A los dieciséis años, en un tren a Tucumán —contesta de inmediato—. Yo no perdí el tiempo. El hecho me pareció... impactante.

—En un tren.

Se escucha una risita de júbilo.

—Sí. El traqueteo ayuda.

Después le pregunto cómo conoció a Mario, el futbolista.

—Eso no importa, no es relevante.

—Son dos mundos muy distantes, no se entiende cómo entran en contacto —le digo, intentando explicar mi curiosidad.

—No es importante —dice él.

Y entonces me lo cuenta. Es una situación como cualquier otra. Amigos en común, etcétera. Entiendo que no quiere dar detalles y pienso que, después de todo, lo que me ha dicho tantas veces —que podría preguntarle cualquier cosa— quizás sea verdad.

Dejamos el tema de lado y pasamos un rato intentando recordar el nombre de un restaurante famoso en Buenos Aires en los años ochenta.

El edificio donde funciona la Usina del Arte fue construido entre 1912 y 1916 para albergar la usina de la compañía Italo-Argentina de Electricidad. De estilo neorrenacentista florentino, está en el barrio de La Boca junto a la autopista que lleva a la ciudad de La Plata, en un entorno de urbanidad oscura, demacrada, batmaniana. En este siglo se transformó en un espacio cultural interdisciplinario donde se organizan ciclos de música, danza, muestras de fotos, y depende del Gobierno de la Ciudad.

Bruno se presenta allí en la sala sinfónica, con espacio para mil doscientas personas. La noche del 24 de noviembre, aunque hay mucha gente, no está llena. El público es heterogéneo, informal, e incluye parientes y amigos: Franco, sentado en primera fila; Esteban, Hugo Beccacece, Munina. En el centro del escenario, el piano parece una pantera lustrosa y acechante.

Le pedí acompañarlo desde su casa, pero declinó amablemente, de modo que todo lo que puedo hacer es imaginar que estará ahora en el camarín, elevando sus rezos, concentrándose, quizás en compañía de Jorge.

A las ocho en punto de la noche, Eugenio Monjeau, un hombre joven de barba rala y traje celeste, sube al escenario y da la bienvenida.

—Ustedes saben que Bruno Gelber es uno de los más grandes músicos de la historia de la música clásica argentina y también en el mundo. Es considerado uno de los más grandes intérpretes que ha tenido el piano, sobre todo en el repertorio romántico, aunque no solo. Este evento, concierto, charla, va a comenzar con un pequeño prólogo musical con el cual Bruno nos va a deleitar. Antes de dejarlos con el maestro les cuento una cosita que viene al caso. El año pasado en Radio France Internacional se hizo un concurso entre varios de los críticos más prestigiosos de Francia para que eligieran su versión favorita de la sonata *Claro de luna,* que Bruno va a tocar ahora. La elección fue a ciegas, no sabían a quién estaban votando. Y el ganador terminó siendo Bruno Gelber. Bueno, gracias y comencemos.

Bruno sale al escenario con un bastón de acero, acompañado por Jorge. La sala estalla en un aplauso y él avanza con una sonrisa gentil, sin mirar al público. Usa un frac, un pañuelo verde al cuello y, aunque camina con dificultad, tiene el porte mayestático y seguro de quien entra en un territorio de su dominio. Al llegar al piano se apoya en un extremo y, con una reverencia principesca, baja los párpados en señal de devoción. Jorge coloca, con disimulo, el cuaderno sobre la banqueta. Bruno se sienta acomodando la pierna izquierda con la mano, forzándola, tironeando de ella sin paciencia y sin piedad, como si fuera un objeto con la obligación de obedecerle. Mira el teclado. Cierra los ojos.

Y no hay más piano.

Hay algo más impresionante que observar las manos de Bruno Gelber cuando toca —esos movimientos que parecen empezar en algún sitio recóndito de su cuerpo, estar hechos de agua y tener una fluidez reñida con los cambios bestiales de velocidad y de expresión acometidos con seguridad de herrero—, y es observar su rostro. Es el rostro de alguien que contempla un cosmos de belleza inaudita o una bendición sideral o un epigrama que contiene el deslumbrante sentido de todo. El rostro de un devoto, de un raptado por el éxtasis, de un condenado, de un profundamente enloquecido.

Cuando termina, agradece los aplausos con caídas de párpados que transmiten modestia y orgullo, sentándose de lado en el taburete. Eugenio Monjeau reaparece en el escenario para comenzar la entrevista y, a pesar de que han convenido tratarse de usted, se desliza el tuteo.

—Tuteame —dice Bruno, con esa facilidad líquida para transformar un error en una gracia—. Habíamos dicho que iba a ser de usted, pero ya está.

Monjeau le pregunta si tocar el piano es difícil y Bruno le habla de las tres partes —lo físico, lo emotivo y lo intelectual— y agrega:

—Y aparte está ese señor odioso siempre presente, aunque no se lo invite, que se llama el susto. Mi profesora de yoga en París me enseñó a aceptarlo, a decirle: «Bienvenido.» El único concierto que di en mi vida sin tener susto, y en ese momento tenía mis piernas bien, fue cuando tenía cinco años. No tenía la mochila de ser... conocido.

Entre «ser» y «conocido» hace una pausa en la que se deslizan, mudas, otras posibilidades: exitoso, famoso.

—Después de cinco mil conciertos por el mundo... —dice Monjeau...

—Sí, uno piensa que tiene que ser tarado si no se acostumbra —dice Bruno, interrumpiendo, y la gente se ríe.

Sigue la ejecución de su propia partitura: la anécdota del

concierto de Rachmáninov en Palermo, la anécdota de la huelga en Catania, las frases –mi casa era un infierno musical, fui tan feliz con el primer concierto en el Colón cuando me pusieron pantalones largos y no se me veía la pierna, porque yo tuve el ataque de polio a los siete y sufría con esa pierna que se me ponía finita y a papá y mamá les importaba un rábano que mi parte estética estuviera dolida, etcétera–, y Monjeau comenta que acaba de enterarse de algo emocionante.

–Estuve hablando con una de las personas de la Fundación Williams, una fundación filantrópica, que me contó que cuando vos eras chico te apoyaron en tus estudios con Scaramuzza. Incluso tienen un legajo Gelber.

–Cuento chino –dice Bruno mirando a Monjeau y después a la platea–. La fundación Williams no tiene nada que ver conmigo.

Monjeau se queda mudo y Bruno abre los ojos hasta lograr una máscara de comedia perfecta. La gente se ríe. El gesto y la situación parecen ensayados, uno de esos gags en los que un actor le arroja a otro una torta en la cara.

–Bueno –dice Monjeau–, vamos a comprobarlo.

–¿Cómo lo vas a comprobar? ¿No me creés a mí? –dice Bruno, en un falsete, y la gente se ríe a carcajadas.

Después, sigue: que su madre fue la persona más importante de su vida, que Scaramuzza era un profesor fantástico con un carácter espantoso, que Marguerite Long era la mujer más fea del mundo pero lo hizo florecer, que Leonardo, que el espejo. El público se ríe, aplaude, disfruta de su tonito de señor falsamente indignado, de sus modos de príncipe campechano.

Miro el frac, el pañuelo verde, el maquillaje, el pelo gaseoso, la voz que por momentos parece fatigada por la vulgaridad del mundo y que, en otros, refulge en destellos de vitalidad. Y siento que hay un error gigantesco. ¿Qué ven cuando lo ven?

Aunque repite que lo que piensen de él los demás le importa «un pito», cada vez que voy a verlo después de haber entrevistado a alguna persona de su entorno –Susana Reta, Gino Bogani, su hermana–, me pregunta: «¿Qué te dijo de mí?» Cuando respondo generalidades insiste: «No, no, no. Qué te dijo de mí como persona.» Un día le pregunto qué cree que piensa de él la gente que no lo conoce: «Generalmente, despierto antipatía. Me ven como un artista mandón, *selfish*, difícil, complicado. Y te voy a decir con toda honestidad: los artistas tenemos una dosis de todas esas cosas.»

En la Usina del Arte, Eugenio Monjeau da lugar a las preguntas del público. Un hombre le pregunta a Bruno cuáles son sus compositores favoritos –«Beethoven, Brahms y Mahler, aunque no haya escrito nada para piano»–; otro, qué música le gusta, además de la clásica: «Elvis Presley, folklore argentino del bueno, Ella Fitzgerald, el jazz. Y a mamá le gustaban los Bee Gees.» Entre una pregunta y otra, Bruno sobrevuela la platea con mirada plácida, media sonrisa y el mentón alzado, un gran pájaro erguido que otea el horizonte, la antítesis de toda espontaneidad. Una mujer dice:

–Hola, Bruno. Mi hijo que está acá se llama Bruno en honor a usted. Él también está estudiando piano y quería agradecerle esta pasión que viene pasando por generaciones. Y quería preguntarle por qué sus papás le pusieron Bruno.

Él responde sin emoción.

–Me llamaron Bruno por una cosa muy tonta. Porque mi madre y mi padre me querían poner Leonardo. Y todo el mundo les tomaba el pelo diciéndoles: «¿Qué se creen, que van a tener a una persona conocida, brillante, con ese nombre?» Mamá se resignó a ponerme un nombre más, y me puso el de mi padre, Bruno.

Monjeau dice:

–Bueno, otra pregunta.

Pero Bruno interfiere:

–¿Y con quién estudia el nene?

–En la escuela de música –dice la madre, conmocionada.

Bruno se desinteresa de inmediato. Una mujer le dice:

—Es la primera vez que vengo a un concierto y me ha llegado al punto de las lágrimas, muchísimas gracias.
—Bueno, gracias por lo que me dice. Pero ¿cuál es la pregunta?
—No, la señora quería agradecer, nada más —le aclara Monjeau.
—Ah, bueno. Gracias.
Un hombre italiano, en español ripioso, pregunta:
—Qué tipo de música... lo fa sentire.. meno infermo.
La mujer que está a mi lado susurra: «Qué bestia, cómo le va a preguntar eso.» Sin embargo, con un gesto imperial, más educado que la educación misma, vaciando a la palabra «enfermo» —¡enfermo, enfermo, enfermo!— de toda intención ofensiva, Bruno responde:
—Yo le voy a contestar exactamente lo que sucedió. Mi enfermedad de base, porque las tuve todas, fue la polio y no me hizo músico. Me quitó movilidad. El día que me dio el ataque de polio el único temor que tuve fue el de no poder seguir tocando el piano. Y el único temor que sigo teniendo a medida que la vida avanza es no poder tocar. Yo estudié debajo de mi piano. Sacaban la lira, y empujaban la cama debajo. El progreso cotidiano era poder poner no un almohadón sino una revista más para incorporarme, porque estaba totalmente corvaturado. Hasta que pude sentarme normalmente. La parte derecha quedó perfecta. Yo tengo todo sobre la pierna izquierda. Pero yo no me siento un enfermo. No me siento una víctima de la vida por haber tenido la polio. Ahora, lógicamente, la polio me concentró más.
La última pregunta es de una mujer:
—Borges siempre decía que se imaginaba el paraíso como una gran biblioteca. ¿Usted cómo lo imagina?
—Bueno. Como un negocio de pianos no —responde, con velocidad de *sitcom,* y la sala estalla.
Monjeau agradece, dice que el tiempo ha terminado. La gente se pone de pie para aplaudir. Jorge entra al escenario, Bruno se apoya en él. Cuando han hecho algunos pasos, se detiene y hace un gesto hacia el público pidiendo que cesen los aplausos.
—Les quería decir que no estoy tan mal como me ven por

causa de la polio. Es que me quebré la rótula de la pierna mala hace seis meses. Pero ya está... mejor.

Lo aplauden más y más, y él sonríe como un actor de carácter que acaba de ejecutar su papel de manera perfecta.

La zona de los camarines es un pasillo ancho que recorre la sala por un lado. Bruno está solo en medio de ese pasillo, sentado en la silla de ruedas, con expresión de beatitud.

—¡Tessssoro!

—Hola, Bruno.

—¿Cómo está mi tesoro? ¿No te aburriste?

—No.

Al acercarme veo que se ha quitado el zapato izquierdo.

—¿Te molesta el pie?

—Sí. Venís a comer a casa, ¿no? Vení en el auto con nosotros.

—No te preocupes, voy en taxi.

—Ay, ella, qué independiente. Vení con nosotros.

Jorge ha acomodado el auto en la calle lateral y empuja la silla hasta allí con facilidad. Una vez afuera, con dos maniobras hábiles la deja junto a la puerta del Ford. Bruno se yergue, se toma del techo, se desliza en el asiento, un ballet de fuerza bruta sin equívocos.

—Subí atrás, pichona.

Jorge pliega la silla y la coloca en el asiento trasero. Estoy por subir cuando un hombre joven, que trabaja en el área de producción de la Usina, se acerca.

—Bruno, hay un nene que dice que se llama Bruno por vos y te quiere saludar.

—Sí, con la pesada de la madre. Decile que venga.

La madre y el chico se acercan, temblorosos. El nene, que tiene once años pero parece de ocho, le da la mano.

—¿Cómo te va, Bruno? —le dice Bruno.

—Hola, maestro.

—¿Cómo estás, tesoro? Vení a estudiar conmigo en lugar de estudiar con el otro.

La madre se ríe nerviosa. Se acerca, le toma la mano, le dice: «Maestro, gracias, gracias.»

—¿Tenés un profesor? —le pregunta Bruno al chico, ignorando a la madre, y el chico asiente con la cabeza.

La madre acota:

—Hace poquito que está estudiando.

—Bueno, vení con tu mamá un día y te escucho. Anotá el número y llamame.

Recita el teléfono de su casa a velocidad de rayo. La madre busca papel y lápiz con desesperación mientras repite el número al tiempo que llega Munina, blusa floreada, pantalones negros y sandalias chatas con medias. Bruno, desentendido ya de la madre y el chico, le dice:

—Munina, vos vení con nosotros.

—¿Quién más está para ir a lo de Bruno? —pregunta Munina a la calle, a la nada.

—Munina, no dispongas —dice Bruno.

La mujer y el chico se alejan y alcanzo a ver que ella anota algo en un papel. Munina sube en el asiento trasero, junto a la silla de ruedas, y yo subo después.

—La sala no estaba llena —comenta Bruno, mientras Jorge pone el auto en marcha—, pero en la otra sala, más chica, no hubieran entrado.

—Los Ambroggi te mandan saludos. No los dejaron entrar para saludarte —dice Munina, apoyando una mano sobre el asiento del acompañante, cerca del hombro de su hermano.

—Vos querés que todo el mundo pueda entrar, Munina. Yo no puedo disponer de la gente.

Se hace un silencio.

—Salió muy divertido —dice Munina mirando hacia afuera—. Muy entretenido. Lástima que quería presentártela a Gabriela y al marido. Pero como viven a una cuadra de casa, en algún momento que estés les digo que vengan a tomar un café.

—Ay, qué generosa. Podrías invitarlos a comer.

Munina me explica, impávida:

—Porque yo tengo fama de cocinar bien. Hoy hice cinco

tartas para la cena, vamos a ver cómo están. Debo haber hecho tanta macana. Yo le contaba a Gabriela la anécdota de cuando fuiste a comprar el espejo.

–¿Quién es Gabriela? –pregunta Bruno.

–Mi amiga Gabriela. La profesora de yoga. Ella hace rehabilitación.

–Bueno, no me importa lo que hace. Contá la anécdota.

–Me acuerdo que terminaste un concierto a la tarde, en el Colón. Y me dijiste: «Tengo que ir a comprar el regalo para Mario», un amigo. Y vamos a la mueblería, así vestido como estaba –dice, mirándome–, con el frac y el sobretodo, y llegamos y el señor que estaba ahí le dice: «Pero yo lo acabo de ver en el concierto.» No podía creer que estaba ahí comprándole el espejo.

–No me acuerdo.

Son casi las diez de la noche y Bruno le pide a Jorge que le advierta a Juana que van a ir dos personas más de las previstas.

–Decile que nos arreglamos. Pero que no corte las tartas porque hace desastre. Que las corte después, con Munina. La luz estaba linda. Yo les di indicaciones para ponerla. Jorge, no tengo la más puta idea de dónde estamos.

–Por el costado de Constitución –le explica Jorge.

–Ah. Yo acá venía al otorrino.

–Tiene un lindo andar el auto –dice Munina.

–No, es duro –dice Bruno, parco.

–Es que yo estoy acostumbrada a la camioneta. Pobre Finco, se la robaron.

–El Chrysler que tenía antes era divino.

–Pero no era un auto bueno –dice Munina.

–¡Cómo no era un auto bueno! –dice Bruno, indignado.

–Siempre tenía algo.

–Al final. Porque estaba muriendo, el pobre. Lo usé veintipico de años. Vos los usás seis meses y los cambiás.

Se hace un silencio hasta que Munina dice:

–¿Cómo habrán salido las tartas? Me da un miedo. Yo le pongo la manzana para que la humedad se meta dentro de la masa cruda y se ponga tierna, para servirla con *chantiyí*.

—Una persona que estudió francés y dice «*chantiyí*» —se solivianta Bruno, como un profesor despectivo o un padre que reconviene a un hijo.
—A ver cómo me queda con la *chantiyí*.
—¡Munina, no digas «*chantiyí*»!
—¿Y qué digo? —dice Munina, sin mucho interés, mirando por la ventana.
—¿Estudiaste francés para qué? —dice Bruno.
—Así que vamos a ver cómo quedaron las tartas —dice Munina.
Después nadie dice nada más hasta que el auto llega a destino.

En el departamento, la mesa está puesta con esmero: los vasos alineados, las servilletas simétricas, las jarras de agua, el vino Callia, todo sobre el mantel de damasco color crudo. Bruno ha ido a cambiarse. Munina ha desaparecido en la cocina con Juana. Los demás llegan de a poco: Franco, Esteban, Hugo Beccacece. Bruno aparece minutos después con el andador, una camisa oscura, descalzo, el rostro radiante.
—Bruno, brillante como siempre —le dice Hugo Beccacece.
—Gracias, pichón. ¿Vamos a sentarnos?
Se sienta en la cabecera, me indica su derecha, sienta a Franco a mi lado y a Esteban junto a Franco. Hugo Beccacece a su izquierda y, junto a Hugo, un espacio vacío destinado a Eugenio Monjeau, que aún no llega. El sitio de Munina está en la cabecera opuesta.
—Serví el vinito —le indica Bruno a Franco, que no abrirá la boca en toda la noche excepto cuando se mencione la palabra «Juilliard», la prestigiosa escuela de artes de Nueva York, que parece encender en él algo parecido a la codicia—. Qué raro es estar sentado acá en la cabecera. Se ve todo distinto. Es como estar en otra casa.
Juana y Munina traen los platos y pronto la mesa está repleta de comida: tartas de atún, de verdura, sándwiches de miga. Munina se sienta y Bruno la mira fijamente. Le dice a Esteban:

—¿Te diste cuenta?
—Sí —dice Esteban.
Se ríen mirando a Munina, que pregunta qué pasó.
—No, nada, el domingo en tu cumpleaños te contamos —dice Esteban.
—Me van a dejar con la intriga.
Bruno dice:
—Daseló, porque si no se va a quedar intrigada, pobre.
Esteban se levanta y toma una bolsa de la multitienda Falabella que está sobre una mesita de rincón.
—Esto es un regalo de tu hermanito para ti, por tu cumpleaños.
—Ay, muchas gracias.
Bruno dice:
—Ahora vas a ver la desgracia.
Munina saca de la bolsa una blusa casi idéntica a la que lleva puesta: mismo color, mismo corte, mismo estampado de flores, mismo estilo vaporoso.
—Qué hermosa. Me encanta.
Esteban se ríe.
—Son primas hermanas.
—¿La elegiste vos, Muni? —pregunta Munina.
—Sí.
—Se nota, porque esta que tengo puesta me la compraste vos en San Francisco, hace como veinte años.
—Oíme, Munina, está el ticket de cambio. La podés cambiar —dice Bruno.
—No, pero me encantó. Me la pongo ahora para que la veas.
Munina se acerca a darle un beso de agradecimiento y después todo el mundo se concentra en las tartas. Bruno le pregunta a Hugo Beccacece:
—¿Puedo comerme tus paredes?
—¿Mis paredes?
—Sí. Las paredes de tu tarta, porque veo que no las comés.
—Por supuesto. Si eso te hace feliz.
Pincha con su tenedor la masa de la tarta del plato de

Hugo Beccacece y se la come, con un gesto tan desenvuelto que el acto —comer del plato ajeno— parece el colmo del refinamiento. Juana trae el pollo en el momento en que llegan Eugenio Monjeau, atrasado por el tránsito, y un pianista de veintiún años, rubio, lesivo, que se sienta entre Munina y Esteban.

—Estuviste muy bien —le dice Bruno a Monjeau.

—Gracias, Bruno, vos también —dice Monjeau, y le pasa la tarjeta de alguien de la Fundación Williams—. Estaba el director. Me dio su tarjeta, me dijo: «Dale mi tarjeta a Bruno y si quiere que me llame.» Divino el tipo.

Bruno la apoya a un lado, con un gesto que deja en claro que no piensa llamar.

—Bueno, todo lo divino que sea. Lo siento si te hice quedar mal pero yo, en tu lugar, no me hubiera arriesgado a mencionarlo en público.

—Pero no, si me divierte —dice Monjeau.

—¿Sabés qué pasa? Que en todas partes te sale gente que dice que jugó con vos a la bolita en Lanús, que jugó al fútbol no sé dónde.

—No te preocupes, Bruno. No quiero ser indiscreto, pero ¿las tartas de dónde vienen?

—Hechas por las propias manos —dice Esteban, señalando a Munina.

—Eso es lo que quería saber.

—No —dice Bruno, riéndose—. En realidad querías saber si podías criticar.

—Están muy ricas y está rico el pollo. ¿Lo hiciste vos, Bruno? —pregunta Monjeau.

—No, pero he contribuido con el gusto de la salsa.

Le pregunto por lo bajo si la hizo él.

—Sí, comprándola. Es del supermercado Dia, con descuento —me dice en susurro, y me guiña un ojo—. Oíme, Monjeau, ¿viste que no preguntaron nada de las admiradoras, de los fans?

—A mí una de las anécdotas que me divierte mucho —dice Munina— es una que pasó una vez que ibas a tocar en La Plata.

—Podrías contar algo más internacional —dice Bruno, y todos se ríen—. Bueno, contá.

Munina cuenta. Bruno llegó a dar un concierto al teatro de una localidad cercana a La Plata y no lo encontró en condiciones por problemas con la acústica. Entonces decidió cancelar, preguntó dónde quedaba la mejor confitería de la zona, fue hasta allí y se hundió en un voluptuoso té con masas. Poco después, llegaron los organizadores para rogarle que tocara. Pero Munina, que estaba con él y que sabe que su hermano jamás come antes de dar un concierto, se dijo: «Este ya está prendido a una medialuna, no toca ni loco.»

—Y no tocó —dice Munina.

Bruno dice:

—No me acuerdo.

Entonces Munina intenta contar la anécdota del mosquito, pero Bruno la interrumpe:

—No, ella cuenta la fantasía de esa anécdota. Yo se las voy a contar como es.

Así que cuenta la anécdota del mosquito y después la anécdota del loden y, cuando termina, el pianista joven le pregunta:

—¿No tocaste con guantes alguna vez?

—¡Con guantes! —exclama Bruno, incrédulo.

—Con mitones.

Bruno no responde. Alguien menciona al nene llamado Bruno, que lo fue a saludar después del concierto.

—Parecía una criatura delicada.

Bruno me mira de reojo y se sacude de risa discretamente.

—¿De qué te reís? —le pregunto.

—«Delicado» me llamaban a mí cuando era chico —dice en voz baja.

Mientras come una pieza de pollo le dice al pianista joven:

—¿De qué signo sos vos?

—Leo.

—Como mi hijo Sebastián —dice Munina—. Del 28 de julio.

—¿Y ascendente? —pregunta Bruno.

—¿Qué es el ascendente?

—El signo que se eleva en el horizonte, al Este, cuando nacés.
—No sé —dice el pianista.

Bruno se desentiende. Menciona a una transexual que lo tiene fascinado —«Salió de un reality, no sabés lo hermosa que es»—, al hijo de un músico y conductor que es igual a Michael Jackson. Todos celebran la calidad de las tartas y Munina protesta:

—No sé, no sé. Debo haber hecho cada macana...
—Munina, ¿te la querés probar la blusa? —pregunta Bruno.
—Bueno, me la pruebo.
—Si no, la podés ir a cambiar.
—Ah, bueno. Porque esta es igual —dice Munina, poniéndose de pie con la bolsa en la mano, y Bruno, falsamente horrorizado, exclama:
—¡Pero no te vas a sacar la ropa acá, Munina!
—Me estoy sacando los anteojos. Es probable que me quede bien. Pero para qué me la pongo si la voy a cambiar. Porque ¿sabes qué? Es casi igual —dice Munina, y vuelve a sentarse, dejando la bolsa sobre un sofá.
—Andá con esa que tenés puesta, para que vean que es cierto —dice Bruno, y me mira riéndose.

Entonces continúa su embestida lenta, sostenida, con el pianista joven, que no es de Buenos Aires.

—¿Desde cuándo vivís acá?
—Me mudé hace dos años.
—¿A qué edad?
—Diecinueve.
—Parece de quince —dice Munina.

Monjeau le pregunta a Bruno si vio tocar a Horowitz en vivo.

—Vivísimo. Lo vi tocar, estuve hablando con él, me preguntó si me había gustado lo que tocó.
—Mamá contaba siempre eso —dice Munina—. La humildad que tenía.
—Todo lo que quieras preguntar de la casa preguntalo —le dice Bruno, persistente, al pianista joven.
—Conozco a mucha gente que conocés. Todos mis profeso-

res fueron amigos tuyos —dice el pianista, y menciona, entre otros, a su profesor actual.

—¿Y qué te enseña? —pregunta Bruno, sin dejar de comer.

El pianista piensa. Es astuto, afilado.

—¿Cómo sería la pregunta? —dice, para ganar tiempo, removiéndose en la silla con un contoneo de caderas que intenta ser coqueto pero que resulta, apenas, incómodo.

—Tal cual la hice —dice Bruno, sin mirarlo, contemplando el contenido de su plato.

El pianista se toma unos segundos. Se hace un silencio tenso. Finalmente, con la convicción de quien ha dado con una respuesta genial, dice:

—A ser yo mismo.

—A ser vos —dice Bruno—. Eso es porque no sabe enseñarte cosas de él.

El pianista no dice nada.

—Vos parecés un chico tan inteligente. Me interesa saber qué es lo que te enseña tu profesor.

Se hace otro silencio y el pianista joven dice:

—Se ocupa de todo. No solo de la clase de piano sino de la formación en general.

Otro silencio. Esteban se ríe e imita la voz de un moderador de mesa redonda:

—¿No hay más preguntas?

—Lo que te dije no tiene el menor atisbo de maldad, porque realmente yo lo quiero mucho a tu profesor —dice Bruno—. Pero es una persona que no sabe enseñar, no sabe construir un pianista. Que sepa música no lo dudo. Que tenga buen gusto no lo dudo. Pero un buen profesor te enseña desde el Do Re Mi hasta las *Goldberg*.

El pianista asegura que, precisamente, su profesor le enseña todo eso.

—Bueno. Entonces no dije nada —dice Bruno, dando el tema por terminado y atacando una pata de pollo.

El pianista le recuerda que, hace algunos años, tocó para él en una audición, pero que tocó mal.

—No me acuerdo ¿Qué tocaste?
—El Nocturno en Mi menor. Y el opus 25.
—Ay, es divino —dice Munina—. *El viento invernal.* Divino.
—¿Cuál es? —pregunta Monjeau.
Bruno se limpia los dedos con la servilleta, frunce los labios y aúlla:
—Uuuuuhhhh, uuuuuhhhh, uuuuuhhhh —imitando el ulular del viento.
Y se ríe, se ríe, se ríe.
Yo me muerdo la lengua.

Ha dicho que le gusta cultivar el arte de la conversación. Que parece ser, muy a menudo, el arte del descuartizamiento. En cualquier caso: un arte.

En lo que él después recordará como una cena «brillante», los invitados comen y conversan animadamente acerca de las horripilancias del apunamiento, de lo difícil que le resulta a Esteban encontrar zapatos cómodos, de Sylvester Stallone. La charla es pausada, sin estridencias. Nadie habla de música, directores de orquesta, teatros, escritores, poesía, arte plástico, fotografía, ópera. Entonces el pianista joven comenta:
—Vi un video tuyo donde tocás la sonata de Beethoven. En Italia. Increíble.
—Te agradezco, pero no me acuerdo —dice Bruno, apático, y me señala—. Ella es una periodista famosa a nivel mundial. Toma el avión como quien toma el colectivo.
—¿Por qué viajás tanto? —pregunta Monjeau.
—Por mi trabajo.
—¿Y cuál es tu trabajo?
Bruno dice:
—Es espía.
Ya es muy tarde cuando la cena termina. Antes de despedirme le pregunto si puedo verlo estudiar.

—Cómo no. Hablemos en la semana.
En la calle hace calor y camino despacio mientras repaso la ceremonia medieval, hermosa y cruel, que acabo de presenciar.

«... los grandes relatos y los grandes chistes tienen mucho en común», escribió David Foster Wallace en «Algunos comentarios sobre lo gracioso que es Kafka, de los cuales probablemente no he quitado bastante», de 1999. «Los dos dependen de lo que los teóricos de la comunicación llaman a veces "exformación", que es cierta cantidad de información vital eliminada de una comunicación pero evocada por la misma de tal manera que causa una explosión de conexiones asociativas con el receptor. A esto se debe probablemente el hecho de que el efecto, tanto de los relatos como de los chistes, a menudo resulte repentino y percusivo como la apertura de una válvula que lleva tiempo atascada.»

Hay una palabra que me da vueltas desde la cena con aquel funcionario del Teatro Colón en la que se dedicó a infundirle terrores trágicos. Es la palabra «cortesano».

Después, el tiempo pasa muy rápido.
Cenará en Navidad en casa de su hermana —cada vez que alguien le pregunta dónde va a pasar esa fecha, dibuja una sonrisa ostensiblemente falsa y, bisbiseando entre dientes apretados, dice: «En casa de mi hermana»—, y luego se irá a Mar del Plata hasta mediados de marzo. De modo que los viajes en subte, la caminata de cuatro cuadras hasta su edificio, el timbre, el ascensor: todo eso se acabará. Se acaba.
A veces, durante estos meses, antes de llegar o después de irme, me detuve en la esquina de la calle Castelli y miré hacia arriba tratando de adivinar cuál era su balcón, pensando qué estaría haciendo en su departamento, repitiéndome que nunca podría saber cómo es cuando está solo.

El lunes 4 de diciembre de 2017, a las cuatro de la tarde, suena el teléfono. En la pantalla aparece su nombre: Bruno Gelber. Atiendo.
—¿Hola?
—Alóoooo.
—Hola, Bruno.
—Maravilla. Oíme, ¿podés venir el jueves a casa?
—Justo quedé con Gino para entrevistarlo —digo, sabiendo que si es necesario suspenderé la entrevista con Gino Bogani.
—¿A qué hora vas?
—A las cinco.
—Bueno, venite después a casa a cenar. Viene Alejandro Mashad.

Tres días después, el jueves 7 de diciembre a las tres y media de la tarde, me llama Isabel, la mucama del diseñador Gino Bogani, para avisarme que «el señor está atrasado» y pedirme que vaya a las seis y no a las cinco.
Bogani vive en un caserón de tres pisos en Barrio Norte, a metros de la avenida Santa Fe. En la puerta, una mujer que vive en la calle me pregunta si voy «a lo de Gino». Le digo que sí. Me dice: «Es un gran señor.» Isabel —uniforme de mucama azul oscuro, delantal blanco— abre, saluda a la mujer con familiaridad y me hace pasar a un hall donde hay un pesebre de figuras gigantes.
—El señor está viniendo.
La sigo escaleras arriba. La casa rebosa de decoración navideña: renos, papás noeles, ardillitas con bonetes de fieltro. Cada cosa parece dispuesta para producir un impacto: los rollos de tela asomando desde cajas de madera inmensas, los muebles de contundencia temible.
—Pase, por favor.
El cuarto donde Bogani hace las pruebas de sus vestidos da

a la calle. En uno de los extremos hay varios paños de espejo que forman uno único, envolvente. La cantidad de muebles no es tanta –sillas y butacas de estilo, mesas bajas y de arrime, una vitrina– pero la de objetos es abrumadora: zapatos exhibidos como piezas de arte, portarretratos, jarrones, tortugas de malaquita y de plata, sapos y elefantes de todos los tamaños y materiales, almohadones con la forma de Papá Noel, ardillas navideñas, hilos, tijeras, agujas, premios. Sin embargo, el lugar no produce la sensación de estar abigarrado y el conjunto transmite una elegancia sin exageraciones (todas las exageraciones parecen condensadas en el baño, un sitio que tiene un aire de *hammam* de lujo, con mármoles nervados, espejo en el techo, luces melodramáticas, toallas de varios tipos y en variadas disposiciones –colgadas, enrolladas, de hilo, de algodón–, todas con las iniciales GB bordadas en dorado).

Espero unos cincuenta minutos sola, sentada en el salón de pruebas, hasta que Gino Bogani abre la puerta.

–Disculpaaame.

Usa una camisa celeste pinzada en la espalda por dos alfileres –imagino que es un recurso de modisto, la clase de cosa que solo puede permitirse alguien tan vinculado con un mundo específico que no cabe la posibilidad de acusarlo de distracción o desprolijidad–, zapatos sin medias, anteojos oscuros. Está agitado y narra percances con taxis, colectivos, bancos, clientas impuntuales, hasta desembocar en la muerte de Mariucha, su amiga desde los quince, que se produjo hace unos días. Tiene un acento de clase alta muy exagerado, caricaturesco: no dice «para colmo» sino «para caaaaaalmaaaaaaa», y se acaricia insistentemente con el anular la ceja izquierda mientras habla.

–Antes de anoche fui a ver *Andrea Chénier* en el Colón. Nosotros tenemos el abono en Colón desde hace sesennnnta años. Y Mariuuuucha no estaba. Pero no estaba no porque no podía estar. No estaba porque estaba muerrrrta. No. Horrible.

Mientras recibe el llamado de una clienta que pregunta si ya le enviaron sus zapatos, y llama a su vez por el teléfono interno a Isabel para que coordine el envío, dice que conoció a

Bruno en un cóctel en el año 1964 «en casa de los Churba», sin aclarar quiénes son los Churba porque en su mundo todos saben quiénes son.

—Con Bruno nunca hemos hablado de cosas tristes. Somos compinches. Yo en mi locura, él con sus alumnos. Hablamos a la noche, porque yo soy noctámbulo. Yo, llegue a la hora que llegue, pongo Netflix o me pongo a hablar por teléfono. Según a quién, llamo a las dos, las tres de la mañana, pero nos hemos quedado hablando con Bruno cuatro horas. Disculpame, me quedé preocupado con los zapatos.

Se levanta y va hasta el hueco de la escalera. Llama sin levantar la voz:

—Isabeeeeel. Isabeeeeel.

Isabel pregunta, desde abajo:

—¿Sí, señor?

—¿Mandó los zapatos? Tiene que llamar al chofer para que venga a buscarlos.

Vuelve al salón, se sienta y dice:

—Eso es lo que tiene Bruno, que solo depende de él. Tiene todo controlado. No voy a hacer parangón con su arte, pero él pone los horarios y acá vienen con la nena a probarse el vestido de novia y te dicen: «Perdoname, le tengo que dar la teta.» Hay que sacar el vestido, esperar a que le dé la teta, volver a ponerlo. Bruno, a pesar de que piensa que conoce a las mujeres, no las conoce. Entonces se molesta con cosas que le dicen, que yo las dejaría pasar. Es hipersensible, pero es fuerte. Los dos somos fuertes. Pero él tiene otro tipo de fortaleza. Claro que... cómo no va a ser fuerte. Yo no hubiese podido. A veces hasta es infantil. Y es comprensible, porque él no vivió una infancia. Tuvo una infancia hasta determinada edad. Después estudió, estudió, estudió. Entonces de golpe tiene cosas infantiles. Pero no es *naïve*. Es un tipo inteligentísimo. Y qué horror lo del accidente de la mano. Yo me enteré mucho después. Y ahí tenés. Otro hubiese estado espantado. Pero él hablaba sereno. Por eso te digo, es fuerte. Si no, no podría tocar. Y las cosas que él toca no se pueden creer. Me encanta verlo entrar al escenario. Porque a pesar de sus problemas tiene una presencia, una actitud. Ahora, a mí me preocupa que se ha puesto un poco gordo. Y eso le influye. No digo por una cuestión estética, sino por la salud. Pero se le iluminan los ojos cuando ve algo rico, pierde el control. Es raro, siendo él tan estético. Viste que tiene una obsesión, no solo para él, para todos. El año pasado le dije: «Ay, Bruno, creo que ha llegado el momento en que me debería sacar...» ¿Ves este globito de aquí, en el arco del ojo? Y él, que sabe tooooodo, dice: «Yo te acompaño y te pido hora.» Y le digo: «No, Bruno, dejame que lo piense.» Pero es capaz de levantarse en el estado en que esté y de venir caminando para acompañarte a una cirugía. Y yo no soy nada fan de eso. Indudablemente, veo mis decadencias. Ya no parezco Gino Bogani, sino Chin Chun Yan, tengo dos rayitas en vez de ojos. Dentro de poco me visto de chino. Pero bueno, en Nueva York, cuando fuimos juntos, él caminaba perfectamente. Ahora no puede, pobre. Mirá, para que veas lo que es Bruno. Un día me llama, me dice: «Fulano, un médico cirujano, me dice que me puede operar de la pierna, pero que puede no quedar bien y si no queda bien me queda la pata así, recta.» Y le digo: «¿Y qué me estás preguntando?» Me dice: «¿Vos qué harías?» Le dije: «Bruno, no me preguntes una cosa así porque además, con lo que te están diciendo, no te podrías, por ejemplo, sentar en el auto.» Y dice: «No, bueno, pero yo me podría sentar atrás, pongo la pata para un lado.» Fijate: él lo consideró. Yo no lo hubiese ni considerado. Imaginate que todo su arte lo aprendió acostado, entonces lo que a nosotros nos parece un horror a él no. Si aprendió a tocar el piano acostado, qué le va a parecer raro poner la pata recta para allá. Son seres elegidos.

Salgo de la casa de Bogani a las nueve menos cuarto de la noche, mucho después de lo que pensaba. Bogani es un hombre mundano, nacido en Libia, dueño de un departamento en Nueva York, una *socialité* que se mueve entre veladas de gala en el Teatro Colón, señoras de alta sociedad y cierta farándula refinada, y habla mucho más de él que de su amigo, pero tiene la capacidad para reírse de sí mismo y el humor relampagueante que encontré en otras personas cercanas a Bruno, como Susana Reta.

Afuera la noche es tersa, apenas fresca, y mientras pienso que Gino Bogani o Susana Reta están en las antípodas de la personalidad y la experiencia de vida de la gente con la que Bruno convive a diario –Jorge, Esteban: dos hijos de la clase media que adquirieron mundo debido al contacto con él, pero cuya existencia transcurre lejos de cualquier fasto (Esteban como empleado en una empresa de viajes y Jorge vendiendo repuestos para motos)–, me apuro a conseguir un taxi. Encuentro uno a dos cuadras, le doy la dirección del edificio de la calle Perón y no alcanza a recorrer cien metros cuando suena mi teléfono. Miro la pantalla. Es él. Atiendo con temor a que me llame para cancelar el encuentro o a que haya un nuevo malentendido.

–Hola, Bruno.

–Te olvidaste de mí.

–No, estoy yendo para allá. Acabo de salir de lo de Gino. En diez minutos llego.

–Bueno, te espero, tesoro, no te apures. Quería avisarte que vas a tener que esperar abajo porque Juana fue al supermercado. Cuándo no, se olvidó de comprar unas cosas.

–La espero, no te preocupes.

Cuelgo con alivio, y al llegar al edificio no lo reconozco. El Gobierno de la Ciudad empezó a restaurarlo como parte de un plan de renovación del barrio, y la fachada está cubierta por andamios. Bajo del taxi y me quedo en la puerta, entre dos enormes placas de madera. No tengo idea de por dónde llegará Juana, ni cuándo. Bruno está arriba, solo. La idea me produce impotencia e inseguridad. Lo llamo para avisarle que ya estoy allí pero, cuando escucho su voz, me doy cuenta de que no siento impotencia ni inseguridad sino que estoy eléctricamente ansiosa por verlo.

Un hombre de setenta y seis años artificioso, reiterativo, dueño de un arte magistral, preocupado por la línea de las cejas. ¿Qué es esto? Se acaba el tiempo para averiguarlo.

Quince minutos más tarde, Juana llega con una bolsa de supermercado: azúcar, crema. Saluda y abre la puerta. En el hall hay una gata a rayas blancas, negras y anaranjadas.
–Ella es señora –dice.
–¿Cómo?
–Cuando tienen tres colores, son señoras. Si tienen dos, son señoritas.
No entiendo qué quiere decir, pero no le pido que me explique. Le pregunto por su hermano. Está mejor, ya no pasa horas en la cama y ha vuelto a trabajar. Mientras subimos, le digo que imagino que habrá tenido muchas cenas en estos días.
–No. Esta semana usted y el señor que viene esta noche, nada más.
Llegamos al departamento, Juana desactiva la alarma, abre.
–Pase, pase.
Bruno está sentado ante la mesa ya dispuesta. Se levanta para recibirme y, como siempre, no parece haber estado haciendo nada: no parece haber estado leyendo, no parece haber estado mirando televisión, no parece haber estado revisando la agenda. Parece haber estado, simplemente, entregado a la espera.
–Hola, Bruno.
–¡Qué flaquita!
–¿Cómo estás?
–Yo, feliz de verte. ¡Juana!
–Señor.
–Yo le pedí que prendiera todas las luces.
–Sí, falta aquella de afuera. Ya la prendo. Llegué tarde porque compré edulcorante.
–Bueno, usted... Bueno, después vamos a discutir. Prenda la de arriba, acá.

—Ahí esta —dice Juana, que enciende la luz y desaparece en la cocina.
—¿Querés un whisky?
—No, gracias.
—¿Trajiste algo de abrigo? Porque afuera hacen nada más que veintiún grados. Vas a tener frío al salir.

El otro invitado es Alejandro Mashad, ingeniero civil recibido con honores en la Universidad Nacional de Cuyo, y con un largo recorrido en MBA y becas en el extranjero. Fue jefe de proyectos en el área de construcción industrial en Techint, consultor en The Boston Consulting Group, ejecutivo de la Fundación Endeavor Argentina. Es pianista aficionado, tomó algunas clases con Bruno, y desde hace unos años se dedica al diseño y venta de carteras con marca propia: Tessa. Bruno, olvidando que ya lo conozco porque estuvo en una de las cenas en Azul Profundo, vuelve a contarme quién es y me recomienda que me haga amiga para que me rebaje las carteras.

—Si yo fuera mujer sería tan puta, porque me vendería por las joyas. A mí me encantan los *zouks,* donde podés comprar joyas.

—¿En esos lugares no te pueden vender algo falso o de mala calidad?

—Hay que saber mirar. Yo aprendí. Soy humilde con las cosas que ignoro. Y lo que ignoro lo ignoro. Una vez estaba en una casa en Zúrich. Había un Tintoretto, un Mondrian. Había un Picasso de la época azul al lado del piano que era de morirse. Pero había otro Picasso, de esos que tienen un ojo acá, el culo acá, la oreja acá. Me dice el dueño de casa: «¿No te parece una maravilla?» Y yo dije: «Me parece asqueroso.»

Entonces llega Alejandro Mashad con un ramo de flores que le entrega a Juana, recomendándole que saque del arreglo algunos helechos que no se ven bien.

—*Bonsoir* —saluda, y se acerca a darle un beso a Bruno.
—Qué dice, rey. Qué rico olés. ¿Qué es?
—Un perfume de Prada.

—¿Cuál?
—Uno viejo, que viene en una caja morada

Mashad es joven, no demasiado alto, de barba corta, ojos oscuros y soñadores, pestañas largas y voz reposada, en las antípodas de la asertividad resistente de Franco. Apoya sobre la mesa una bolsa de tamaño considerable.

—¿Me trajiste muestras?
—No, te traje... *examples*.

Se sienta junto a Bruno y de la bolsa saca *nécessaires*, billeteras, tarjeteros, todo de distintos colores —amarillo, naranja, gris, rojo, negro— y tipos de cuero. Bruno se concentra en evaluarlos: abre los cierres, revisa los compartimentos. Le gusta un *nécessaire* negro brillante.

—¿Te gusta? Me gusta para mí.
—Yo lo veo femenino —dice Mashad.
—Yo no.

Lo apoya sobre la mesa.

—¿Es un poco rengo, como yo?
—No, es el relleno —dice Mashad, y lo aplasta hasta que queda bien.
—Ay, si me arreglaran así la pierna. Nene, ¿por qué no te teñís esa parte blanca de la barba?
—¿Esto?
—Sí.
—Porque me gusta así.
—Ay, no hay nada más triste. Al único al que le queda bien de desmayo es a Paladini. Qué buen mozo, qué lindo es.

Nicolás Paladini es un empresario argentino, casado con una modelo, que participó en el programa televisivo *Bailando por un sueño*. Bruno sigue evaluando los productos.

—Son para los del restaurante, que son amorosos conmigo.

Se decide por varias cosas y Mashad hace el recuento.

—Dos de estos en naranja, uno de estos en negro, tres de estos...

Juana se asoma y pregunta:

—Señor, ¿la sopa ya la traigo?

—Sí. Yo estoy que reviento de hambre. Bueno, me tenés que decir el precio.

—No vine a buscar plata. Vine a cenar —dice Mashad con una sonrisa cortés y, devolviendo los *nécessaires* y tarjeteros a la bolsa, se sienta a mi lado.

—Bué. ¿Cómo te fue con Gino, nena?

—Bien. Me dijo que se conocieron en 1964.

—No es cierto. Me conoce desde 1968. En casa de una amiga que vive en Nueva York. Ella es una de las pocas personas que quiero. Las tres personas con las cuales hablo todas las semanas son mujeres. Esta amiga en Nueva York, otra amiga en Toulouse, la duquesa de Orléans en París. Es raro.

—¿Por qué raro?

—Porque siendo..., gustándome también los señores, sería normal que tuviera un amigo en Europa al que me dieran ganas de llamar. Pero estas me llaman y pasamos horas hablando. Después hay que pagar las cuentas, claro.

—Podrías llamarlas por whatsapp —dice Mashad.

—Yo esas cosas no las entiendo.

—Con tu inteligencia, las entenderías en un minuto —dice Mashad.

—No, pero te voy a decir, además es una decisión. Considero que son dimensiones absolutamente, sublimemente increíbles. En el 65 yo tenía un novio que llegó un día con una cosita así, chatita. Yo estaba mirando el diccionario, y me da un beso y me dice: «¿Ves ese diccionario que estás mirando? Está todo acá.» Le digo: «Dejá de jorobar.» Y era así. Era un chip. Pero son cosas con las que se pierde un tiempo espantoso. Y es un enemigo mortal de los seres humanos. Porque la gente común tiene la impresión de que tienen un amigo en eso, que lo encienden y está ahí. Y están solos como perros. Es una compañía que termina siendo muy falsa y al mismo tiempo distrae mucho. Así que yo evito.

Juana sirve la sopa en silencio. Cuando Bruno la prueba dice:

—Mmm. Qué rico... Perdón. Es una guarangada eso que acabo de decir.

—¿Por qué? —pregunta Mashad.
—Porque nunca tenés que decir eso si estás en tu casa. Pero es graciosa la relación con la gente. Va variando. Cuando uno dice: «Somos amigos de toda la vida», no significa que sos igual de amigo, de la misma manera. Yo tengo una amiga que hace setenta años que la conozco. Y tiene la cara..., ¿viste las máscaras del teatro, de la tragedia y la comedia? Tiene la cara de la tragedia.
—Triste.
—No. Tétrica.
—¿Es muy amiga tuya?
—Nos hemos distanciado un poco. He hecho un gran cambio de gente. Les doy menos pelota a las viejas. Porque ¿sabés lo que pasa? Las viejas me tratan como si yo tuviera siempre treinta. Me tratan como un chico. Y no puede ser. Me dicen Brunito.

Bruno y Mashad viajaron juntos muchas veces, en giras por Estados Unidos y Europa, pero, aunque Bruno le haya dado algunas clases, Mashad no se dedica exclusivamente al piano y no es, en sentido estricto, su discípulo, de modo que la charla está exenta de toda tensión maníaca. Mientras Juana retira la sopa y trae una bandeja con pollo, Mashad habla de una novela de Julian Barnes que está leyendo, de Prokófiev, de Stravinski, de Shostakóvich, y Bruno escucha mientras come sin hacer ningún comentario.

—Yo lo vi tocar a Bruno el tercero de Beethoven, el primero de Schumann, Chaikovski, el tercero de Rachmáninov y el quinto de Beethoven en quince días. Eso es una proeza inhumana. Cambiar de ciudad y cambiar de concierto como quien se cambia los calzones. Y cambiar de idioma. En una ciudad hablás español, en otra francés, en otra inglés, en otra italiano, en otra alemán.
—No. Alemán jamás. No sé una palabra.
—¿Nada? ¿Pero te acordás cuando fuimos con ese alemán que te admiraba? ¿No hablabas alemán con él?
—¿Con cuál, con Kira de Prusia?
—No, un chico relativamente joven, que te admiraba y te

amaba y te seguía. Que en Suiza también estuvimos con él y tocaste Chaikovski. En la casa de este que tenía la pileta.

—Yo justo le contaba a ella. Esa casa donde tenían el Picasso de la época azul al lado del piano.

Bruno le pide a Mashad que se explaye acerca de su empresa de carteras, y Mashad lo hace pero tuerce hábilmente el rumbo.

—La parte más maravillosa es cuando se te ocurrió diseñar algo, un bolso que te parece buenísimo, lo fabricás, lo exponés en el local y una clienta te dice: «Qué maravilloso.» Ahí es donde se completa. Es como en la música. El compositor, el intérprete que ejecuta y el oyente que recibe. Es un triángulo.

—¿Qué? —dice Bruno, masticando un trozo de pollo.

—Que el compositor escribe, el intérprete transmite lo que el compositor quiso decir y el oyente escucha. Y ahí se cierra el triángulo.

Bruno mastica, piensa.

—Te noto dudoso —dice Mashad.

—No. Es decir... El triángulo no se cierra. Porque hay miles de triángulos. Miles de maneras de entender algo. Lo que pasa es que uno va cambiando. Yo, por ejemplo, era fanático de Antonioni. Y ahora me produce unos bostezos infinitos.

Mashad recuerda la película *La grande bellezza* y Bruno dice, entusiasmado: «Qué genial actor es Michael Caine», lo que lleva a hablar de Michael Caine como actor infalible aun en el rol de mayordomo de Batman, lo que lleva al film *El sirviente*, de Joseph Losey y, por algún extraño malabar, a Uma Thurman —«Muy hermosa mujer»—, a Michelle Pfeiffer —«Está genial todavía físicamente»—, a Angela Lansbury —«Qué divina»—, y a Audrey Hepburn y *La princesa que quería vivir*, película que ni Mashad ni yo recordamos haber visto y de la que Bruno narra escenas enteras con deleite.

—Cuando vean que la dan en algún lado, se precipitan. Yo tengo la idea de un guion. La historia de dos matrimonios jóvenes de muy buena posición social. Van juntos a la ópera, a los conciertos. Y el que es un poco más grande lo invita a trabajar, con él, al otro. Y poco a poco, poco a poco, se van acercando. Ninguno es consciente de nada, hasta que un día sucede. Está situado en los años en los que no era todo bienvenido, como es ahora. Tiene que ser una cosa muy sutil. Que se van imbricando el uno en el otro sin darse cuenta. Que van pasando los límites de la amistad.

–Hay una película alemana en Netflix que es parecida –dice Mashad–. Dos tipos que están en una academia de policía. Uno está casado, la mujer embarazada. Y al final la deja, se va con el otro. Muy buena.

–Ah, no. En mi final vuelve con la mujer.

–¿Por qué?

–Mirá, las historias homosexuales no son normalmente de larga duración. No te olvides que el homosexual estuvo segregado toda la vida, y acostumbrado a que las cosas eran privadas, escondidas, rápidas. Es lindo imaginar una cosa distinta. Pero no es así. Yo el día del orgullo gay me metería debajo de no sé dónde. Me parece bien que una persona sea feliz poniéndose una pluma verde en el traste y sacándolo por la ventanilla... Pero de ahí a que haga uso social de eso para llamar la atención, no. Yo creo que uno puede llamar la atención de maneras nobles.

Personas que lo conocen desde hace años suelen preguntarle por episodios de su vida que ha contado infinitas veces y que es improbable que ellos desconozcan, pero él responde complacido, transformando la mesa de su departamento en una hoguera tribal ante la que entona, para su audiencia embelesada, magníficos poemas épicos, siempre los mismos. Ahora, por ejemplo, Mashad le pregunta por Scaramuzza y Bruno le cuenta la historia del ensayo para su primer concierto en el Colón, cuando se dio cuenta de que no se lo escuchaba porque su profesor lo había obligado a contener el sonido.

–¿Y cómo hiciste?

–Hice más fuerza.

–¿Y después él te felicitaba?

–Nunca venía.

–Qué hijo de puta.
–No te obligo a decirlo.
–Un psicópata. Tenés un alumno y no vas.
–No, no. Hay que comprenderlo. Él quiso ser pianista pero tenía tantos nervios que no podía tocar en público. Y en esa época no había todas las cosas que hay hoy en día, que tomás la pastillita y salís.
–¿No quedás medio tonto con la pastillita?
–No, si necesitás, tomás un pedacito.
–¿Qué repertorio tenías cuando fuiste a Francia?
–Grieg, Beethoven, Chopin, Brahms, Schumann.
–Y Mozart –dice Mashad.
–No. Mozart lo toqué por primera vez cuando tenía veinticinco años. Y me sentí el infeliz más grande del mundo. Desnudo, pero desnudo, desnudo. En el páramo. Porque es un toque distinto. La orquesta es mínima, estás muy desprotegido, muy a la vista, muy expuesto.
Pero cuentenmé...
Se limpia las manos con la servilleta.
–Le pregunté ayer a Esteban qué imagen doy, teniendo en cuenta que he vivido las tres cuartas partes de mi vida afuera de Argentina. Si doy la imagen de alguien que se siente argentino, si parezco afrancesado... ¿Qué impresión doy? Como persona.
–Yo creo –dice Mashad– que tenés algo de argentino, y una sofisticación más europea.
–Yo no me siento sofisticado –dice, dejando en claro que «sofisticado» no es, en sus términos, un elogio.
–¿Pero te interesa cómo te ven los demás? –pregunto.
Levanta una ceja.
–Me importa un pito. Pero soy consciente de que nadie me trata como una persona normal. Acá en la Argentina yo pasé el límite normal de un artista clásico.
–Claro, te volviste popular –dice Mashad–. Pero sos sofisticado, culto.
–No, no, culto no soy. Culto para mí es una persona a la

que nada en el mundo le da más placer que levantarse en bata, sentarse en su sillón y leer un libro de Heidegger o de Kierkegaard. Y yo no puedo. Necesito más movimiento que eso.
—¿Y vos qué dirías que sos?
Hace una pausa. Respira hondo.
—Yo creo que soy una persona de otra época. Al mismo tiempo de ser bastante piola para simular que soy de esta.
Pulsa el botón del teléfono y le dice a Juana:
—Venga.
Juana se asoma por la puerta.
—Señor.
—Juanita. Si tiene sueño, me dice.
—No, señor.
—Se pone a bostezar acá en el medio.
—No, señor.
—Bué. ¿Quieren café?
—No, gracias.
—¿Capuchino?
—No, gracias.
—Qué manera de decirme «no» todo el tiempo. Vaya, Juana, gracias. Ah, me acordé. Esta es la pregunta que les quería hacer: ¿cuál es la diferencia entre un astro y un divo?

La conversación, en la que se menciona a Maradona, Sandro, Mirtha Legrand, Susana Giménez, Marlene Dietrich, Marilyn Monroe, Messi, Lana Turner, no arroja demasiadas conclusiones.

—¿Y para vos cuál es la diferencia?
—Si lo pregunto es porque no lo sé. A mí a veces me dicen divo, pero no sé qué es. ¿Una persona inalcanzable, que no se brinda a los demás, que no se deja conocer?

Después de una pausa en la que queda flotando la idea de que no le gustaría que la respuesta fuera «sí», dice:

—Cómo me gustaría revivir dentro de cincuenta años dos días para ver cómo es el mundo.
—¿Cuándo te vas a Mar del Plata? —pregunta Mashad.
—Para fin de año.

—¿Y la Navidad con quién la pasás?
—Con mi hermana —responde, con sonrisa de dientes apretados.
Pienso que pronto estará lejos, que quedan pocas oportunidades, y le reitero:
—Bruno, me gustaría verte estudiar.
—Cómo no. Hablemos en la semana.
Es un compromiso que no cumplirá nunca.

Tres días después, el 10 de diciembre de 2017, lo llamo y me atiende con voz seria y formal.
—Leila, ¿te puedo llamar después?
Leila.
No «tesoro».
No «maravilla».
Leila.
—Sí, por supuesto —digo, y cuelgo, desconcertada.
Ese día no me llama. Lo hace al siguiente. Me cuenta que cuando recibió mi llamado estaba con Bruno, el chico de la Usina del Arte, el pequeño pianista que lleva su nombre.
—Una desilusión. Se conoce todas las canciones pop. No le dije nada, pobrecito, pero la agarré a la madre y le dije de todo. Si quieren que sea pianista tienen que hacerlo escuchar música. Lo tienen que estimular.
Le pregunto si puedo verlo mientras estudia. Me dice que sí, que por supuesto, que vaya en seis días, el 16.

El 16 de diciembre, aunque la temperatura ya es de verano, anuncian un tornado, el cielo está cubierto de nubes como montañas, y sobre la ciudad se cierne un clima de catástrofe. Pero a las seis de la tarde, en la sala del departamento del piso doce, hay una luz desvergonzada.
—Qué linda luz.
—¿Viste? Vamos cambiando para que no te aburras.

En la mesa hay una merienda algo más modesta que la de siempre: sándwiches, budín, alfajores.

–Dicen que va a venir un tornado.

–No va a venir nada. ¿Dónde te vas ahora?

–No, ya no viajo hasta enero.

–¿Cómo se las arregla tu marido con la estrella en casa?

–No soy ninguna estrella. ¿Cómo se las arregla la gente con un Bruno Gelber en casa?

–Le piden más plata. Pero nunca hay que hacerle sentir al otro que uno es más. La competencia siempre existe. Y más entre dos personas del mismo sexo. Te tenés que hacer poner una gota de bótox acá –dice, señalándose el entrecejo.

–Voy a quedar dura.

–No se nota. Te ponés una vez y ves cómo te sentís. Es interesante... Me ha pasado con un novio que yo tenía, que cuando me paraban en la calle para autógrafos y se juntaba gente, él seguía caminando. Por celos. Porque le hubiera gustado ser Bruno Gelber. Pero está en la inteligencia de uno saber aceptarlo.

–¿Vos lo manejabas bien?

–No. Uno le paga al otro estúpidamente impuestos sobre eso. Íbamos a restaurantes que costaban una fortuna. Eso le gustaba. Y yo creo que su venganza era... hacerme cuernos.

–¿Qué te atrajo de una persona así?

–Su físico. Te soy honesto. Estuvimos cinco, seis años. Me acompañaba muy bien en viajes. Me deshacía y hacía la valija. Pero si yo le decía por ejemplo: «Ay, me vas a matar, me olvidé algo que estaba en el bolsillo tal», y él había cerrado la valija, me decía: «Ahora lo sacás vos, tendrías que haberlo pensado antes, no voy a deshacer la valija por una falta de atención tuya.»

–Un poco tenso, ¿no?

–Bueno, pero tenía razón. Lo pasamos muy bien en muchos momentos. Me daba mucha pena terminar esa relación.

–¿Te daba pena él?

–No. No tenerlo. Pero fue una gran cosa que logré hacer. Porque era realmente insoportable. Él era Bruno Gelber y yo el asistente. Yo soy buena gente y hacía las cosas... como él las quería. Lo ponía en valor con los demás para que él no se sintiera disminuido. No hay que hacer eso. Mis relaciones han sido turbulentas generalmente. La figura pesa mucho.

Hace una pausa y se ríe.

—Aparte de ser cierto. La figura, el hecho de que estás con una persona conocida mundialmente. Pero me parece que hay personas que podrían dejarse de jorobar y tratarme como a un ser común. Por ejemplo mi hermana. Pero yo no creo en los lazos de sangre, creo en los lazos que uno elige.

Se escucha la chicharra del ascensor, la llave en la puerta.

—Qué tal, maestro, buenas tardes —saluda Esteban.

—Qué dice, Esteban.

—Ya vengo —dice Esteban, después de darle un beso, y va hacia los cuartos.

—No te apures —le dice Bruno, en broma—. ¿Sos dependiente? —me pregunta.

—¿De qué?

—De tu compañero.

—La dependencia tiene una connotación...

—¿Peyorativa?

—Patética.

—¿Qué sabés hacer, aparte de lo que hacés?

Empiezo a enumerar algunas habilidades, pero no presta atención.

—Esteban no se habrá tomado en serio lo que le dije, ¿no?

Toma el teléfono, lo llama.

—Oíme, Esteban, no te habrás tomado en serio lo que te dije, ¿no? De que no te apuraras. Vení a tomar tecito.

Cuelga, aliviado. La convivencia en esta casa está sostenida en una estructura de respeto mutuo: Bruno no hace ruido mientras Esteban duerme, Esteban participa afablemente en las reuniones que se hacen, entre ambos organizan las compras, los arreglos. Pero ahora Bruno pasa gran parte del tiempo en este sitio que, durante treinta años, fue territorio casi exclusivo de Esteban. De modo que el cuidado de cada frase, de cada actitud, importa.

—¿Y vos qué sabés hacer además de lo que hacés, Bruno?

—Dar clases. Soy mmmuy bueno dando clases. Lo que más me gusta es ocuparme de una persona. Ayudarla. Me he ocupado horrores de Franco. Pero ahora ya lo dejo un poco porque está acostumbrado a que todo el mundo se ocupe, y no quiero que me tome por un asistente más. Hubiera sido buen crítico de cine. O terapeuta. Yo ya te dije que a veces me da vergüenza porque parece que le veo a la gente lo que piensa grabado en la frente. Y me encanta maquillar. Todo lo que es estética. Si me dijeran: «Te tienen que cortar la cabeza, y te la dejan de nuevo de veinte años y después te la adhieren al cuerpo», me dejo.

Esteban llega desde el cuarto y se sienta junto a Bruno. En las últimas semanas estuvo con dolores fuertes de cabeza, le hicieron estudios.

—Al final, tenía meningitis.

—Nunca me dijiste que tenías meningitis. Me entero ahora —dice Bruno, la voz replegada en un reproche cariñoso.

—Te dije el otro día, maestro.

—No, Esteban.

—Bueno, lo di por sentado. El problema es que a veces pienso y no me salen las palabras, pero me dijeron que es uno de los efectos de la meningitis.

—A mí tampoco me salen las palabras. Me habrás contagiado —dice Bruno, riéndose—. Bueno, ahora te hago yo las preguntas, porque vos no estás muy inspirada. ¿Cuáles son los cambios que tenés de opinión sobre mí después de haberme conocido?

—Te vas a enterar cuando leas.

Esteban se ríe.

—Esto te lo habrán dicho todos, pero Bruno siempre fue súper, súper, supergeneroso. Conmigo lo fue y lo es. En poner este departamento a mi nombre, en aconsejarme, en protegerme.

—Fuimos muy amigos —dice Bruno, haciendo hincapié en la palabra «fuimos»—. Pero hubo un momento, a partir de una relación nefasta que tuvo, que se cerró mucho. A mí no me importa, porque lo que me importa es que él sea feliz.

—Creo que nos hemos dado un montón de cosas. Pero que me diga que no somos más amigos me duele —dice Esteban.

—Me alegro —dice Bruno.

Los dos hablan como si el otro no estuviera ahí, con lo que parece ser una franqueza tranquila y sin encono, como una puerta abierta a un jardín.

—¿Y por qué creés que puso el departamento a tu nombre?

—No le preguntes a él cosas que te puedo responder yo —dice Bruno—. Para no dejárselo a mis sobrinos. Para mí, mi familia son Jorge y él. Jorge tendrá otras cosas. Yo no podría vivir sin Jorge. Porque tendría que viajar con un enfermero. Y yo, de vergüenza, ni loco.

—Pero es un voto de confianza, porque Esteban puede ponerte de patitas en la calle mañana mismo.

—No, igual está firmado que él tiene...

—... usufructo de por vida —dice Bruno—. Yo zonzo no soy. Hay mucha gente que se porta muy mal. Vos no tenés idea de lo que significa ser una figura pública. La gente cree que les tenés que dar, dar. Y que no tienen ningún deber hacia vos. Y yo doy, doy, doy. Pero de vez en cuando, cuando se sientan demasiado en mis faldas, les saco la silla para que se den... un culetazo. Tienen un acostumbramiento a que les debés dar. Y eso me ofende. Entonces un día no estoy. Yo soy una persona que tiene todas las capacidades para ser diabólico, y he decidido ser absolutamente buena gente. Era mucho peor persona de chico que ahora. He aprendido a calmar los ardores de quienes tienen ardores por mí si yo no siento lo mismo. Y generalmente, he producido ardores en gente que no acostumbra sentir ardores por gente como yo.

—¿A qué te referís?

—A las cuestiones de mismo sexo.

—¿Un hombre a quien no le gustan los hombres y queda fascinado con vos?

—Sí. Ya que estás corroborando la información con el señor acá presente, le podés preguntar a él.

—Y no un caso, ¿eh? —dice Esteban—. También mujeres.

—¿Y cómo lo manejás?
—No lo manejo.
—Pero las rechazás.
—Por supuesto. A mí eso no me produce ningún orgullo. Yo tengo mucho respeto por los sentimientos de los demás. Yo nunca tuve sexo si no fue por sentimientos. Una vez nomás. Con un chileno. Hasta me acuerdo el nombre.
—¿Por qué te acordás?
—Porque había... de qué acordarse. Y en medio de la situación me dice: «Pensar que le estoy haciendo el amor a Bruno Gelber.» Entonces me di cuenta de que le estaba haciendo el amor al piano.

Pulsa el teléfono para llamar a Juana, que se asoma por la puerta de inmediato.

—Vos sabés que para fifar hay que ser dos. Usted, Juana, no repita.
—No, señor —contesta Juana, riéndose.
—Traiga más agua para el té. ¿Vos sabés lo que es ser figura desde que naciste? ¿Ser el centro desde que naciste? Me podría haber transformado en un ser tiránico. Bueno, un poco tiránico soy. Pero no te da derechos. Te da una libertad diferente. Y una conciencia. Y conocer cosas que después no te son... vitales. He tenido los contactos con todas las coronas, los títulos, los millonazos. Tuve un Rolls, tuve todo lo que se me ocurrió. Los gemelos que quise, los tapados de piel.

Hace una pausa. Mira la taza de té vacía y se encoge de hombros.

—No hay mucho más.
—¿Ahora qué quisieras?
—Una cosa que no se puede comprar ni se puede pedir, por humildad a Dios. Estar vital hasta mi último momento para poder tocar el piano. Me encantaría morirme tocando.
—De hecho, hoy ibas a estudiar y me ibas a dejar verte.
—No. He decidido que no.
—¿Por qué?
—Porque es una cosa que te va a quitar la ilusión. Ver estu-

diar a una persona es como ver hacer vocalización a un cantante. Repitiendo, repitiendo, repitiendo. Yo soy de la época del *glamour*, y me gusta todo lo que es lindo, lo que es estético, lo que es atractivo. Y ver a una persona estudiando no me parece atractivo.
—A mí sí.
—Es aburrido. Aburridísimo.
Como un mesero que le comunica a un comensal: «No tenemos ese plato» y enumera otras opciones, me pregunta si me contó la anécdota de cuando dio su primera comida en el departamento de París, y le digo que sí; si me contó la anécdota del mosquito que se tragó mientras tocaba, y le digo que sí.
—Nunca quisiste tener una página web.
—De ninguna manera.
—Si el día de mañana alguien quisiera escribir sobre vos y necesitara ese material...
—¿Y para qué? Con poner todos los directores de orquesta que se te ocurran, todos los países que se te ocurran, ya está. Es más fácil poner dónde no toqué.
—No tenés nada archivado.
—No. No tengo nada. No me interesa. Oíme, ¿no querés comer acá? ¿Un poquito de Fresita? Qué rico. Heladito. Yo tengo ganas. ¿Lo probás?
Me voy de su casa tarde. Camino hasta la calle Castelli. En la esquina me detengo y miro el edificio. No intento, como otras veces, identificar su balcón, su ventana. No intento nada. No hay nada que intentar. Solo hay que irse.

Una indicación acerca del *rondó* final del tercer concierto de Beethoven, tomada de la clase impartida a Franco Pedemonte el 19 de mayo de 2017: «Franco, tenés que hacerlo con la felicidad de que ya se está terminando y con la alegría que comporta lo que decís.»

Tres días antes de la Nochebuena, el jueves 21 de diciembre a las cuatro de la tarde, lo llamo por teléfono.

—¡Maravilla! ¿Cómo estás?

—Bien, Bruno. Quería consultarte...

—¿Te puedo llamar el lunes? —dice con premura.

El lunes es Navidad, y me digo que es improbable que me llame.

—¿No querés que te llame yo?

—No, no, yo te llamo. Es que ahora estoy apurado porque viene Gianera a cenar y todo es un lío.

—Por supuesto, espero tu llamado.

Cuelgo.

El lunes 25 de diciembre no me llama.

El martes 26, tampoco.

Lo llamo el miércoles 27, pero no me responde y no me devuelve la llamada.

Solo cuando converso con Pablo Gianera acerca de la cena que tuvo en casa de Bruno el 21 de diciembre, y enumera la gran cantidad de cosas que le llamaron la atención —los candelabros con las velas encendidas, los llamados a Juana a través del teléfono, la decoración escenográfica, los retratos de Laura Hidalgo—, recuerdo cuán artificioso me pareció todo al principio y cómo, poco a poco, la casa empezó a ser un sitio donde pasan las cosas que pasan en todas las casas: se hacen las compras, hay problemas con la bolsa de la aspiradora, se sirven milanesas, se corta la luz, no funciona el timbre, se producen rencillas domésticas menores. Gianera, que no había estado antes en ese departamento, quedó aún más desconcertado cuando Bruno lo embistió con una versión muy *light* del Juego de las Preguntas apenas empezaron a comer.

—Él me había dicho que tenía muchas preguntas para hacerme, pero nunca imaginé eso. Tenía un papel al lado del plato con un listado. Era como un cuestionario Proust pero con preguntas que podían resultar incómodas, como cuál es tu peor tentación, o qué cosas te dan placer. Estaba la persona que vive con él, Esteban, y me fue presentado de una forma muy particular. Me dijo que vive con él pero que no tienen ningún tipo de relación física. Entonces yo ya no pregunté más. Y hablamos bastante de la empleada. Parece que el día anterior se había caído una maceta al piso de abajo y la responsabilidad era de esta empleada. Ella lo miraba con ojos de odio y él a ella, pero era todo como una actuación. También me habló de un alumno al que por poco le dijo que tenía que coger, pero el consejo estaba subordinado a que Bruno suponía que si el alumno hacía eso, algo iba a cambiar en su forma de tocar. Había una sopa que hizo él, muy rica, de morrones. Y salmón. Lo curioso es que como sobremesa abrió una botella de Fresita, que es una bebida que no se me ocurriría tomar, una especie de jarabe con gas. De música, en un sentido técnico, no hablamos. Yo le pregunté por el famoso concierto de Brahms. Le dije: «Dejando de lado la suya, ¿qué versión de ese concierto escucharía?» Y me dijo que la de Rudolf Serkin. Me llamó la atención porque no es una versión que esté en la primera línea canónica.

Esa versión de Serkin, cotejo después, es la que Bruno utilizó a los diecisiete años para estudiar, con la ayuda de su madre, el concierto que le abriría las puertas del mundo y que Scaramuzza se negó a enseñarle.

—Pero es un poco reacio a hablar de música. Creo que está más interesado en hablar de otras cosas. Por ejemplo, le pregunté por qué va a tocar Mozart en el Colón, que es algo tan difícil, y me dijo: «¿Y por qué no? Si lo toqué tantas veces.» Le conté que el otro día estábamos viendo un programa deportivo con mi hijo y que un relator, que le encuentra apodos a cualquiera, cuando entró un tipo a jugar lo empezó a llamar «Bruno Gelber». Le dije que eso revela su enorme popularidad. Y me dice: «Me causa mucha gracia que me cuentes esto porque yo tuve una relación con el mundo del fútbol.» Y me contó la relación con un jugador de Ferro. Que son dos mundos que no entendés cómo se encuentran: el mundo del fútbol y el mundo de Bruno. Hay una extrema lubricidad en él, pero a la vez es como si mantuviera una posición ascética. Vive con un hombre pero no hay contacto físico. El sexo es un tema al que alude muy frecuentemente, pero por otra parte parece que viviera como un monje, que todo transcurriera en el plano imaginario.

El irrealismo mágico de Bruno Gelber. Su cápsula suspendida sobre el barrio de Once en un tiempo gallardo, dramático, que solo existe allí. Es suficiente.

Con la felicidad de que ya se está terminando.
Con la alegría que comporta lo que decís.
Se dice fácil.

El jueves 28 de diciembre no me llama.
El viernes 29 de diciembre no me llama.
El sábado 30 de diciembre no me llama.
El domingo 31 de diciembre no me llama.
El lunes 1 de enero de 2018 estoy en la ciudad en la que nací, a doscientos cincuenta kilómetros de Buenos Aires. A las cuatro de la tarde suena el teléfono. Miro la pantalla: Bruno Gelber. Busco un cuarto tranquilo. Cierro la puerta, atiendo.
—¿Hola?
—¡¡¡Tesssssoro!!! ¿Cómo estás? ¡Feliz año!
—Hola, Bruno. Feliz año.
—Te olvidaste de mí porque ya terminaste tu trabajo.
—De ninguna manera. Te llamé pero no te encontré —digo, intentando que mi voz no suene despechada.
Pero él empieza a hablar como si nos hubiéramos visto ayer. Llegó a Mar del Plata a fines de diciembre. Dice estar feliz porque ve el mar y el sol desde la ventana de su dormitorio. En el departamento se hospedan también Jorge Galasso y un alumno nuevo que, como los discípulos de los maestros renacentistas, además de tomar clases con él colabora con las tareas coti-

dianas: la limpieza, la cocina, las compras. Después habla de Franco, que no lo llamó para saludarlo por las fiestas.

—Oíme, yo no te digo pasar, pero llamar, al menos. Es un chico que no tiene sensibilidad. Vos le decís Fa o Sol o Re, y el te dice: «Sí, porque la sostenida mayor de la sostenida menor.» Y la música no es así. Eso es lo que les hacen en la escuela de música. Yo les digo: «¿Para qué quieren el título?» A mí, si no fuera conocido, no me toman en ningún lado, por más título que tenga. Cada vez que tomaba un alumno, mi mamá decía: «Ah, ¿usted viene del conservatorio? Entonces va a tener que aprender todo de nuevo.» Él necesita algo que lo sacuda. Una mina que lo haga sufrir.

—¿No te llamó más desde diciembre?

—Sí. Desde que estoy acá me llamó seis veces y no le contesté.

Sin embargo, un mes después me dirá que Franco está en Francia y que lo llama desde allá todos los días porque se siente solo. Bruno lo escucha, le da consejos, le dice que tendría que «atragantarse de París, porque no sabés si vas a volver».

Sigo en contacto con él, por teléfono, a lo largo del verano. El viernes 19 de enero me cuenta que el día anterior recorrió trescientos kilómetros de ida y trescientos de vuelta para tomar el té con su amiga Gersende, que, a su vez, está de visita en el campo de su hija, una estancia con dos mil vacas lecheras: «Te imaginás que de hambre no se van a morir.» Mientras hablamos, atiende una llamada por el teléfono fijo y comprendo que habla con Jorge, que parece estar en una farmacia comprando algún implemento. El diálogo es profundamente masculino en el sentido más tradicional del término, e incluye palabras como «parado», «flojo», «diámetro» y «pija». No hace el menor intento por impedir que yo escuche. Cuando cuelga me dice: «Habrás oído el horror que le dije a Jorge», y cambia de tema. No ha ido al mar, porque la carpa que alquila desde hace cuarenta y siete años no está disponible: el concesionario ahora es otro y los nuevos dueños renovaron la clientela sin avisarle: «La pobre chica dice que todos los días va gente a preguntar por qué no está Bruno Gelber en su carpa. Era como una parte de mi casa.» Pero el hecho no parece entristecerlo. Le pregunto por qué no cambia de balneario, pensando que repetir siempre el mismo puede tratarse de un hábito tozudo, y por su respuesta me percato de que nunca he tenido realmente en cuenta sus imposibilidades físicas: «Sabés qué pasa», me explica con paciencia, «es que ese es una maravilla porque no tiene esas dunas de arena enormes que hay que bajar por escaleras.»

Un día lo llamo para pedirle el teléfono de Jorge Galasso, que no encuentro por ninguna parte.

–Ahora te lo paso. Vos podés hablar con quien quieras. Yo no tengo nada que ocultar. Bueno, salvo lo que todo el mundo sabe y que hoy ya no es tan tabú –dice, riéndose.

Colgamos y, dos minutos después, me llama:

–Decime, vos sabés que me operaron de la mano derecha, ¿no?

–Sí. Pero hace rato. ¿Te operaron de nuevo?

–¡No! Me operó Zancolli, dos veces. Por sugerencia mía. Porque le dije que algo no había quedado bien.

En todas las llamadas, su voz y su humor son los de siempre, pero su «Alóooo» suena menos actuado, menos artificial, e interpreto eso como un síntoma de desánimo aunque no tengo motivos para hacerlo: cada vez que nos despedimos me dice que va a ponerse a estudiar de inmediato y, en ocasiones, se ríe con una risa alborozada que no le conocía, pequeña y muy infantil, que lo ahoga y no lo deja hablar.

El 2 febrero en la tarde atiende entusiasta, cariñoso:

–¿Cómo estás, maravilla?

–¿Cómo estás, Bruno?

–Mirando este paisaje, todo mar hasta el horizonte. Qué belleza. Qué cosa más linda.

Le pregunto por Jorge. Dice que se ha tomado vacaciones. Le pregunto por el alumno. Dice que lo echó. Enumera causas entre las que se cuentan que «andaba en shorts, con una camiseta con un escote abajo del brazo que le llegaba a la cintura», y que no hacía el menor intento de apartarse cuando él, trabajosamente, necesitaba pasar por un espacio estrecho. Le pregunto: «¿Entonces estás solo?» (mientras pienso en todo lo que me ha

dicho acerca de vivir en soledad: la fragilidad del cuerpo, la dificultad de movimientos, la necesidad de ayuda constante, la sensación de estar desprotegido), y me responde: «Sí. Pero tengo un ángel tutelar, el encargado del edificio, que se ocupa de mí seis horas al día y a las diez de la noche se va a trabajar. Es un encanto.» Le pregunto si solucionó el problema de la carpa en el balneario. Me dice que no.
–Pero no me importa. Desde donde estoy, si miro hacia la derecha, hasta el horizonte es todo agua. Y si puedo tocar el piano, nada me hace más feliz. Mirá, ayer me quedé... expectante... Tuve todo el tiempo en los oídos música. Música, música, música. Era Bach, la suite de Bach.
Un piso alto. Un hombre solo. Un piano.
–Todo el día, todo el día, todo el día.
Después, todo se desvanece como si no hubiera sucedido.

En el eco del tiempo:
–Hola, Bruno.
–¡Maravilla!